Patricia Vigerie

Dictionnaire des gros mots

FAVRE

Éditions Favre SA
www.editionsfavre.com

Siège social :
29, rue de Bourg • CH-1002 Lausanne
Tél. +41 21 312 17 17 • Fax +41 21 320 50 59
lausanne@editionsfavre.com

Bureau de Paris :
12, rue Duguay-Trouin • F-75006 Paris
Tél. et fax +33 1 42 22 01 90
paris@editionsfavre.com

Dépôt légal en Suisse en septembre 2004.

Réalisation graphique : Arcane PAO/Lausanne.
Couverture : Léonard de Vinci, *Saint Jean Baptiste*
(Paris, Musée du Louvre)
© Photo RMN - Hervé Lewandowski

ISBN: 2-8289-0798-8

Table des matières

Première partie

LA SEXUALITÉ

Seconde partie

L'EXCRÉMENTIEL

Première partie

LA SEXUALITÉ

I
LE SEXE DE LA FEMME

Il existe très peu de désignations admises, sauf le terme technique vulve qui appartient au vocabulaire de la médecine et que l'on retrouve dans tous les dictionnaires sous la définition : ensemble des organes génitaux externes de la femme et des femelles de mammifères. Les rares termes désignant le sexe féminin (ou masculin) qui figurent dans les dictionnaires sont immanquablement suivis de la mention « vulgaire » ou « trivial », et de ce fait bannis du bon usage.

Le langage populaire et la littérature érotique traduisent le sexe féminin généralement de manière globale sans distinction entre vulve et vagin ; les dictionnaires d'argot eux se contentent d'appliquer le signifié « sexe de la femme », à la plupart des désignations. Les raisons sont sans doute liées à la fois aux tabous et au caractère complexe de cet organe féminin qui fut appelé communément au pénis, à partir du XVIe s., les **parties honteuses**, le **chose**, la **pièce**, l'**instrument**, l'**outil**, l'**engin**, le **cas**, l'**affaire** :

« Ton chose me dis-tu
A si petite ouverture
Qu'un vit moindre qu'un fétu
Y serait à la torture. » Le Cabinet Satyrique, XVIe s.

« Monsieur l'official condamna la pauvre fille à prêter son beau et joli instrument à son mari. »
B. Desperriers, XVIe s.

« Le cas d'une fille est fait de chair de ciron, il démange toujours ; et celui des femmes est de terre de marais, on s'y enfonce jusqu'au ventre. » Brantôme, XVIe s.

« Que voulez-vous que je vous donne pour me permettre d'arracher un poil de votre affaire. » D'Ourville, XVIIIe s.

Plus abstraitement encore, le sexe féminin devient **ceci**, **cela**, la chose que l'on désigne sans la nommer ou bien **le petit je ne sais quoi** ou encore **il**, **le**, **l'un**, **l'autre**... comme le support d'une simple relation (termes employés aussi pour le pénis) :

« Si vous mettez la main au-devant d'une fillette, elle la repoussera bien vite et dira : laissez cela. » Béroalde de Verville, XVIe s.

« Je gagerais bien que je te dirai comment ton petit je ne sais quoi est fait. » D'Ouville, XVIIIe s.

LA VULVE

La vulve est surtout désignée par le mot **chat**, terme traditionnel depuis le XVIe siècle, dont l'image vient sans doute de l'équivoque entre l'animal poilu et la toison pubienne ; elle est aussi à rapprocher du calembour entre le chat et le *chas* (d'une aiguille) « trou, fente », de là apparaît **chatte**, en 1836, plus courant aujourd'hui que ce dernier :

« C'est la mère Michel
Qui a montré son chat
En criant par la fenêtre
Qui donc me le prendra
Et c'est le père Lustucru
Qui lui a répondu
J'arrive la mère Michel

J'aime les chats bien poilus. »
La mère Michel, Chansons gaillardes de Colette Renard

En outre, les jeux de mots sur l'un des nombreux noms du *chat* et sur des homonymes sont fréquents, conférant au mot des connotations érotiques, comme par exemple, **laisser le chat aller au fromage** (1640), qui se disait d'une fille ayant accordé son pucelage et dans une définition plus moderne, se dit pour coïter en parlant d'une femme :

« *Ne laissant point venir le chat à mon fromage*
Que sous le sauf-conduit d'un loyal mariage. »
Théophile, XVIIe s.

Il faut savoir que le chat dans diverses pratiques folkloriques sert de symbole des relations sexuelles refusées. Vers 1883, **chatte** s'est dit d'une femme débauchée, en 1930 d'un délateur, puis le mot prend le sens traditionnel de femme caressante, amoureuse, gourmande, etc., par assimilation à l'animal :

« *Autrefois [...], elle était maigre et laide, chétive à vingt ans comme une fillette qui souffre de la crise de sa puberté ; et il la retrouve dodue, d'un teint clair et reposé de nonne, avec des yeux tendres, des fossettes, un air de chatte gourmande.* »
É. Zola, *Pot-Bouille*, tome I.

On rencontre l'expression argotique récente, **avoir la chatte à l'agonie**, être sexuellement excitée. En verlan approximatif de *chatte*, se forment les mots **teuch (e)**, en 1988 et **chagatte**, un peu plus ancien, qui est un synonyme javanais largement connu.
Chattoune est attesté chez San Antonio :

« *Tu sais qu'elle a la chattoune sympa, la dame ? Comestible tout plein.* »
San Antonio, *Maman, les petits bateaux*

Nombreux sont les termes qui désignent le sexe de la femme à partir des mots *chat* ou *chatte*: **minette**, **mimi**, **minon**, synonymes très fréquents (anciennes métaphores de la *chatte*, du *chat*, voire du *chaton*), qui ont donné les expressions **faire minette** ou **mimi** (1888) ou encore **faire minon-minette**, pratiquer le cunnilinctus:

> « *Quand on n'a plus ni couilles ni vit [...]*
> *On s'en va au bordel, faire minette aux maquerelles.* » Chanson paillarde

> « *Comment, ma mie, ça s'appelle quand on branle avec sa langue ?*
> *– Faire minon-minette.* » H. Monnier, XIXe s.

De la même origine **chattière** (v. 1278) et plus récents les mots **minou** ou **minet** (1957), d'où **brouter le minou** ou **se faire tarauder le minou** (var.: *tarauder le bouton*), pratiquer le cunnilinctus:

> « *Un grand coup au bas ventre de cette grosse vache !...*
> *Un grand coup dans la chattière, bon sang !* »
> N. Behn, XXe s.

Toujours par allusion à l'image féline pour indiquer cette partie du corps, se forment les synonymes: **angora** (1982), nom masculin qui s'est dit pour *chat*, en 1792:

> « *Flatte mon angora, cher ange, baise-le de tes lèvres : nous allons jouir.* » J. Le Vallois, XIXe s.

Puis le féminin, **moniche** (1977), à rapprocher de *minette*, *minou*, puis **mouniche** (début XIXe s.), en suffixation argotique du mot *moute*, pour chatte:

> « *En voyant cette moniche*
> *Le grand Jupin s'écria :*

Heureux celui qui se niche
Dans un con comm' celui-là.» Anonyme, XIXe s.

Mistigri, apparaît en 1982, issu du nom populaire du *chat* en 1960; **greffière** (1977) de *greffier*, «chat» en argot moderne, par jeu de mots sur la «griffe preneuse», le mot désigne à la fois le pubis et la vulve; on rencontre parfois le masculin **greffier**, dans le même sens:

> *«Le Mastard fait sa réapparition en rajustant sa braguette à boutons, ses gros doigts brutaux n'ayant pu apprivoiser oncques fermeture Eclair. – Y'a maman qu'est pas près à courir le cent mèt'; c'te pauv' daronne, si j'vous dirais qu'elle avait le greffier pas plus large qu'une pièce de dix balles.»*
> San Antonio, *Vol au-dessus d'un lit de cocu*

Autres désignations se forment par une métaphore voisine, comme **gripard** et **gripette**, dès 1876, d'après *gripard*, ancien nom du chat.
Sont également sources d'images métaphoriques les mots illustrant un creux naturel, comme **fente**, daté de 1912, et **fendasse** (1950), en resuffixation argotique de ce dernier, dont le sens s'est élargi pour désigner parallèlement vers 1962, une femme; puis **craquette**, attesté en 1877, d'origine incertaine, provenant sans doute de *craque*, diminutif régional pour «fente dans un rocher (J. Cellard-A. Rey)»; en argot moderne **bouffer la craquette**, pratiquer le cunnilinctus (variantes: *bouffer le cul, un chat...*).
On rencontre les variantes récentes **craquouse**, **craque** (chez Céline) ou **crac**:

«Catherine a la craque moisie
Des seins pendants
Des pieds d'cochon
La faridondaine.» Vieille Chanson d'après Lacassagne

Dérivé probablement de *craquette*, se forme le synonyme argotique **cramouille**, daté de 1935, influencé sans doute par *mouiller* (1887) dans son sens sexuel, c'est-à-dire « être excité sexuellement, en parlant d'une femme (puis aussi d'un homme) », d'où **(en) mouiller pour qqn**, vers 1893, le désirer sexuellement (c'est l'équivalent de *bander pour…*) :

> *« La nature entière se pâme*
> *Sous un baiser mystérieux*
> *Et se mouille comme une femme*
> *Sous le vit du plus beau des dieux. »*
> Parnasse satyrique, XIXe s.

On peut citer sur le même thème, les synonymes anciens **crevasse**, **brèche**, **précipice**, **fosse** ou **fossé** et **fissure** :

> *« Ce que trouver ne puis et que cherchant tu vas*
> *Est dans le plus profond de la fosse velue. »*
> P. de Larivey, XVIe s.

On trouve encore **criquette**, **criquon**, d'après *crique*, « fissure », d'où en argot moderne **faire le criquon-criquette**, coïter.
Plus courant pour vulve, le mot **cicatrice** (1928), en emploi métaphorique du mot usuel, à rapprocher des termes anciens **balafre** et **plaie** :

> *« Car c'est tout mon désir qu'en la plaie fendue*
> *Ma lancette j'applique par subtils mouvements. »*
> Théophile, XVIIe s.

On peut aussi citer la locution archaïque **solution de continuité**, qui s'est employée anciennement pour sexe de la femme, d'après un terme de chirurgie désignant « les plaies, les fractures » :

> *« Bref aussitôt qu'il aperçut l'énorme*
> *Solution de continuité*

Il demeura si fort épouvanté
Qu'il prit la fuite. » J. de La Fontaine, XVIIe s.

D'après la métaphore pittoresque avec le « sexe mouillé d'une femme excitée », on trouve dès 1957 pour vulve, le mot **lac**, de là **descendre au lac**, pratiquer le cunnilinctus.
Par analogie de forme, apparaît **boutonnière** dès 1797, qui s'est parallèlement employée pour *anus* vers 1847. Quant à la métaphore **millefeuille**, attesté en 1957, elle est fondée sur la structure de ce gâteau de pâte feuilletée en couches superposées, avec la notion de complexité liée au sexe féminin.

Les termes **foufoune**, **foufounette** ou **founette**, tous datés de 1982, sont des créations hypocoristiques liées au suffixe diminutif *-ette*, puis en abréviation moderne apparaît le mot **fouf** :

« *Toutes ces lumières, ces néons qui claquent, ces posters de cul avec ces foufounes roses et ces tétons turgescents, ça vous prend la tête.* » *Actuel*, avril 1990

La vulve est aussi imagée autour du domaine végétal et animal, motivée par des analogies de forme comme **frifri** (1957), qui s'explique par le redoublement de la première syllabe initiale de « frisé » ou de « frisette », faisant allusion à la toison pubienne, et comparée en argot à une salade ; on trouve **cache-fri-fri**, pour cache-sexe.

On rencontre la métaphore ancienne, **figue**, la *fica*, représentant le sexe de la femme, sens repris du grec et passé en français ; elle est à rapprocher de la création moderne **figasse**, chez San Antonio :

« *Sa délicate main de violoniste s'active à cent à l'heure ! La figasse en délire.* »
San Antonio, *Circulez ! Y a rien à voir*

Dès le XVIIe, apparaît le mot **abricot**, puis les formes composées **abricot de la jardinière**, **abricot fendu** et la locution **avoir l'abricot en folie**, le mot *folie* a désigné en moyen français, le rut des animaux :

> « *Que c'est bon d'être demoiselle*
> *Car le soir dans mon petit lit*
> *Quand l'étoile Vénus étincelle*
> *Quand doucement tombe la nuit*
> *Je me fais frotter la péninsule*
> *[...] Je me fais ramoner l'abricot.* »
> *La Demoiselle*, Chansons gaillardes de Colette Renard

En emploi plutôt méridional, on trouve le mot **cerise**, par analogie de forme et de couleur :

> « *[...] Je me fais gauler la mignardise*
> *Je me fais rafraîchir le tison*
> *Je me fais grossir la cerise*
> *Je me fais nourrir le hérisson.* »
> *La Demoiselle*, Chansons gaillardes de Colette Renard

On relève des métaphores florales telles que **bégonia** (1982), **nénuphar** (1982), termes assez répandus et **pâquerette** (1977), en emploi argotique courant ; plus ancien, le mot **marguerite**.
Par analogie, on dispose dans le domaine animal, du nom féminin **moule**, attesté en 1936, d'où la locution **avoir la moule qui bâille**, être sexuellement excitée ; **moulasse**, chez San Antonio :

> « *Elle dissimulait mal une moulasse grosse comme deux kilogrammes de pain, dont la touffe exubérante s'égaillait loin sur le ventre et les cuisses.* »
> San Antonio, *Les Cochons sont lâchés*

On peut citer aussi **crevette**, en argot moderne, connoté sans doute par l'odeur du crustacé et plus ancien **écrevisse**, d'origine obscure ; on peut rapprocher l'expression ancienne **aimer la marée**, aimer pratiquer le cunnilinctus :

« De l'écume des mers, dit-on,
Naquit la belle Cythérée :
C'est depuis ce temps que le con
Sent toujours un peu la marée. » Saint-Aulaire, XVIIe s.

Dans le parler méridional, le sexe féminin est désigné par les termes **mounine**, nom féminin, diminutif de *moune*, d'origine provençale ; **choune**, **chounette**, d'origine obscure et **pachole**, du provençal *pacholo*, d'abord pour « mélange de choses disparates », puis dans le sens de « tripoter », pour enfin désigner très vulgairement le sexe de la femme.

D'autres désignations, anciennes pour la plupart, relèvent d'objets plus ou moins précieux comme **bijou**, **trésor**, **joyau** ; plus ou moins utiles comme **fourre-tout**, **sac**, **boîte d'amourette**, à l'origine jeu de société, ayant pour thème la distribution de gages, puis **boîte à ouvrage** (1916), métaphore humoristique qui illustre l'ouvrage dans le sens de « travail pour l'homme et son pénis » :

« En minaudant, vieille coquette
Croyant vous offrir un trésor
Vous vend sa boîte d'amourette. » É. Debraux, XIXe s.

« À la longue, la petite serveuse finit par enjamber mon pote et, à califourchon, organise une partie de cache-cache entre sa boîte à ouvrage et la berdouillette du Phénoménal. »
San Antonio, *Au Bal des rombières*

En emploi plaisant du nom géographique, on trouve pour *vulve*, **pays-bas**, datant du XVIIIe, et qui désignait autrefois le postérieur. **Baigneur** (1975), qui s'est employé pour postérieur, vers 1977, puis **centre**, vieux mot, réapparu en argot vers 1977, probablement issu du mot, *centre de gravité*, désignant le postérieur en 1861 (P. de Kock), et la variante **centre de délices** ; on peut rapprocher **centre d'accueil** et **centre d'hébergement**, chez San Antonio, mais dans le sens de vagin :

> « *Alors tout doucement j'entre*
> *Là-bas, dans ce petit centre*
> *Où Cypris fait son séjour.* » *La France galante*, XVIIe s.

> « *Madame a raison de coïter à la verticale, son centre d'hébergement spacieux et confortable se prêtant admirablement à une telle prouesse.* »
> San Antonio, *Le Cri du morpion*

Le mot **as**, après avoir désigné la vulve en 1793 a représenté l'anus ou le postérieur dans la locution, *as de pique* par comparaison entre la figure des cartes et le croupion d'une volaille. **Baquet** (1957), d'après *baquet*, « petit récipient servant à divers usages », est attesté pour vulve, mais a d'abord désigné le ventre en 1953, d'où l'expression, faisant allusion au ventre (bassin) : **danser sur le baquet**, faire l'amour en parlant d'un homme :

> « *Dans le baquet desquelles il eût volontiers lavé son vit.* » Marguerite de Navarre, XVIe s.

Puis se forme **potage** en 1972, d'après « bouillon dans lequel on fait cuire les aliments » :

> « *Le coiffeur c'était [...] une fille odorante avec juste un slip pour lui cacher le potage.* »
> B. Blier, *Les Valseuses*

Avec une valeur euphémique, **terminus**, apparaît en 1982 (Perret), pour vulve ou vagin.
Le sexe de la femme c'est aussi le **crougnougnoux**, mot ancien d'après *crognon*, forme dialectale de « quignon »

au sens de *coin*, qui a lui-même désigné le sexe féminin (terme repris en argot moderne au sens d'anus) :

> *« C'était de la moulasse du jour, fraîche comme la rosée d'printemps. Du crougnougnou qu'une maison de la r'nommée d'Fauchon pourrait pas t'proposer l'même si elle en vendait. »*
> San Antonio, *Si « Queue d'Âne » m'était conté*

On peut aussi citer **quasimodo**, vieux terme, d'après *quasimodo*, « premier mot, par lequel commence l'introït de la messe du premier dimanche après Pâques », l'allusion repose ici sur la valeur du mot *introït*, qui s'est dit anciennement pour coïter (*dire son introït*) :

> *« Elle dormait demi-renversée, les pieds assez hauts sur deux tabourets, montrant son quasimodo. »*
> Noël du Fail, XVIe s.

On rencontre inspiré du langage enfantin, le mot onomatopéique **zigouigoui**, qui a désigné la *vulve* en 1946, plus tard, le *pénis*. De la même origine, **zizi** (1920), appellation familière, d'abord enfantine, du sexe d'un jeune garçon et par extension, d'une petite fille (voir à *sexe d'homme*), puis le mot a désigné le membre viril et le sexe de la femme.
La vulve est aussi appelée **tarte aux poils**, en argot moderne et plus ancien **portefeuille (à moustaches)** :

> *« Il écarta les deux lèvres de mon portefeuille et introduisit son joli vit dans le boudoir de la jouissance. »* Anaïs, XVIIIe s.

On trouve en métaphores anciennes surtout employées dans la littérature érotique, dont l'image est celle du pénis « coiffé », les termes : **chapeau**, **coiffe**, **bonnet**, **bonnet de grenadier** ou **bonnet à poils** :

> *« Que ta main s'est piqué les doigts*
> *Au chapeau de la mariée. »* Béranger, XIXe s.

« Tu vas me dire je gage,
Que la chaleur de ton bonnet
Fera transpirer son... visage. » Guillemé, XIXe s.

En 1982, se forme le composé **triangle des Bermudes,** en emploi métaphorique, d'après l'endroit géographique où se perdent les navigateurs (Perret) :

« Une altière salope, mouilleuse de bonne aventure, chevaucheuse émérite qui a dû trouver nombre de bridges mal assurés dans son triangle des Bermudes, le soir, à la chandelle. »
San Antonio, *Bouge ton pied que je voie la mer*

LE VAGIN

Le mot *vagin* est issu du latin classique *vagina* « gaine, fourreau, enveloppe », et spécialement « fourreau d'une arme », d'où en français populaire les noms de *gaine* ou d'*étui* ; il est désigné par des termes métaphoriques relevant d'une analogie de formes généralement creuses avec parfois l'idée d'insérer en dedans comme **anneau**, mot ancien qui s'est dit aussi pour anus et postérieur, de même que **bague**, faisant référence à la *bague* du tournoi que le jouteur enfilait de sa lance ; **dé** en 1901, d'après « dé à coudre », représentant un objet creux ; **tirelire** (1881) qui a désigné autrefois le postérieur, puis le sexe de la femme, d'où **briser sa tirelire**, perdre sa virginité :

« Et s'en aller chercher une place éloignée
Pour enfiler la bague et rembourrer le bas
De celle qu'il avait choisie pour ses ébats. »
Théophile, XVIIe s.

« [...] Puis il me dit d'un ton doux :
‹ Écarte bien tes genoux ›

Et la chose va vous faire rire
Il embrasse ma tirelire
Oh ! vous conviendrez, Maman,
Qu'il a des idées vraiment. »
Ah ! vous dirais-je Maman, Chansons gaillardes et libertines
de Colette Renard

On relève le mot vieilli **cave**, issu du latin *cavus*, « creux », puis du grec, dans le sens de « vide, caverne, prison », d'où en argot moderne **descendre à la cave**, pratiquer le cunnilinctus ; on peut rapprocher avec les mêmes valeurs les termes anciens **caverne**, **grotte**, **antre** et **tunnel** :

« À peine un noir duvet de sa mousse légère
Couvrait l'antre sacré que tout mortel révère. »
Piron, XVIIIe s.

« Elle insinua son index entre les replis fluctuants… pour se frayer un passage à l'intérieur encore plus sensitif et un peu gluant de son petit tunnel. »
R. Turner, traduction, XXe s.

Quant au mot **trou**, métaphore traditionnelle très familière des parties sexuelles de la femme (v. 1250), il entre dans quelques mots composés, la plupart vieillis dont **petit trou**, **trou chéri**, **trou mignon**, **trou madame**, **trou charnel**, **trou de service**, **trou que vous savez**, **trou gras** ou **trou qui pisse** :

« La langue française est encore aujourd'hui si pauvre et si niaise qu'elle n'a vraiment pas deux termes pour nommer ce petit trou mignon qui sait si bien charmer. » L. Protat, XIXe s.

Le vagin est aussi représenté comme un contenant, reprenant les valeurs du « creux », plus ou moins profond, avec les différents termes vieillis : **bateau**, **navire**, **vaisseau**, **bassin**, **calice**, **coupe**, **creuset**, **vase**,

pot, **panier**, **marmite**, **corbeille**, **nid**… puis **bénitier**, en 1901, par allusion blasphématoire où l'on mouille le *goupillon* (pénis) à l'intérieur de la coupe sacrée :

> *« J'eusse toujours voulu fouiller dans votre bassin. »*
> Tabarin, XVIIe s.

> *« Je crois bien que notre grand vicaire*
> *Aura mis le doigt au bénitier. »* Béranger, XIXe s.

Par allusion à son aspect, se forme le nom masculin **baveux** (XIXe s.), attesté en argot. D'autres désignations métaphoriques, aujourd'hui archaïques, relèvent d'un endroit qui enflamme (le désir), telles que **âtre**, **four**, **fournaise**, **brasier**… et le mot **enfer**, avec la double connotation de « chaleur, ardeur » et de « mal » :

> *« Vous prêtant une fournaise*
> *Qui recevra votre braise*
> *Comme miel et sucre doux. »*
> Le Cabinet Satyrique, XVIe s.

> *« En vain l'enfer son prisonnier rappelle, le diable est sourd. »* J. de La Fontaine, XVIIe s.

Il est lieu de culte et de mystère, au travers des principaux termes de l'érotisme classique, repris de la littérature antique avec les mots **temple** ou **temple de Cypris** (*Cypris* : nom grec de Vénus), **sanctuaire**, **chapelle**, **cloître**, **dédale**, **autel** :

> *« De votre cloître ouvrant la porte*
> *Pourquoi, sœur, n'en goûterez-vous ? »*
> Théophile, XVIIe s.

> *« Ce beau dédale qu'il contemple*
> *Avec des yeux étincelants*
> *Fait naître et couler dans ses sens*
> *Une ardeur qui n'a point d'exemple. »*
> Grécourt, XVIIIe s.

Comparé à une pièce à l'intérieur de laquelle on pénètre, il fut anciennement appelé **chambre** ou **chambre défendue**, avec ici l'idée de résistance, puis **antichambre** ; ou encore **grenier**, **grange**, **étable**, **fenil**, et plus récemment en argot, **garage** :

> *« Dans l'obscurité, s'approcha de cette fille, et il était près d'entrer dans sa chambre défendue. »*
> Tallemant des Réaux, XVIIe s.

> *« Nos cons sont palais magnifiques ;*
> *Il n'y faut point d'estroites boutiques,*
> *L'on y veut court, et grand verger,*
> *Salle et cabinet, et cuisine,*
> *Chambre, et antichambre voisine ;*
> *Un petit train n'y peut loger. »*
> De Sigogne, *Poèmes* (1560 – 1611)

Mais aussi considéré comme un lieu ouvert, on lui donna le nom de **carrefour**, **champ**, image fondamentale du vagin qu'on laboure, qu'on ensemence ou encore **vallon**, **jardin**, **jardin d'amour**, **verger (de Cypris)** :

> *« Je ne perds point la graine que je sème*
> *En votre champs. »* Villon, XVe s.

> *« Permettez que ma vive source*
> *Arrose votre beau verger. »* Théophile, XVIIe s.

Ou encore vu comme une ouverture plus ou moins fermée, le vagin devient alors l'**entrée**, la **porte (de devant)**, le **corridor d'amour**, le **passage**, le **portail**, la **grille**, ou la **serrure** :

> *« Le contour du ventre de Zaïrette, la rondeur de ses cuisses et surtout l'ouverture du corridor d'amour. »*
> La Popelinière, XIXe s.

> *« Parmi tout ce qui plus m'engage*
> *Est un certain petit passage*
> *Qui est vermeil et délicieux. »* Voltaire, XVIIIe s.

Avec l'idée de la « résistance féminine », on relève anciennement : **fort**, **forteresse**, **citadelle**, **champ de bataille** ; puis **château de gaillardin**, attesté chez Rabelais, le composé joue à la fois sur les connotations érotiques de « gaillard » et sur le sens de château, « demeure fortifiée et défendue » :

> « *Je vis mon mari qui de furie canonnait le fort de notre servante.* » *Variétés Historiques et Littéraires*, XVIIe s.

> « *Depuis longtemps de la donzelle*
> *Il avait pris ville et faubourgs*
> *Mais elle défendait toujours*
> *Avec vigueur la citadelle.* » Piron, XVIIIe s.

On peut rapprocher le mot vieilli **cage**, qui s'explique par allusion sur l'endroit où l'on enferme les oiseaux (*oiseau* se dit pour sexe de l'homme) :

> « *Elle le prit de sa main blanche*
> *Et puis dans sa cage le mit.* » Regnard, XVIe s.

Le vagin est enfin, et surtout le but du plaisir, le terme du bonheur, donc le **paradis** ou le **chemin du paradis**, valeurs métaphoriques employées dans la littérature érotique :

> « *De ses doigts tremblants et hardis*
> *Il prend le sombre paradis*
> *Qui donne l'enfer à nos âmes.* » Grécourt, XVIIIe s.

Avec la même valeur, il est considéré comme lieu de plaisir dans la locution courante **salle des fêtes**, datée de 1957.
On trouve encore la métaphore contemporaine **turlu**, nom masculin, d'après sans doute *turlurette*, « cornemuse, flûte », qui s'est dit pour vagin en 1988.
Quelques termes relèvent du domaine animal, utilisés essentiellement dans la littérature érotique comme

huître, **conque**, **coquille** (ou **coquille Saint-Jacques**) et **coquillage**:

> « *Arrivé dans certain endroit*
> *La belle, toujours franche et bonne*
> *Me désigne du bout du doigt*
> *La place de l'huître mignonne.* » É. Debraux, XIXe s.

> « *Et puis, d'un coquillage à l'autre, j'arrivais au sien, à l'originel, à la conque pâle, à la fente rose, d'où tout était venu et tout revenait.* »
> P. Bourgeade, XXe s., d'après Zwang

Le mot **baba** (1905), qui s'est dit plus tard en argot pour postérieur (1932), est d'origine incertaine, peut-être de *baba*, gâteau de forme ronde; l'expression **l'avoir dans le baba**, être refait, est directement liée à l'idée de possession sexuelle, ou de tromperie (posséder, avoir).

Autre désignation plus courante du sexe de la femme et de manière globale (à fois vagin et vulve), le mot **con**, issu du latin *cunnus* (v. 1195-1200); ce vieux mot français, attesté chez les satiriques et dans les graffitis comme désignation du sexe de la femme a été très utilisé du XIIe jusqu'au milieu du XVIIe siècle dans la prose et la poésie « libre », par contre exclu peu après d'un certain nombre de recueils de mots et des études linguistiques jusqu'à une époque récente à cause du tabou qu'il représente:

> « *Le con met tous les vits en rut;*
> *Le con du bonheur est la voie;*
> *Dans le con gît toute la joie;*
> *Mais hors le con point de salut.* » Piron, XVIIe s.

En redoublement hypocoristique se forme dans le même sens, le mot **concon**. On relève les termes archaïques **enconner**, coïter, **enconnage**, coït et **enconneur**, pour coïteur:

> *« Or comme le galant l'enconne,*
> *Lui dit d'étrange façon,*
> *Vraiment, mignonne, je m'étonne,*
> *Que vous n'avez du poil au con. »*
> Le Cabinet satyrique, XIXe s.

Cependant, *con* n'est pas demeuré argotique en raison de ses valeurs dérivées, employées fréquemment dans le langage populaire et même familier. Au milieu du XIXe siècle, il est souvent abrégé, déguisé en **noc** (inversion de *con*), ou épelé en **C-O-N** et prend le sens d'imbécile, évoque la stupidité, par rapport à l'image de passivité attribuée au sexe de la femme :

> *« Qu'on ait vingt ans, qu'on soit grand-père*
> *Quand on est con, on est con. »*
> G. Brassens, *Chansons*, 1963

Le mot donne lieu, en emploi non érotique, à une abondante phraséologie : **con comme un balai**, peut-être à rapprocher de *manche*, « imbécile », puis **con comme un panier**, issu sans doute de la locution ancienne, *sot comme un panier percé*, ce qui expliquerait l'expression : **con comme une valise**, **une malle** (sans poignée !) ou encore **con comme la lune**, d'une façon générale, la lune symbolise le dérangement mental, en tout cas, la distraction, voire l'humeur fantasque.

Avec la valeur de sans intérêt, ridicule, on rencontre : **à la con** (1908) ; **se retrouver comme un con**, **se retrouver tout con** (1977) ou **avoir l'air con**, seul et dans une situation ridicule :

> *« Il fait le plein avec l'air con que tu te tiens quand tu remplis le réservoir de ta voiture, un pistolet à la main... »* Ph. Carrese, *Trois jours d'Engatse*

Illustrant le sommet de la stupidité par la combinaison dévalorisante des deux sexes, on trouve **être con**

comme une bite ou **comme un manche**, également **con à bouffer sa bite** ou **à bouffer de la paille**. D'autres comparaisons ne sont pas très claires, par exemple : **il est con qu'il en peut plus** ou **il est con qu'il en pète**.

Dans le langage contemporain, le mot entre dans de nombreuses injures toujours avec le sens d'imbécile et les qualificatifs ne manquent pas: **sale con, pauvre con, vieux con, petit** ou **grand con, bande de cons**, etc. ; on a aussi **gueule de con** (1893), **face de con**, pour physionomie idiote et dans le parler méridional (plus particulièrement à Marseille), **fatcheu de con !** ; **bobards à la con** (1908), paroles emportées. On dit **faire qqch comme un con** (fin XVIIIe), c'est-à-dire bêtement, **prendre quelqu'un pour un con**, c'est chercher à le tromper. Et **faire le con** ou **jouer au con**, c'est simuler l'idiot, faire l'imbécile :

> « *Elle n'a pas rajouté ‹vieux con›, mais dans son intonation, il y a quelque chose d'encore plus méprisant.* » Ph. Carrese, *Filet garni*

> « *Le vieux se relève en frottant ses fesses endolories. ‹C'est Dieu qui me prend pour un con, oui !›* » Ph. Carrese, *Le Successeur*

De même que **le roi des cons** est le plus bête des hommes ; la formule de part sa fréquence a pris une valeur spéciale, au point que l'on peut dire : *lui, c'est vraiment le roi*, en évoquant de toute évidence cette expression ; on peut rapprocher la formule gentiment méprisante : **si les cons volaient, tu serais chef d'escadrille** (1977) :

> « *Il y a peu de chance qu'on / détrône le roi des cons.* » G. Brassens, *Poèmes et chansons*

On relève dans le langage moderne, les locutions injurieuses typiquement marseillaises telles que : **(le) con de ta mère, con de tes os, con de toi** puis le célèbre

con de Manon, qui à l'inverse des autres, traduit la surprise :

« Je sors précipitamment de la voiture... Bing ! Je me cogne la tête, je lance un juron ‹ con de toi › pour la forme [...]. » Ph. Carrese, *Trois jours d'Engatse*

Les composés **attrape-con** et **piège à cons**, apparaissent vers 1960, pour attrape-nigaud, traquenard où seuls les « cons » se font avoir ; le dernier est repris en 1968 dans le slogan gauchiste : *Élections, piège à cons !*

Dérivé de *con* et du suffixe péjoratif *-asse*, le féminin **connasse**, **conasse**, est la désignation péjorative du sexe de la femme dès 1610 et traduit au figuré vers 1810, une femme (parfois un homme) bête, inexpérimentée et s'emploie aussi en terme d'injure :

« Grands cons que l'on nomme connasses
Cons secs montés sur des échasses. »
Chansons Populaires, XIXe s.

« Il sort une liasse de billets qu'il plonge dans l'encolure très généreuse de la grosse surprise de la soirée. ‹ Ça te suffit pour fermer ta gueule ? Grosse connasse ? › ». Ph. Carrese, *Graine de courge*

Con a produit une série de dérivés essentiellement basés sur l'idée de bêtise, d'imbécillité, comme l'adjectif et le nom féminin **conne**, pour idiote, attesté en 1872 :

« La pièce, c'était deux connes et un bègue qui se roulaient par terre en hurlant. »
Ph. Carrese, *Trois jours d'Engatse*

Plus anciens, sont les noms et adjectifs **connard**, **conard**, **arde**, (1280), avec la valeur d'idiot ou individu sans intérêt :

> *« Tiens, le jeune connard [...] c'est bien son genre, les flingues, les GTI customisées, à cette petite bordille... »* Ph. Carrese, *Graine de courge*

Conneau, se forme en 1889, attesté chez Verlaine, avec un sens moins fort que *connard* et une valeur plus méprisante que *con*.

Con a aussi produit **connerie**, nom féminin, apparu en 1845, chez Flaubert, et de nos jours très usité, pour bêtise, imbécillité ou pour désigner une action, une parole inepte ou encore une chose insignifiante ; bien que son sens s'est affaibli, du fait de la fréquence de son utilisation, il reste cependant exclu du bon usage : *faire, dire des conneries* ; son synonyme **conceté**, nom féminin, en suffixation plaisante de *con*, est plus récent (1957) :

> *« Mais ces deux quilés, on va leur casser la bouche... Nous, on sait... Dans le journal, ils ont raconté des conneries... C'est des conneries, le journal. »* Ph. Carrese, *Trois jours d'Engatse*

Adverbialement on trouve **connement** (1953), pour bêtement. Les mots *con* et *connerie* forment **déconner**, ancien verbe érotique, daté de 1655 (Millot), qui signifiait, « sortir du vagin en parlant de la verge, au cours d'un rapport sexuel », son sens figuré actuel, se rattache au mot *connerie*, dire, faire des absurdités, des « conneries » ; on trouve en formule de dénégation, **faut pas déconner !** ou **sans déconner** :

> *« Il est bègue... C'est le premier tueur bègue dans l'histoire de la criminologie moderne... J'ai failli éclater de rire, mais la situation est trop sérieuse pour déconner. »* Ph. Carrese, *Trois jours d'Engatse*

De *déconner*, se forme le nom masculin **déconnage** (1984), action de déconner ; l'adjectif contemporain

déconnant, apparaît aussi pour niais, stupide ; et le nom féminin **déconnante** en 1979, avec les mêmes valeurs :

> « *Moi j'ai déconné jusqu'en 1950 et je retrouve tout ce déconnage dans la bouche des gens qui ont trente ans de moins que moi.* » *Libération*, 28 mars 1984

On peut aussi citer **déconneur, euse** (1910), désignant celui qui dit des bêtises ou qui agit bêtement et dans un sens plus moderne, se dit d'un farceur, d'un plaisantin ; puis apparaît **déconnade** en 1991, pour bêtise ; on a aussi **déconophone** (1959), pour discours inepte, d'après téléphone.
Dès 1946, fleurissent des pseudo-noms propres utilisés comme injures : **ducon**, **duconno**, puis **duconnard** (1957) et **Ducon-la-joie** (1977), employé souvent comme symbole du naïf :

> « *Comme quelqu'un qu'aurait marché dans la tête*
> *À ducon-Pauwels ou à B.H.L.*
> *Comme quelqu'un qu'aurait taillé ses chaussettes*
> *Dans un vieux Libé aux pages culturelles.* »
> Renaud Séchan, *Chanson dégueulasse*

LE CLITORIS

Le *clitoris* est surtout représenté au figuré par des petites formes rondes ; le mot vient du grec, lié au verbe *klein*, « fermer », dénominatif de *kleis*, « barre, verrou », auquel le latin *clavis*, « clef » est emprunté ; le sous-entendu « clef du plaisir », pourrait être envisagé. On rencontre les abréviations argotiques et familières **cli-cli** (1953), puis **cliquette** et **clito** (1972), plus courantes aujourd'hui :

« [...] Je me fais chevaucher la chosette
Je me fais chatouiller le bijou
Je me fais bricoler la cliquette
Je me fais gâter le matou. »
La Demoiselle, Chansons gaillardes de Colette Renard

Il est appelé **berlingot**, en 1901, renforcé par l'analogie de forme, de couleur et l'idée de « sucer » d'après le bonbon qui porte le même nom, (d'abord en argot, pour membre viril [1662, Esnault]) :

« Je congédiais ma trop pieuse pécheresse dont le berlingot poivré semblait sortir d'un magasin de farces et attrapes. » Étiemble, XXe s. d'après Zwang

De cette valeur là, **berlingot** a désigné dans un emploi plus courant le pucelage, en 1925, dont le dérivé régressif est **berlingue** (1927), d'où **prendre le berlingue**, dépuceler.
Le clitoris est aussi désigné par **praline**, d'après *praline*, « bonbon fait d'une amande rissolée dans du sucre », d'où **avoir la praline en délire** (1953), être excité en parlant d'une femme ; puis se forme **bonbon**, vers 1983, à la fois pour clitoris et vulve :

« Que c'est bon d'être demoiselle
Car le soir dans mon petit lit
Quand l'étoile Vénus étincelle
Quand doucement tombe la nuit
Je me fais sucer la friandise
Je me fais caresser la gardon
Je me fais empeser la chemise
Je me fais picorer le bonbon. »
La Demoiselle, Chansons gaillardes de Colette Renard

Par analogie de forme, on relève aussi **framboise** (1977) et plus ancien **fraise**, qui traduisent tous deux également (au pluriel) la pointe des seins.

Le nom masculin **bouton**, apparaît dès le XVIe siècle, parallèlement sous la forme **bouton d'amour** ; le mot est revisité par San Antonio, en **bouton d'essorage** :

> « *En quelle nuit de ma lance d'ivoire*
> *Au mousse bout d'un corail rougissant*
> *Pourrai-je ouvrir ce bouton languissant.* »
> Théophile, XVIIe s.

> « *Le bouton d'amour d'une femme qui tire la moelle des os sans les casser.* »
> Béroalde de Vervelle, XVIe s.

> « *De ces minouches qui glapissent au premier coup de langue sur le bouton d'essorage.* »
> San Antonio, *Dégustez, gourmandes !*

En locution contemporaine, se forme (**bouton**) **de rose** (1977), par analogie de forme et de couleur du nom de la fleur ; *Bouton* entre dans des expressions métaphoriques qui signifient être excitée sexuellement : **avoir le bouton tapageur**, **avoir le bouton qui fait robe à queue**, ou **robe de bal**, ou encore **avoir le bouton qui traîne par terre**.

On relève **haricot**, vers 1940, par analogie de forme avec la graine comestible de cette plante légumineuse, d'où **avoir** ou **mettre le haricot à la portière**, être excitée sexuellement ; sont à rapprocher les termes **soissonnais** (1928, Esnault) ou **soissonnet**, (sorte de haricots), et la locution **soissonnais rose** (1957) :

> « *Moi le printemps, ça m'fout la praline en délire / le soissonet rageur, l'abricot en folie.* »
> P. Perret, *Chansons*

On trouve aussi **grain de café**, attesté en 1902 et les variantes anciennes **lentille**, **noisette** et **perle**.

LE PUBIS

Pubis a d'abord désigné le poil qui caractérise la puberté, et par métonymie, une partie du corps se couvrant de poil, puis le mot s'est étendu au sens de « région triangulaire du bas-ventre (1793) » ; cette région « poilue » est interprétée métaphoriquement comme ce qui pousse (herbe, poil, cheveu...) et que l'on arrose, c'est donc à partir de cette image que sont formées la plupart des désignations du pubis, comme le mot **cresson**, attesté en 1930, (du latin *crescere:* ce qui croît) ; on relève anciennement **planter le cresson**, pour « faire l'amour » :

> « *On matait sa culotte avec le cresson qui débordait !* » San Antonio, *Baisses la pression, tu me les gonfles !*

Le sens érotique du verbe *planter* (posséder sexuellement) donne lieu à des jeux de mots sur la pilosité, avec les termes **gazon**, attesté en argot (1977), mais anciennement, le mot s'est dit familièrement pour cheveux ; **mousse** (1982), s'est aussi employé d'abord pour cheveux ; plus anciennes, sont les métaphores **buisson**, **fourré**, **pré** et **herbier**, à l'origine, lieu couvert d'herbe :

> « *Mais nos peintres tondant leurs toiles*
> *Comme des marbres de Paros*
> *Fauchent sur les beaux corps sans voiles*
> *Le gazon où s'assied Éros.* » Th. Gautier, XIXe s.

> « *Leur chanteuse se produit à poil pour les mioches, la mousse à l'air.* » *Libération*, 4-5 décembre 1982

> « *C'est là-dessus qu' la vieill' femme se r'jette:*
> *Son buisson est large et touffu,*
> *N'eût-on plus de cheveux sur la teste*
> *Il faut avoir du poil au cul.* » Auguste Lefranc, XIXe s.

> « *Elle faisoit si beau jeu qu'on l'eust vue jusqu'à l'herbier.* » Béroalde de Verville, XVIe s.

Le nom masculin **mouron** (1928), « petite plante », est employé plaisamment pour pubis, par allusion au sens argotique de « poils ou cheveux » ; la métaphore **persil**, apparaît d'abord populairement pour cheveux en 1888, puis poils du pubis dans le langage argotique moderne ; on trouve **asperger le persil**, pour coïter, mais le mot se dit aussi de l'activité de la prostituée (1840) ; **laitue**, d'après le nom de la plante cultivée pour ses feuilles, que l'on mange crues ou cuites, se forme pour pubis en 1977, de là l'expression **mouiller sa laitue**, uriner en parlant d'une femme ; mais le mot désigne aussi, une femme insignifiante ou une prostituée (1955, Esnault) ; le mot **touffe**, pour toison pubienne, a donné l'expression pittoresque, **ras la touffe** (1977), en parlant d'une jupe ou d'une robe très courte.

Les poils pubiens sont aussi traduits par les termes anciens **forêt de Cythère** ou **forêt humide** :

> *« Notre morpion se hâta de gagner la forêt humide qui devant lui se présenta. »* B. de Maurice, XIXe s.

Autre image associée au pubis, celle d'un endroit concrètement « poilu », d'où le nom masculin **barbu**, qui apparaît en 1861 (J. Cellard - A. Rey), issu de *barbe*, dont il faut savoir que les mots **barbe** et **barbichette** étaient usuels au XVIIe s. pour désigner la toison pubienne :

> *« Son barbu n'est pas franchement châtain.*
> *Non plus que blond. »*
> San Antonio, *Une Banane dans l'oreille*

> *« Sur ta laine annelée et fine*
> *Que l'art toujours voulu raser*
> *Ô douce barbe féminine*
> *Reçois mon vers comme un baiser. »*
> Th. Gautier, XIXe s.

« Sitôt que le sommeil, au matin, m'a quitté,
Le premier souvenir est du con de Nérée,
De qui la motte ferme et la barbe dorée
Esgale ma fortune à l'immortalité. »
F. de Malherbe, *Poésie* (1555 – 1628)

Dans le langage contemporain, on trouve la locution **descente au barbu** (1957), pour cunnilinctus et **se mettre une fausse barbe** (1970, Boudard & Étienne), expression ironique signifiant pratiquer le cunnilinctus.
On relève la métaphore ancienne **toison**, d'après le sens de « pelage laineux des ovidés » et **toison d'or**, qui s'emploie depuis le moyen français (fin XIVe s.), à propos des poils pubiens, par allusion à un ordre de chevalerie institué en 1429 par le duc de Bourgogne, dont l'insigne était un mouton d'or :

« Pour garder certaine toison / On a beau faire sentinelle / C'est temps perdu quand une belle / Y sens grande démangeaison. » J. de La Fontaine, XVIIe s.

Le nom féminin **chignon**, daté de 1883 (Esnault), pour pubis féminin, a formé le composé **chignon émancipé**, désignant une prostituée. Les poils pubiens sont aussi imagés dans les locutions argotiques : **paquet de tabac** (1901), **tablier de sapeur** ou **de forgeron** (1966), désignant une toison pubienne très poilue (en 1850, les sapeurs sont représentés avec une longue barbe carrée en éventail) :

« Sa toison est généreuse. Elle devrait l'épiler car elle grimpe un peu haut, mais elle sait que les mâles adorent le tablier de sapeur, alors elle laisse proliférer. » San Antonio, *Circulez ! Y a rien à voir*

Avec la même symbolique du pubis « très poilu », on peut citer les désignations anciennes, **toupet** ou **toupet**

de Vénus, d'après *toupet*, « touffe de cheveux sur le sommet du crâne », puis **houppe**, issu de « houppe de cheveux » :

> *« Ce n'est pas là le conin que vous aviez au couvent ; il n'y avait que du poil follet, du duvet, et je tiens là un toupet, un vrai toupet. »*
> La Popelinière, XVIIIe s.

> *« Ses mains… se levèrent enfin sous la houppe dorée que même ses regards avaient appris à fuir. »*
> J. Deval, XXe s.

On relève encore les métaphores archaïques, la plupart sorties d'usage, telles que **hérisson**, **ourson**, **manchon**, **écusson de crin**. Plus récent, le mot **fourrure**, d'après le poil de l'animal ; puis plaisamment **repaire de morpions**, par allusion au *morpion*, « pou du pubis » :

> *« Et la tribune de Florence,*
> *Au cant choqué montre Vénus*
> *Baignant avec indifférence*
> *Dans son manchon ses doigts menus. »*
> Th. Gautier, XIXe s.

Le nom féminin **motte**, d'après, « petit morceau de terre compacte comme on en détache en labourant la terre », a pris assez tôt le sens familier « d'éminence pubienne » (1370), désignant par extension, le sexe de la femme :

> *« […] Et quant à l'autre, à voir sa douce mine,*
> *Son embonpoint, son visage si bon,*
> *Je crois qu'elle a belle motte et beau con :*
> *Elle aura donc mon vit pour contremine. »*
> Brantôme (1540 – 1614), *Sonnets*

> *« Pendant dix-huit semaines*
> *Mironton mironton mirontaine*
> *Pendant dix-huit semaines*

Madame Malbrough la sotte
Se caressa la motte
Avec une carotte. »
Malbrough s'en va-t-en guerre, Chansons gaillardes de Colette Renard

On peut citer la variante **Mont de Vénus**, apparue en 1640, de *mont*, « tas, monceau » et *Vénus*, « déesse latine de l'amour » ; le mot a été employé comme dénomination métaphorique du sein, par les poètes de la Pléiade et du XVIIe s.

« *Car il faut, des oublis antiques*
Et des pudeurs d'un temps châtré
Venger dans des strophes plastiques
Grande Vénus, ton mont sacré. » Th. Gautier, XIXe s.

LA MASTURBATION

Les expressions illustrant la masturbation féminine sont très peu nombreuses comparées à celles de l'homme. Elles fonctionnent avec des verbes qui impliquent un exercice manuel, notamment l'usage du doigt. On relève en locution vieillie **gratter son devant** :

« *Si j'eusse pensé que ma fille eût été si vite en besogne, je lui eusse gratté son devant jusqu'à l'âge de vingt-quatre ans.* » Les Caquets de l'accouchée, XVe s.

« *Au dortoir, sur le soir, la sœur Luce, en chemise et sans mouchoir, cherchant du blanc au noir à surprendre une puce.*
À tâtons, du téton, à la cuisse l'animal ne fait qu'un saut ensuite un peu plus haut se glisse.
Dans la petite ouverture, croyant sa retraite sûre, de pincer, sans danger, il se flatte.

> *Luce pour se soulager y porte un doigt léger et gratte.*
> *En ce lieu, par ce jeu, tout s'humecte à force de chatouiller venant à se mouiller, elle noya l'insecte.*
> *Mais enfin, ce lutin, qui rend l'âme, veut faire un dernier effort.*
> *Luce grattant plus fort se pâme.* »
> *La Puce*, paroles de Ch.-A. Piron, Chansons gaillardes de Colette Renard

En 1982, apparaissent les locutions poétiques **(se) chatouiller** ou **se caresser l'hibiscus**, basées sur l'image d'une plante à grandes fleurs en cornet, probablement d'après la forme du corps de la femme ; sont attestées les expressions **jouer de la guitare, de la harpe** ou **de la mandoline** (1953).

On peut rapprocher les créations de San Antonio, désignant la masturbation féminine, telles que **(un) solo de mandoline, solo de guitare, solo de balalaïka, solo de banjo** :

> « *La belle scandinave blonde risque de se faire un solo de banjo cette nuit en guise de troussée héroïque.* » San Antonio, *Le Trouillomètre à zéro*

La locution **écrire à sa famille**, daté de 1960, est d'origine obscure :

> « *Écoute, fit Rutha à Bagah [...] On va pas passer toute notre vie à s'écrire à notre famille dans le plumard pendant le borgnon.* »
> P. Devaux, *Le Livre des darons sacrés*

Le verbe très ancien **(se) branler**, (XVIIe s.), d'après *branler*, « secouer », s'applique aussi bien à la masturbation féminine que masculine (voir à *sexe de l'homme*). Avec les valeurs familières du verbe *astiquer*,

« frotter, polir », se forme **(s')astiquer** (1936), employé aussi bien pour une femme que pour un homme ; puis **s'astiquer le bouton**, *bouton*, pour « clitoris » ; sa variante **taquiner le bouton** est plus ancienne :

> *« Tu t'astiques avec combien de doigts, miss Couscous ? Deux ? Trois ? Toute la main ? »*
> San Antonio, *Les Soupers du Prince*

> *« La gauche, autour du con bien doucement passée*
> *Taquine le bouton de la gorge agacée. »*
> L. Protat, XIXe s.

On relève en argot moderne, **se faire au doigt**, puis en locutions anciennes, sorties d'usage **se congratuler**, avec jeu de mots sur *se gratter le con* ; dans le sens de masturber une femme, on dit **avoir l'anneau** ou **la bague au doigt**, *anneau* et *bague*, désignant le vagin et, **faire un doigt de cour**, par équivoque sur une locution innocente :

> *« Je pense, lui dit-il, madame, que vous vous congratulez. »* Tallemant des Réaux, XVIIe s.

> *« Savez-vous pourquoi nos belles*
> *Sont si froides en amour*
> *Ces dames se font entre elles*
> *Par un ingénieux retour*
> *Ce qu'on nomme un doigt de cour. »*
> De Champenetz, XVIIIe s.

On relève le nom féminin argotique **gerbe** en 1968, issu du déverbal de *gerber*, « vomir ».

II
LE SEXE DE L'HOMME

Le sexe de l'homme est désigné par l'idée d'élément d'un tout, comme l'attestent les termes « attributs (virils) » ou plus couramment « parties ». De nombreuses expressions sont assimilées à la force et au courage, renforcées par des signes de virilité dont le poil ou la vigueur sexuelle. Du reste, le mot « viril » s'est dit à la fin du XVIe s. du sexe de l'homme, exprimant les qualités physiques et morales considérées comme propres au mâle humain, à ce qui est énergique et vigoureux.

Dès le XVe siècle **parties viriles** désigne le sexe de l'homme, remplacé peu après par **parties honteuses**, euphémisme transparent en concurrence à l'époque avec **parties naturelles** (1559), son contenu moralisateur et culpabilisant l'a conservé plus longtemps en usage :

> *« On ne doit pas dire les parties honteuses car on ferait tort à la nature qui n'a rien fait de honteux. »*
> Béroalde de Verville, XVIe s.

En dénomination elliptique, on rencontre **les parties** (1651) qui est la désignation à la fois pudique et euphémique des organes sexuels masculins, dont le sens a évolué pour testicules, en français populaire moderne.

On relève le terme argotique **saint-frusquin**, vers 1850, de *frusquin*, issu du latin *frustulum*, « morceau », désignant les parties génitales de l'homme ; dans le même sens, le mot ancien **devant** (XVIe s.) par opposition à *derrière*, réattesté en argot vers 1977, désigne aussi bien les parties sexuelles de l'homme que de la femme. En argot moderne, se forme le nom masculin pluriel **abats**, d'après *abats*, « parties comestibles secondaires des animaux de boucherie » ; **bas morceaux**, est attesté chez San Antonio :

> *« Il fut tenté d'échapper à la main vorace qui lui malaxait les bas morceaux pour procéder à des ablutions. »* San Antonio, *Baisses la pression, tu me les gonfles !*

D'autres désignations sont beaucoup plus métaphoriques comme **bibelots** (1982), **marchandise**, réattesté en argot en 1977, qui s'est employé aussi pour sexe féminin ; **couvert trois pièces** (1960), **services trois pièces** (1953) et plus anciens les termes **paquet**, **paquet de mariage** ou **de l'épousée** :

> *« Ayant un échantillon de sa marchandise elle savait si elle lui plaisait. »* Ch. Sorel, XVIIe s.

> *« Toutefois il est mâle car j'ai tenu son paquet. »* Béroalde de Verville, XVIe s.

Reposant sur l'idée de « choses précieuses », apparaît le terme ancien **patrimoine**, désignant les parties sexuelles de l'homme (ou de la femme) ; **bijou de famille**, dès 1881, toutefois plus courant au pluriel pour désigner les testicules et le pénis ; l'expression a été en vogue à la fin du XVIIIe s. influencée probablement par les « Bijoux Indiscrets » de Diderot :

> *« Tout en nous fustigeant d'un regard rageur, il flatte ses bijoux de famille comme on fourbit les cuivres du salon le samedi matin. »* San Antonio, *Vas-y Béru !*

La métaphore **boutique**, attestée dès 1622 (Rigaud), ainsi que la combinaison **espace bonbon** (1982), sont des désignations métonymiques, illustrant aussi bien les organes sexuels de l'homme que de la femme :

> « *Bien souvent à telle pratique*
> *Les femmes ouvrent leur boutique.* »
> J. du Bellay, XVIe s.

On relève le terme euphémique **histoire**, attesté en 1611, pour parties sexuelles de l'homme (mais aussi de la femme), qui désigne également au pluriel, les testicules, d'après « l'objet » qu'on ne veut pas nommer (syn. : *chose*, *machin*, *truc*) :

> « *Si l'adolescente n'est pas vierge, tu le verras bien à l'examen de son histoire qui apparaîtra grosse et béante comme un abîme.* » *Mille et une nuits*, trad. XXe s.

> « *Mademoiselle, le grand malheur ! ces méchants lui ont arraché les histoires.* » Béroalde de Verville, XVIe s.

LES TESTICULES

Les testicules sont les « témoins » du sexe de l'homme, comme l'atteste d'ailleurs l'origine du mot issu du latin *testes*, « témoins ». En français populaire, les testicules sont envisagés comme un insigne de la virilité, mais sont aussi ressentis comme des accessoires, des choses de peu de valeur. Le mot populaire d'usage trivial **couille**, employé depuis le Moyen Âge, comme symbole de virilité est une des désignations les plus représentatives des testicules :

> « *[...] Nous lui baiserions le cul sans feuille, et les couilles pareillement, car le Saint-Père a des couilles, nous le trouvons dans nos belles Décrétales, autrement il ne serait point pape : de sorte*

qu'en subtile philosophie décrétaline, cette conséquence est nécessaire : ‹Il est pape, il a donc des couilles, et quand des couilles manqueraient au monde, le monde n'aurait plus de pape.› »
Rabelais, *Pantagruel*, tome II

« L'homme fait des enfants par orgueil. [...] Il fait des enfants pour apporter la preuve de sa virilité. [...] Ce sont ses couilles que le père adore dans ses enfants. » L. Aragon, *La Défense de l'Infini*

Le mot *couille* prend toute sa valeur symbolique, notamment dans les locutions : **avoir des couilles (au cul)** (1790), ou **les avoir bien accrochées** ou simplement **en avoir**, daté de 1957, sous-entendu des *couilles* ou *du poil au cul*, en plus du courage, c'est être très viril ; on peut penser à la vieille formule : *si ma tante en avait ce serait mon oncle*, qui s'employait pour présenter une hypothèse peu sérieuse :

« [...] elle pourrait (une vieille tante)
Me léguer sa fortune
Coquin !... Si ma tante en avait ! »
Chanson de Pacra, vers 1880, in *Romi, Gros succès et petits fours*

Il faut préciser que l'expression ancienne *avoir du poil*, reposait déjà sur cette notion de courage ; on a dit familièrement dans le même sens, *avoir* du *poil au cœur, aux yeux*... on a parlé aussi de *bougres à poil* (1793), pour hommes déterminés, courageux, *brave à trois poils*, de même que le nom masculin *poilu*, s'employait pour homme brave (1899). Le terme ancien **couillu**, employé en argot, traduit le fait d'avoir « des couilles », par conséquent, du muscle, de l'audace... :

« Je suis là-dessus dans une grande perplexité et n'ai encore résolu de quel côté je dois m'incliner. Tous deux me semblent par ailleurs bons compagnons et bien couillus. » Rabelais, *Pantagruel*, tome II

On trouve l'expression **(baiser) à couilles rabattues**, employée pour qualifier une importante fréquence en parlant de l'acte sexuel.
Par contre, **avoir les couilles molles** (1928), traduit la peur et la lâcheté et une **couille molle** (1847), est un individu faible, sans volonté :

> *« Tout ce noble consistoire, par manque d'une résolution catégorique, encourut une altération mirifique [...]. Ce fut l'année des couilles molles, près de Teumesse, entre Thèbes et Chalcis. »*
> Rabelais, *Pantagruel*, tome II

Dans le même sens, **les avoir moites** (1977), en emploi métonymique, avec ici le pronom *les*, représentant également les fesses ; tout comme **être mou du bout**, c'est manquer d'énergie, avoir peur, le nom masculin **bout**, désigne le pénis, dès 1888. Apparaît aussi à la forme négative, **ne pas avoir de couilles (au cul)**, en 1954 ou **ne rien avoir dans la culotte, le slip, le pantalon** ou encore **ne rien avoir entre les jambes**, être veule, poltron.
Dès 1594, le mot *couille* est employé comme injure envers une personne lâche, peureuse ; dans d'autres expressions, il prend une image négative, en argot moderne par exemple, une **couille** est un ennui sérieux, un échec, une erreur (un *emmerdement*) d'après la métaphore *parties honteuses*, (méprisable du corps) donnant « chose sans valeur ou histoire mensongère » :

> *« Oh Zé', elle a pas une porte, ta banque ?*
> *– Mon sgaï', Lu'. On rentrera par la porte mais si y'a une couille, on sera bien content d'en ressortir par les égouts. »* Ph. Carrese, *Graine de courge*

Et **partir, barrer, tomber, s'en aller en couille** (1947), c'est se gaspiller, ne pas aboutir, se dégrader, d'après les sens figurés dépréciatifs de *couille*, correspondants aux dérivés *couillonnade* et *couillonner* :

> *« […] il arrive que le chagrin désagrège les facultés, disperse l'esprit. Les gars de là-bas ont aussi une expression pour désigner l'homme qu'une trop grande souffrance a désagrégé. ‹ Il s'en va en couille. › »*
> J. Genet, *Pompes funèbres*

De même qu'on dit **c'est de la couille (en barres, en bâtons)** (1957), pour qualifier une chose dénuée de valeur, sans importance, à rapprocher de la locution dévalorisante **de mes (deux) couilles**, datée de 1913 (Esnautl), employée pour signifier que quelque chose ne vaut rien.

Inversement, en emploi contemporain **se faire des couilles en or** ou **des burnes en joncaille** (*joncaille*, « or » en argot), c'est faire de gros bénéfices, toucher beaucoup d'argent :

> *« Ah, monsieur, si la France touchait des droits d'auteur sur la révolution… On se ferait des couilles en or. »* Wolinski, in *Libération*, 23 juin 1987

Tenir qqn par les couilles, en argot moderne, c'est le tenir à sa merci. En emploi métaphorique, où le pronom se substitue une fois de plus au syntagme nominal, on peut citer les expressions argotiques contemporaines : **c'est à se les prendre et se les mordre**, qui signifie c'est très drôle.
On trouve encore **se les geler**, **se les peler** ou **se les cailler**, avoir très froid :

> *« […] sauf que bientôt, j'arriverai plus à tenir le volant tellement on se les gèle à rouler toutes vitres ouvertes en plein mois de décembre. »*
> Ph. Carrese, *Filet garni*

Avec l'idée d'importunité se forme **casser les couilles à qqn**, l'expression est tirée de *casser les pieds à quel-*

qu'un, qui a stimulé de nombreuses variantes plus marquées, composées avec la plupart des noms argotiques désignant les testicules: *casser les choses*, *casser* ou *briser les burnes*, *les burettes*, *les bonbons*, *les claouis*, *les olives*, *les noisettes*... (voir plus loin):

> *« Pendant qu'elle fait la graphiste, elle me casse pas les couilles... »* Ph. Carrese, *Filet garni*

On abrège souvent l'expression par: **les casser**, **les casser à qqn**, où *les* se substitue pudiquement au syntagme nominal, avec la variante familière **les briser** (**à qqn**):

> *« Ta gueule, Manu!*
> *– Ho! Joseph! Tu les as à l'envers, ce matin? C'est la flûte à son père!*
> *– Flûte à son père ou pas, fais-le arrêter immédiatement. Ton fils me les brise [...]. »*
> Ph. Carrese, *Le Successeur*

Traduit en nom et adjectif, **casse-couille** (1936), rejoint l'expression d'origine « casse-pied », de plus on trouve des composés où le mot *couilles* est désigné par des termes très généraux comme **casse-choses** et **casse-machins** (*casse-burnes*, etc.):

> *« La gauche perd toujours sous prétexte qu'ils ne s'entendent pas, je trouve que c'est un petit peu casse-couille, hein! »*
> *Le Nouvel Observateur*, 17 novembre 1980

Dans le même sens « ennuyer, être insupportable à... », se forment avec *couille*, une série de variantes conjuguées avec différents verbes comme **peler les couilles**, **les limer**, **les râper**, **les hacher menu** ou encore **les brouter**, **les gonfler**... (variantes: *peler les balloches*, *les bonbons*, *le jonc*...).

Dans l'usage familier récent, contrarier quelqu'un, c'est aussi lui **foutre, filer les boules** (1985), les *boules* sont ici les «glandes» ou **foutre les glandes** (1986), de même que **avoir les boules** ou **les glandes**, signifie être très énervé, ennuyé, dégoûté (de qqch); on entend aussi exclamativement: ***les boules!, les glandes!***:

> *«Josiane me balance un regard d'un noir de banquise (c'est à dire aussi noir que la banquise est blanche... enfin, si c'est pas clair, en deux mots, elle a les glandes, Josiane.»* Ph. Carrese, *Filet garni*

> *«Ça fout les boules que des gens soient obligés de faire les poubelles pour se nourrir.»*
> *Libération*, 14 octobre 1985

En locution plaisante se forme, **porte-couille** (1987, Degaudenzi), pour époux; de même qu'on trouve en locution ancienne **graine de couille**, pour enfant:

> *«Je vous apprendrai sacré graines de couilles, à venir foutrailler dans ma maison.»*
> A. de Nerciat, XVIIIe s.

Le diminutif **couillon** qui apparaît au XIIIe s. dans le sens de testicule, hérite de la valeur figurée «d'imbécile» et «sans énergie» à partir du XVIe s., puis en 1813, le mot prend la valeur d'individu peureux, lâche.
On retrouve aujourd'hui en adjectif et nom, ce terme populaire plutôt débonnaire de **couillon**, mais aussi **couillonne**, (plus rare) surtout dans la France méridionale, avec le sens non péjoratif de «dupé, niais»: ***un brave couillon!***:

> *«Il est sourd, dit alors frère Jean. Il n'entend pas ce que tu lui dis, couillon! Fais-lui en signe une grêle de coups de poing sur le mufle.»*
> Rabelais, *Pantagruel*, tome II

On peut citer avec les valeurs de «naïf, niais», les variantes archaïques: **couiller (ère)**, (XVIIIe s., Esnault), **couillet** (1878), **couillette** (1610) et **couillibi**, réattesté en argot en 1977. De même qu'une **couillonnade**, est d'abord une chose de peu (1791), puis une niaiserie, une imbécillité, bref, un acte ou une parole de *couillon* (1856); dans le même sens on a une **couillonnerie** (1859), le second étant moins usité que le premier:

> *«Le ‹Ninja blanc›, sombre couillonnade, dont la seule performance semble consister à accumuler le maximum de pif-paf dans la poire en un minimum de temps.»* *Libération*, 22 juillet 1987

De *couillon*, se forme également le verbe **couillonner** (1887), duper, se faire avoir: **se faire couillonner.**

Les testicules sont définis métaphoriquement comme de petites choses rondes, avec les termes **olives** (1957), **billes** (1953), **noix** ou **noix vomiques** (1960, Devaux), **pelotes** (1977), **boulettes**, **grelots**, en emploi contemporain, **noisettes** (1960, Devaux), à rapprocher de l'argot moderne **nuts**, (de l'anglais *noisette*); on trouve chez San Antonio, **casse-noisette'man**, pour homme ennuyeux:

> *«Ceux-là que tu voulais dire qui ne déchargent point, sont les châtrés, à qui on a coupé les deux boulettes et qui ne sont bons à rien qu'à bander quelquefois.»* Mililot, XIXe s.

Puis fondés sur la forme mais aussi la couleur, les termes **marrons**, mot ancien, **prunes** (1864), **pruneaux** en 1953, **figues** (1931), d'abord pour vulve (au singulier), d'où **avoir les figues molles** (1977), ne pas éprouver de désir sexuel:

> *«Dam! Putiphar sans médire*
> *Les aimaient, je crois, assez;*

Pourtant Joseph, on doit le dire
N'avait qu' des marrons glacés. » Alphonse, XIXe s.

« *Si malgré les vœux de madame*
Les prunes de monsieur m'ont plu
On doit excuser une femme
Que tenta le fruit défendu. » Marcillac, XIXe s.

« *Y n'a eu qu'un déboire, c'est la fois qu'il prit un semateche dans les pruneaux, misère! Un boulet qui y est arrivé à deux cents kilomètreurs, à l'en faire esploser les claouis.* »
San Antonio, *Si «Queue d'Âne» m'était conté*

Plus récemment apparaît **bonbons**, d'où **casser**, **peler les bonbons** (milieu du XXe s.), ennuyer, contrarier quelqu'un; un **casse-bonbon**, un *emmerdeur*; on peut citer l'expression argotique plaisante, **avoir les bonbons qui collent au papier**, avoir très chaud, être en sueur.

D'autres désignations sont également composées par analogie de forme et/ou de couleur, comme **rouleaux** (1888), qui a produit les expressions **avoir mal aux rouleaux** (1953), avoir contracté une maladie vénérienne et **la peau de mes rouleaux!** (1931, Chautard), est employé pour, «rien du tout!» (syn.: *peau de balle*, *de zébi*...):

« *La peau de mes rouleaux*
Pour les municipaux. » Chanson, XIXe s.

La variante **burnes** (1888, Esnault), nom féminin, est issue du rouchi *burne*, «excroissance sur un arbre»; formé sur le même modèle que *rouleaux*, apparaît **(la peau de) mes burnes**, en formule de dénégation, puis dans le sens d'agacer vivement, **casser les burnes**, et **casse-burnes**, en nom et adjectif:

« *Belle plante cette Sarah, mais quelle casse-burnes.* » Ph. Carrese, *Le Successeur*

Les testicules sont encore désignés par **rognons** (1888), d'abord au sens de rein d'un animal (fin XIIe s.), puis testicules d'animaux, notamment en cuisine (1690) ; on relève la locution ancienne **être ferme des rognons**, très ardent en amour :

> *« V'là la sèv qui monte ; la Vie, a grondé en ses rognons. »* J. Rictus, *Le Cœur populaire*

Les noms féminins **roubignoles** ou **robignoles** (1882), s'expliqueraient peut-être par ce même nom qui a désigné une petite boule utilisée anciennement au *jeu des trois coquilles*.

Le terme **roustons** (1836, Vidocq), est issu du languedocien *roustoun*, avec la variante plus récente **roustimballes**, en 1982, (Perret), peut-être d'après *rouston* ou influencée par le mot **balles**, désignant au XVIIe s., les testicules (qui n'a subsisté que dans *peau de balle*) :

> *« Si sa cravate est blanche elle sera de corde.*
> *Qu'il ait des roustons noirs ou bien qu'il se les morde,*
> *Il lui faudra fourguer son blaze au grande pégal. »*
> R. Desnos, *Petrus d'Aubervilliers*, *La Revue des Messages*

Le nom féminin **roupettes** et son dérivé **roupes** (1779) sont des resuffixations argotiques de *roupignolles* (roubignoles), lui-même issu de *roupilles*, « guenille, chiffon ». Il faut y ajouter le féminin **agobilles** (1977), issu du patois messin pour « vieux chiffons », au XVe s.

L'emploi du pluriel **burettes**, en argot dès 1860 puis dans le langage familier pour testicules, (pénis, au singulier) est probablement une métaphore avec le nom du flacon liturgique, désignant les testicules comme réservoir du sperme, d'où **vider ses burettes**, coïter ou éjaculer ; puis **casser les burettes à qqn**, l'importuner (*casser les couilles*, etc.).

La locution ancienne **bouteilles à miel**, nous renvoie aussi à l'image du réservoir où le sperme est ici assimilé au miel ; de même que l'on retrouve l'idée du contenant dans les métaphores vieillies: **pot-au-lait, sac à avoine, bourses, gourdes, vases spermatiques**:

> *« Sauve, Trénot, le pot au lait, ce sont les couilles. »*
> Rabelais, XVIe s.

> *« Partout on le craignait, dans une basse-cour*
> *Il a pris la volaille chacune tour à tour;*
> *Il en aurait bien pris encore une trentaine*
> *Tant son cœur était grand, tant ses bourses*
> *étaient pleines. »*
> Cl.-Ch. Depousier, *Les Vers c'est satyrique*, tome I

> *« Le troupier (dit) mes roustons, le cocher: mes*
> *roupettes;*
> *Le marchant de coco: des gourdes, les grisettes:*
> *Des machines… »* L. Protat, XIXe s.

> *« […] ils auraient tant taloché leurs amours de nouveau possédés (comme c'est l'équité et le devoir), et tant égoutté leurs vases spermatiques qu'ils en restaient tout effilés, tout émasculés, tout énervés et flétris? »*
> Rabelais, *Pantagruel*, tome II

Les testicules sont aussi traduits par ellipses dans **les deux, la paire**, en emploi contemporain, d'où en argot, **en coller une paire**, pour coïter et aussi **en glisser une paire à une femme**, la posséder sexuellement.
Ils sont illustrés par figure de deux, dans les métaphores anciennes **jumelles, jumeaux, frères, frérots, couple, cymbales, les deux adjoints** (sous-entendu du pénis), ainsi que **les deux compagnons, les (deux petits) globes, les deux vessies**:

> *« Je cherche à mettre dans ta main*
> *L'instrument qu'un œil libertin*
> *Braque sur la coulisse;*
> *Tu repousses d'un air grognon*
> *Mes jumelles et mon lorgnon. »* L. Festeau, XVIe s.

« Les hommes nagent mieux que les femmes parce qu'ils ont deux vessies au bas du ventre, qui les soutiennent en nageant. » Tabarin, XVIIe s.

« Le maître qui me châtra, me tira les deux compagnons si subtilement que je n'en sentis presque rien. » Piron, XVIIe s.

Dès 1977, apparaît en emploi plaisant **les orphelines**, par allusion sans doute au roman d'Ennery « les Deux Orphelines », paru en 1874 ; on relève chez San Antonio **les sœurs Brontë** :

« Mes sœurs Brontë en sont comme électrocutées. »
San Antonio, *Hue, Dada !*

Les testicules sont aussi vus comme des accessoires qui pendent, qui se balancent avec les termes **breloques** (1901) et anciennement **sonnettes**, **cliquailles**, d'après l'idée d'ornements cliquetant ou encore **pendillantes**, **brimborions**, puis **pendantes** (fin du XIXe), mais peu usité :

« Voilà plus de six heures qu'on se gèle les breloques dans cette saloperie de voiture. »
San Antonio, *San Antonio Polka*

« Peux-tu me dire aussi tous les différents noms
Que l'on donne parfois aux deux brimborions
Qui sont pendus après ? » L. Protat, XIXe s.

En emplois métonymiques on a **joyeuses** dès 1881, **douillettes** (1952) et **précieuses** (1957) :

« J'aime me sentir les précieuses à l'aise dans mon pantalon. » A. Boudard, *La Métamorphose des cloportes*

Le mot **valseuses**, en emploi métaphorique du mot usuel, employé en argot dès 1905, a gagné en force à partir de 1972, aussitôt après le film de Bertrand Blier, « *Les Valseuses* » :

> « *Le taureau, qui voyait rose, faisait tintinabuler ses valseuses en une mélopée rythmée.* »
>
> P. Devaux, *Le Livre des darons sacrés*

On peut rapprocher le nom féminin **balloches** (1836), déverbal de *ballocher*, mot picard, « osciller en pendant (Esnault) » ; de là, **peler**, **gonfler les balloches à quelqu'un**, l'importuner.

Du même radical que *balloches*, apparaît à la forme argotique, **ballustrines** (1945). Le terme **montgolfières** (1960), pour testicules, s'explique par comparaison de forme et l'idée de chaleur avec l'aérostat à air chaud, désignant également en 1983, des seins opulents (1983). On relève le nom masculin **claouis** (1898), de l'arabe algérien *klaoui*, d'où **casser les claouis à qqn** ; et la variante récente **claouilles** (1973, Le Dano). En emploi contemporain se forme **glaouis**, altération de *claouis* :

> « *Le type déguisé en Angus Young, en dépit (ou à cause) de son bermuda en tergal, se gelait violemment les glaouis.* » *Libération*, 27 août 1981

On peut encore citer les mots typiquement marseillais toujours en vigueur : **alibòfis**, issu probablement d'une comparaison avec le fruit de l'aliboufier et son synonyme **mastégons**.

LE PÉNIS

Le mot pénis possède un vocabulaire riche en métaphores. Il a d'abord désigné la queue des mammifères (1618), avant d'être remplacé par *cauda*, et s'est dit également du sexe de l'homme. Dès le XIIIe siècle (Roman de Renart) **verge pelée**, désigne plaisamment le membre viril, par allusion au nom donné à une branche écorcée servant de baguette (1080), ce n'est qu'au XVIe s. que le mot est attesté seul pour pénis :

> *« Il souhaitait qu'il pût abattre sa faim en se frottant le ventre, tout ainsi qu'en se frottant la verge, il passait sa rage d'amour. »* Brantôme, XVIe s.

Il entre dans des locutions pittoresques sorties d'usage comme : **verge anoblit** (1509), on est noble par le père ou **parent du côté de la verge** (1611), parent du côté du père ; **se fouler la verge** en 1640, signifiait être paresseux, puis plus récemment **verger** (1974), est apparu pour posséder sexuellement. Mais la plus ancienne des désignations argotiques du pénis est sans aucun doute (avec *vit*) le nom féminin trivial **pine**, attesté vers 1265, dont l'origine pourrait venir de *pine*, autrefois « sifflet, flûte d'écorce » :

> *« Pour les sétons et les cautères*
> *(Dieu) fit les pois*
> *Et pour les pines solitaires*
> *Il fit les doigts. »* Parnasse satyrique, XIXe s.

> *« Il est des hommes qui, aux lendemains de fêtes*
> *Ont encore grande envie de rouvrir leur braguette.*
> *Il est vrai qu'ici-bas, nul besoin de lapine*
> *Quand on est chaud lapin... et qu'on aime la pine. »*
> Cl.-Ch. Depousier, *Les Vers c'est satyrique*, tome I

On relève les diminutifs archaïques **pinette** ou **pinoche**, pour pénis de petite taille, d'où **pinocher**, coïter faiblement :

> *« Dès lors un braquement du plus fort calibre la finit et la venge cinq ou six fois de l'insuffisante pinette qui vient de l'émoustiller. »* A. de Nerciat, XVIIIe s.

Quelques expressions argotiques plaisantes se sont formées avec *pine*: **haut comme trois pines à genoux** (1931, Chautard), très petit, en parlant de quelqu'un; **(avoir) les yeux en trou de pine** (1928, Stéphane), avoir la pupille de l'œil minuscule (syn.: *les yeux en trou de bite*); par jeu phonétique, on trouve **la pine à Céline**, en 1957, pour la pénicilline; **revenir avec la pine sous le bras** (1960, Le Breton), c'est avoir échoué dans sa quête amoureuse.
On trouve les dérivés **piner** (1931), pour posséder sexuellement, puis l'adjectif et nom **pineur** (1977), désignant un homme porté sur les relations sexuelles; l'adjectif **piné**, daté de 1957, prend le sens de « bien accompli », (variante *chié*). En terme vieilli, on relève **pinage**, pour coït:

> *« Elle me dit qu'elle était fort étonnée qu'à mon âge je ne fusse pas plus instruit que cela sur le pinage. »*
> Anaïs, XIXe s.

L'adjectif **pinocumettable** (1940-1944, Guérin), de *mettre la pine au cul*, s'emploie à l'adresse d'une femme qui excite le désir (syn.: *baisable*, *mettable*):

> *« Elle portait des robes si courtes, aussi! Et pas pudiques du tout quand elle faisait sissite! Elle est pinocumettable, prétendait Pactot. »*
> R. Guérin, *L'Apprenti*

Tout comme *pine*, le nom masculin **vit** (v. 1200), du latin *vectis*, « levier, barre », est une désignation très ancienne du pénis, que l'on retrouve tout au long de l'histoire de la langue et contrairement à son synonyme, *vit* a été très employé dans les textes des poètes satiriques du XVIe et XVIIe s., aujourd'hui remplacé par d'autres synonymes, il reste cependant actif dans certaines contrepèteries; on relève l'expression archaïque **vit désossé**, qui se disait d'un pénis incapable d'érection:

> *«Mais, dit-il, contrepétez sur: À Beaumont-le-Vicomte.*
> *– Je ne saurais, dit-elle.*
> *– C'est, dit-il: À beau con le vit monte [...].»*
> Rabelais, *Gargantua Pantagruel*

On trouve **tiv**, anagramme argotique de *vit*, de là se forme **schtiv**, pour pénis avec adjonction de l'initiale *sch-*, d'où **enchtiver**, pour coïter.

On a aussi **vier** ou **vié**, attestés en 1975, issus du provençal *viet*, dans le même sens ou peut-être apocope de *viédaze* (1611), «verge d'âne», d'où également le signifié d'imbécile. En argot marseillais se forment avec le mot quelques expressions pittoresques: **faire des viers**, faire des manières ou chercher des histoires; en interjection **vier d'ours!** traduisant à la fois l'impatience, la colère, le mépris, etc.; puis l'expression **(et) mon vier**! formule passe-partout servant à tout traduire.

> *«En descendant du bahut, il s'est pris les pieds dans une flaque d'huile et s'est étalé par terre. Il a gueulé ‹Mon vier...› parce que là où il est né, au Panier, c'est une expression qu'on emploie beaucoup.»* Ph. Carrese, *Filet garni*

Dans l'usage populaire familier, on dispose de **bite** (v. 1584) ou **bitte** (1881), d'après sans doute le terme de marine, *bitte*, «poutre d'amarrage» ou alors de l'ancien français *abiter*, «s'approcher, toucher à», après croisement avec *habiter*, avant 1250, qui signifiait «avoir un commerce charnel avec (qqn)»; il est quelquefois pris au sens figuré de difficulté imprévue, accident (1936) (syn.: *couille*):

> *«Une frêle quéquette ayant vu une bite*
> *Sortir d'un caleçon, se trouva trop petite,*
> *Et ne supporta pas cette comparaison*
> *Avec sa grande aînée. C'est pour cette raison*

Qu'elle dépérissait et en fit un complexe
Que Freud aurait traduit en syndrome du sexe.»
Cl.-Ch. Depousier, *Les Vers c'est satyrique*, tome I

En formes verlanisées, on trouve les féminins **tébi**, en 1977 et **teube** ou **teubi** en 1988. Au figuré on a: **con à bouffer de la bite** ou **con comme une bite** (1977), très stupide, en parlant de quelqu'un; la locution **peau de bite** ou **peau de balle et balai de crin** (1881), s'est employée pour signifier «rien du tout»; (syn.: *peau de zébi...*):

«[...] ici, les hommes ed' la classe, comme v'là moi, ont tout juste peaudezébie, peau de balle et balai de crin?»
G. Courteline, *Les Gaîtés de l'escadron*

Avoir les yeux en trou de bite (1936, Céline), c'est-à-dire petits, à peine fendus (syn.: *les yeux en trou de pine*); dans le langage des policiers, la **bite à Jean-Pierre** (1975, Arnal), désigne la matraque.

Biter ou **bitter**, dérivé de *bite*, sur le modèle *pine / piner*, est attesté pour posséder sexuellement (1864), il a signifié peu après, ne pas réussir un examen, dans l'expression **se faire biter**, **être bité** (1905), puis dans l'argot scolaire, vers 1935, le mot prend le sens de «ne pas comprendre quelque chose»: *ne rien bitter*; on trouve les adjectifs d'argot scolaire **bit**(t)**able**, pour compréhensible et **imbit**(t)**able**, pour incompréhensible.
Le nom féminin **biroute**, attesté en 1960, semble être dérivé de plusieurs termes dialectaux attribués au pénis.

Il convient d'ajouter les noms masculins argotiques **zeb**, (1888) et **zébi**, empruntés à l'arabe maghrébin *zebbi*, interjection insultante qui signifie proprement «mon pénis», lui-même issu de l'arabe classique *zubb*,

« pénis » ; **zébi** et **zeb**, s'emploient aussi à la forme exclamative pour exprimer le doute ou la dérision (variantes : *mon zob !*, *mon cul !*) ; dans l'argot militaire des zouaves, se forme l'expression **peau de zébi** (1870) pour rien du tout.

Les synonymes **zob** (1894) et **zobi**, sont également empruntées à l'arabe *zubb* ; on trouve dans les mêmes emplois que *zeb*, *zébi* : **mon zob** ou **mon zobi !** ou encore **zob !**, **zobi !** (*merde !*) ; **zober**, attesté au XXe s., en est directement dérivé, et s'emploie pour posséder sexuellement, mais aussi au figuré pour « être dupé » :

> « *Il l'ouvre en deux [son sandwich thon-sardine-mayonnaise] et plonge son nez entre les tranches de pain. Son sourire béat disparaît aussitôt.*
> *– Zobi ! Ça fait trois jours que ma mère me l'a fait, il doit être un peu rance.* » Ph. Carrese, *Graine de courge*

> « *Évidemment, il se cogne le crâne contre la rambarde en béton au-dessus de lui et jure comme un charretier kabyle.*
> *– Zob ! Le con de sa mère !* » Ph. Carrese, *Filet garni*

Les dérivés contemporains **zibar**, **zifolet**, **zigouflet** ou **zigouflette** ou **zigounette**, proviennent sans doute de resuffixations argotiques de *zeb*, transformés chez San Antonio en **zigougnot**, **zozo** ou **zoute** ; on relève aussi **zèbre**, pour pénis, en déformation argotique de *zeb* :

> « *Et nous veillons alors pour cette noble tâche,*
> *Que rien ne nous détourne et luttons sans relâche,*
> *Nuit et jour, jour et nuit, et surtout le matin,*
> *Fièrement, et la zigounette entre les mains.* »
> P. Adams, *Les Vers c'est satyrique*, tome I

> « *Lella tu le dis faible et ce grand point j'ignore*
> *Je connais le moyen de rendre un zèbre hardi.* »
> Chanson arabe, XIXe s.

En concurrence avec les synonymes argotiques du pénis, se forment dans le langage contemporain les noms masculins **zgueg** ou **sgueg**, puis **zboub**, mot qui s'est répandu surtout dans le parler des banlieues. On peut citer **chichi**, mot typiquement méridional, par allusion au **chichi-frégi**, « gros beignet frit », spécialité du coin, qui possède la même valeur érotique.

Le mot **zizi** (1920), appellation familière, d'abord enfantine, du sexe d'un jeune garçon et, par extension, d'une petite fille, est devenu très courant dans l'usage familier comme désignation du membre viril et du sexe de la femme :

> *« Le v'là qui se déculotte et qui s'installe le zizi devant le miroir bombé. Madoué ce chibre féroce que ça lui faisait à Germain. »*
> San Antonio, XXe s., in P. Guiraud

Plus tard, de même origine, apparaît le nom masculin **zigouigoui**, d'abord pour vulve (1946) puis pénis en 1954.
En emploi métaphorique, le mot **robinet** fournit une désignation familière de la verge d'un petit garçon, surtout dans **petit robinet** ; en terme vieilli, on trouve **robinet de l'âme**, « par où s'écoule le désir », qui a désigné le sexe de l'homme ou de la femme, puis se forme en 1977 **robinet d'amour**, pour pénis.
Les féminins **guiguite** (1977) et **guigui** (plus ancien), sont aussi influencés par le langage enfantin :

> *« Ah ! petit coquin ! Tu t'en vas… tu me quittes… ta pauvre guigui n'a ni force ni vertu. »*
> La Popelinière, XVIIIe s.

Autre formation probablement enfantine, le nom féminin **quéquette**, à partir du redoublement du radical expressif *kék* ou *kik* « chose pointue, saillante », qui a désigné le pénis vers 1920 :

« Car c'est d'elle, et d'elle seule que viendra le salut.
La triomphante quéquette, toujours en rut
Que d'ignares technocrates veulent juguler
Pour nous faire oublier à quel point ils sont laids. »
P. Adams, *Les Vers c'est satyrique*, tome I

En exclamation, **quéquette** ! se dit pour « rien du tout », probablement influencé par *zob*, *zobi* ; on rencontre les variantes récentes **quique** ou **quiquette**.
On peut rapprocher le mot **bistoquette** (1920), mot ancien de nourrice, dérivé de *bistoquer* (début XVIe), faire l'amour ; quant au terme **bistouquette** (1966, Grancher) pour pénis, il pourrait être associé à *bistoquet*, « petit bâton avec lequel les enfants jouaient en le jetant en l'air ».
Le mot **gland** de l'emploi anatomique, «extrémité antérieure de la verge», désigne en argot le pénis dès 1880, par métonymie ; de cette valeur anatomique vient le sens figuré péjoratif d'imbécile (1901), où **gland** est formé en nom et adjectif (par une évolution semblable à celle de *couillon*).

En 1912, apparaît le terme archaïque **rossignol (à gland)**, pour pénis ; on peut citer la locution ancienne **va-du-gland**, désignant un homme très porté sur les plaisirs du sexe. En emploi métonymique s'est formé le mot ancien **braguette** pour pénis, de là **jouer de la braguette**, coïter :

« [...] Soupirs, sourires flatteurs, tout est mis en usage,
Quand il s'agit d'attraper un amant.
Je n'en dirai pas davantage,
La finette Cataut jouer son personnage
Et comment elle met le rossignol en cage. »
J. de la Fontaine, *Le Rossignol, Les Contes grivois*

« De l'image de la braguette
Qui entre corps, oreille et teste

> *Au précieux ventre des dames.»*
> Ancien Théâtre français, XVe s.

D'autres désignations sont inspirées par la forme, comme **queue**, terme de nos jours très courant en français populaire, dont le sens érotique du mot, date de 1534 (chez Rabelais), après avoir désigné vers 1220, le prolongement du corps d'un animal:

> *«L'académicien dit: mon vit. Le médecin: ma verge. Le curé: mon membre. Une putain: la queue.»* L. Protat, XIXe s.

> *«[...] de la mort divine et grondante qu'appelait sourdement ma chair bouleversée sur la rive impossible à quitter du plaisir, interdit à celui qui n'a plus l'usage de ses mains clouées de part et d'autre des cuisses inertes entre lesquelles dérisoirement se dresse énorme, bonté du ciel suce, branle ou baise! la queue prête à crever les murs, et bandant aux étoiles.»* L. Aragon, *La Défense de l'infini*

Vers 1640, apparaît le composé **froide queue** (Oudin), pour homme de froide nature, d'où **avoir froide queue**, qui signifiait être impuissant et inversement **avoir la queue verte** ou **être en queue** être en forme pour l'amour; de là se forme l'expression ancienne **faire une** ou **des queues**, faire des infidélités amoureuses:

> *«Il y a des jours où on est plus en queue que d'autres, où on baiserait volontiers toutes les femmes, si elles n'avaient à elles toutes qu'un con.»* A. François, XIXe s.

> *«Ah! oui, je sais... C'est pour l'autre jour, avec ta madame Machin, que vous avez été à Meudon me faire des queues.»* H. Monnier, XIXe s.

Dérivé de *queue*, l'adjectif et le nom **queutard** (1946), désigne un homme porté sur le sexe:

> *« C'est un queutard effréné, capable de régaler trois frangines dans la même séance. »*
> San Antonio, *Princesse Patte-en-l'Air*

Les noms masculins **guise** et **guisot** (1930, Esnault), sont des altérations de **guiche**, « pénis » en 1903, attesté d'abord pour « jambe » :

> *« Le guisot de M. Alexandre Benoit, c'est la toute grande rareté, question braque. »*
> San Antonio, *Ma Cavale au Canada*

On trouve **quille** anciennement pour pénis, à l'origine « piquet, pieu » et spécialement « pièces de bois, utilisées dans un jeu » ; en argot **en avoir entre les quilles**, c'est être courageux, allusion à *quille*, attesté pour « jambe (1450, Esnault) » :

> *« Elle a tant dressé sa quille*
> *Qu'il lui a fait une fille. »* Gautier Garguille, XVIIe s.

Toujours par analogie de forme le pénis est aussi appelé **macaroni** (1957), avec jeu de mots sur *macaroni*, « pâte alimentaire moulée en tube long et creux », d'où **se griffer le macaroni**, se masturber ; **nouille** (1946), issu également de *nouille*, « pâte alimentaire », de là **égoutter la nouille**, uriner ; **asticot** (1874, Esnault), d'après « l'appât pour la pêche », avec ici la valeur du « petit ver remuant » ; **panais** (1864), désignant autrefois une espèce cultivée pour sa racine charnue et réputée aphrodisiaque, d'où **dérouiller** ou **tremper son panais** (1960, Le Breton), avoir un rapport sexuel (en parlant de l'homme) :

> *« Tu écorches mon asticot, salope ! »*
> L. de Neuville, XIXe s.

> *« Ils tiennent tous leur panais en main, les dames retroussées derrière et devant. »*
> L.F. Céline, *Mort à crédit*

Certaines métaphores argotiques sont formées sur des noms de légume: **poireau**, en 1867; son synonyme **asperge**, désigne le pénis surtout dans la locution **aller** ou **être aux asperges** (1960), se livrer à la prostitution, jeu de mots ici sur asperge « légume de bon profit », et *asperge*, pénis; **radis** (1983), avec l'idée du « légume non substantiel », tout comme **salsifis** et **navet**; plus ancien, est le mot **carotte**, pour pénis; puis **aubergine**, chez San Antonio:

« Car à trop fréquenter des êtres éthérés,
L'aimable damoiseau, au navet rabougri,
En avait ras le bol de se faire toucher
Par son laid chimpanzé qui s'appelait Kiki. »

P. Adams, *Les Vers c'est satyrique*, tome I

« Pourquoi la retires-tu, ta petite carotte?
Je ne voulais pas te la manger. » E. Julien, XIXe s.

Le mot **chandelle**, a été anciennement l'une des désignations les plus employée pour pénis, à la fois par sa forme et surtout par sa fonction, qui renvoie implicitement à travers le verbe *allumer* à la notion de chaleur et d'excitation; de là la forme **allumer la chandelle**, pour être en état d'érection; le terme prend aussi un autre sens dans l'expression **moucher la chandelle**, employé par Stendhal dans son journal de 1805-1808, qui signifiait pratiquer le coïtus interruptus:

« Voici maître curé qui vient pour allumer sa chandelle, ou pour mieux dire l'éteindre. »

Les Cent Nouvelles nouvelles, XVe s.

« Pour créer une race nouvelle, / Jamais, enfants, ne mouchez la chandelle. » Anonyme, *Le Plaisir des Dieux*

On peut ajouter les synonymes archaïques **cierge**, **torche**, **bougie** et **flambeau**, de là **allumer le flambeau d'amour**, être en érection:

« La femme quelque putain qu'elle soit est la sainte à qui l'on doit le plus de cierges. » Lemercier, XIXe s.

« Bas donc chausses et pourpoing
Venez nu la torche au poing. »
Le Cabinet Satyrique, XVIe s.

« J' m'approch' crâ'ment et j' lui propose
D'allumer le flambeau d'amour ;
Cédant au désir qui m'allèche
De mon feu n' jaillit qu'un' flammèche. »
F. de Calonne, XIXe s.

Le pénis est le **membre** par excellence, mot apparu vers 1225, pour lequel on précise ensuite **membre viril** (1598), d'où l'expression **bien membré** et **mal membré**, pour homme possédant un pénis de grande ou de petite dimension (1785, Sade) ; on trouve chez Rabelais, **membres honteux**, (à rapprocher de *parties honteuses*) sans distinction de sexe :

« [...] Redonnant aux vieillards leur force de vingt ans
Grâce à de forts extraits, des gouttes, des onguents
Dont il leur prescrivait de s'enduire sans peur
Leur membre qui soudain tenait droit sans tuteur. »
Ph. Morice, *Les Vers c'est satyrique*, tome I

« [...] Comment sais-tu que les membres honteux des femmes sont à si bon marché, car en cette ville il y a force prude femmes, chastes et pucelles ? »
Rabelais, *Gargantua Pantagruel*

Il se traduit aussi par le **doigt**, le **doigt du milieu**, le **onzième doigt** ou le **doigt qui n'a pas d'ongle** ou encore il est appelé anciennement **(le plus) court**, **(la) courte**, d'après l'idée sans doute de membre court ; il peut être aussi la **jambe**, la **troisième jambe**, la **jambe du milieu** (1978) ; le **bras**, le **moignon**, termes aujourd'hui disparus :

« Il cherche le temps et le lieu
Pour mettre le doigt du milieu
Dans la bague de la nature. »
Théophile, XVIIe s.

« Le jeune homme puceau l'appelle son affaire,
L'ouvrier son outil, la grosse cuisinière
Une courte… »
L. Protat, XIXe s.

« Croyez-moi donc, ne l'aimez pas
Dans sa manche il n'est point de bras. »
La Comédie de Chansons, XIXe s.

Ou encore, il est anciennement appelé la **pièce**, le **muscle**, le **bout**, le **morceau**, le **bon morceau** ou le **morceau honteux**:

« Elle vit le curé qui ayant pissé, serrait sa pièce. »
Béroalde de Verville, XVIe s.

« Dieu sait si la chaleur de cette nouvelle Ève
De mon muscle allongé ferait monter la sève. »
Piron, XVIIIe s.

« Le troisième dit: ‹Ma femme me sucera le bon bout. Je m'y dispose. Vous entendez assez que c'est le bâton à un bout qui me pend entre les jambes. Je vous jure et promets que je le maintiendrai toujours succulent et bien ravitaillé.› »
Rabelais, *Pantagruel*, tome II

« Et quelle que soit sa longueur
Aucun morceau ne lui faisait peur. »
Chanson Anonyme, XIXe s.

« Çà, je veux fourniller en ton joli fourneau;
Car j'ai de quoi éteindre et allumer la flamme,
Je veux vous chatouiller jusqu'au profond de l'âme
Et vous faire mourir avec un bon morceau. »
M. de Papillon, *Sonnets* (1556-1599)

Il est aussi vu comme un morceau de chair, d'où les termes vieillis : **chair**, **viande** ou **viande du devant**, **morceau de viande** et **bifteck roulé** (1902) :

> *« Ainsi que l'a dit un grand saint*
> *À l'homme s'il faut du bon vin*
> *À la femme il faut de la viande. »* A. Watripon, XIXe s.

> *« Mais sans un bon morceau de viande*
> *Fille a toujours le ventre creux. »* Marcillac, XIXe s.

En français populaire, le pénis a pris le nom d'objets tout à fait abstraits qu'on ne veut pas nommer, il est alors le **machin**, la **machine**, le **truc**, le **chose**, l'**affaire**, l'**avec**, l'**et cætera** (termes sortis d'usage) :

> *« Mais votre chose est tout petit, comme on dit, que si vous l'apportez en quelque lieu, à peine si l'on se perçoit qu'il y est. »* Les Cent Nouvelles nouvelles, XVe s.

> *« Mais finis donc, imbécile,*
> *Sacré-nom de Dieu de gredin*
> *Si tu n'me laisses pas tranquille*
> *J' vas pisser sur ton machin. »* Parnasse satyrique, XIXe s.

> *« Allons, cher ange, montre-moi ton avec, je te montrerai le mien et nous les marierons ensemble. »*
> A. François, XIXe s.

D'autres expressions plus récentes sont dérivées de l'aspect, comme **chinois** (1954), par comparaison avec le crâne lisse des magots chinois (figurine trapue de l'Extrême-Orient) ; **jean-nu-tête** (1977), *Jean* est le prototype du sot qui entre, à ce titre, dans de nombreuses expressions la plupart archaïques telles que **Jean chouart**, **Jean-jeudi**, puis **Jean pipi**, pour pénis impuissant :

> *« Tous les fils de Priape aux couilles rebondies, au Jean chouart d'acier. »* Théâtre du Bordel

> *« [...] Or, dit-il, ce me serait bien tout un d'avoir les bras et les jambes coupés, à condition que nous fissions, vous et moi, une tranche de joyeuse chère, en jouant des mannequins à basses pédales ; car (montrant sa longue braguette) voici Jean Jeudi qui vous sonnerait un branle dont vous vous ressentiriez jusqu'à la moelle des os [...]. »*
> Rabelais, *Gargantua Pantagruel*

Puis en image pittoresque **chauve à col roulé** (1977) et son synonyme **Charles le chauve**, issu du surnom de Charles II, dit le chauve :

> *« Eh ben, voilà, docteur [...]. Il avait sorti Charles le chauve. Bon ! Qu'est-ce qu'il avait fait jusqu'ici comme traitement ? Oui ! pas assez efficace. La gono avait dû s'habituer. »* R. Guérin, *l'Apprenti*

On peut ajouter le nom féminin **andouille**, « boyau de porc farci », qui a développé une valeur érotique aux XIIIe et XVIIIe siècles où le mot très fréquent, combinant l'image de « forme » et celui de « chair », était employé pour pénis, de là, **gonfler son andouille**, entrer en érection ; en argot, **andouille de calecif** ou **à col roulé**, traduisent plus récemment le pénis ; on relève **andouille de Vire**, chez San Antonio :

> *« Va mon cœur que je te chatouille*
> *Pour faire dresser ton andouille. »* Théophile, XVIIe s.

> *« L'un la nommait ma petite dille, l'autre ma pine, l'autre ma branche de corail, l'autre mon boudou, mon bouchon, mon vilebrequin, mon poisson, ma tarière, ma pendeloque, mon rude ébat roide et bas, mon dressoir, ma petite andouille vermeille, ma petite couille bredouille. »* Rabelais, *Gargantua, Pantagruel*

En terme d'injure, le mot a été motivé par le sens d'imbécile, niais ou a désigné une personne molle (comme un boyau) : on dit **une andouille** ou **faire l'andouille** (1877) et en renforcement du sens métaphorique, **andouille pelée** :

> *« Ce que je vas dire là-bas ? En v'là une question ! Eh ben, la même chose qu'au docteur.*
> *– Ah ! reprit l'autre avec un petit rire de blague. Et tu te figures que ça prendra !*
> *– Tiens, pourquoi pas là-bas aussi bien comme ici ?*
> *– Parce que, répondit Laigrepin, les médecins de l'hôpital ne sont pas des andouilles pelées comme le major. »* G. Courteline, *Les Gaîtés de l'escadron*

On relève en 1877 **(un grand) dépendeur d'andouilles**, pour homme de grande taille, avec la valeur péjorative de « niaiserie » et « ridicule » (souvent associée à l'idée de haute taille, comme *grand dadais*…) qui s'explique par le fait qu'autrefois seul les hommes de grande stature pouvaient accéder aux bottes de tabac (suspendues en hauteur), appelées *andouilles* ; bien que l'expression n'apparaisse pas dans les recueils avant la seconde moitié du XIXe s., son ancienneté est attestée indirectement par sa présence dans de très nombreux dialectes.

L'adjectif **andouillique** signifie dès le XVIe s., « stupide » et aussi « phallique » (chez Rabelais). Par allusion à la forme, mais aussi à la vivacité de l'animal, se forment **anguille de calcif, de calebar** (1957), *calcif* et *calebar* sont les resuffixations argotiques de « caleçon, slip ». On trouve aussi par analogie de forme et d'aspect les mots argotiques **merguez** (1982, Perret), « saucisse de mouton fortement épicée » et **chipolata** en 1973, mot italien, « petite saucisse courte » ; on peut rapprocher les variantes anciennes (XVIe s.), **boudin, saucisse** et **cervelas** :

> *« Fallait bien que les amateurs du gai Paris, et autres touristes en balade, puissent placer leurs*

chipolata assoiffés de caresses pendant leurs virées nocturnes. » J. Risser, *Racket*

« *Tu as lyé ton boudin avec ceste diablesse de femme.* » Larivey, *Les Jaloux*, II, 6

« *Oui, mon cher, à vot' cervelas*
On a fait un' rud' brèche.
Vous n' me l' mettrez pas Nicolas:
Je n'aim' que la viande fraîche. » J.-E. Aubry, XIXe s.

Outre l'aspect, le mot **nœud**, dont le sens analogique de « renflement » apparaît dès l'ancien français en anatomie, est attesté d'abord en argot, puis dans l'usage familier, pour membre viril ou gland (1832) ; de là la locution figurée : **à la mords-moi-le-nœud**, qui se dit de qqn ou de qqch de peu sérieux, et le terme injurieux **tête de nœud** (1946, Cendras), pour imbécile ; on trouve aussi **peau de nœud** (peau de zébi...), pour « rien du tout » :

« *La femme n'est pas au monde pour lire :*
Le nœud d'un goujat vaut celui d'un roi. »
Parnasse satyrique, XIXe s.

« *Écoutes-moi bien, tête de nœud, on se connaît pas, tous les deux, on s'est jamais vu ! Tu comprends ça ? Cette journée n'a jamais existé, c'est un trou noir dans nos vies.* » Ph. Carrese, *Filet garni*

Brandon, apparaît métaphoriquement pour pénis en 1977, au figuré, le mot se dit de ce qui excite (v. 1278), et s'est employé en ancien français pour « tison » ; **pain au lait**, attesté en 1957, est une allusion aux émissions du pénis ; **avoir le petit pain** (1982, Perret), être en état d'érection.
Les métaphores du pénis sont aussi considérées avec des objets divers ou qui s'insèrent comme le mot **outil**, attesté dès le XIIIe s. pour membre viril, (mais aussi pour sexe de la femme) qui a survécu, contrairement

au sens général «organe du corps humain», observé chez Montaigne:

> *«Lise couchée au retour de l'église*
> *Disait à Jean: mon dieu le bel outil!»*
> Grécourt, XVIIIe s.

> *«Viens que je te mange ton p'tit outil.»*
> Anonyme, *Le Plaisir des Dieux*

Le dérivé **outillé**, mot ancien, réattesté en argot (1977) se dit d'un homme pourvu d'appâts vigoureux (syn.: *membré, monté*):

> *«Il était outillé, dieu sait comment.»*
> Les Cent Nouvelles nouvelles, XVIe s.

Instrument, s'est dit également du sexe de l'homme et de celui de la femme, le mot désigne un moyen d'action; il s'est employé au pluriel, pour testicules:

> *«Il lui dit qu'il savait jouer d'un autre instrument*
> *qui ravissait bien davantage.»* Ch. Sorel, XVIIe s.

Réattesté en argot moderne **engin** (1977), en emploi emphatique, traduit un pénis de belle dimension; la métaphore **défonceuse**, apparaît en 1953:

> *«J'ai le plus bel engin qu'on saurait jamais voir*
> *Qui travaille des mieux, qui fait bien son devoir.»*
> Trotterel, XVIIe s.

On trouve aussi le nom masculin **chibre** (1836), d'origine incertaine, la forme archaïque, *chivre*, attestée dès 1628, confirme l'ancienneté du mot, qui par ailleurs est souvent associé au vieil adjectif *mol*; on trouve la variante **chibroque**, chez San Antonio.

D'autres métaphores sont extraites de sujets divers, les armes, par exemple avec les termes **braquemard** (**braquemart**), vieux mot d'origine néerlandaise qui désignait une épée courte à deux tranchants en usage au XIVe et XVe s., puis par métaphore avantageuse, le mot est devenu en 1532, une dénomination plaisante du pénis :

> *« Quand votre braquemard de fatigue brisé*
> *Sur vos roustons vidés pendra, inerte, usé. »*
> Anonyme, *Le Plaisir des Dieux*

On dit **dérouiller son braquemard** (début XXe), pour avoir des relations sexuelles, mais on relève déjà ce sens dès le XVIe s. notamment chez Rabelais dans le verbe **braquemarder** ; son dérivé argotique **braquos**, pour membre viril, est apparu au milieu des années 1980, avec la mode des terminaisons en « os », de là **avoir le braquos**, bander.
On trouve le mot d'origine militaire **dard**, « épée ou sabre », qui a pris le sens de pénis vers 1752 ; de là est dérivé **avoir du dard**, être porté sur le sexe, en parlant de l'homme ; en diminutif **dardillon** est attesté en 1847 :

> *« Il paraîtrait qu'un jour, des souris de campagne*
> *Regrettèrent longtemps d'être un temps ses compagnes,*
> *Que des chats, des lézards, des dindes et des canards*
> *Ont reçu comme onction la rosée de son dard. »*
> Cl.-Ch. Depousier, *Les Vers c'est satyrique*

Le mot **sabre**, pour pénis se forme vers 1930 et prend son sens glorieux dans **coup de sabre**, coït et **sabrer** (1930), posséder sexuellement ; le nom masculin **sabreur** (1957), désigne un homme porté sur le sexe ; plus récent est le mot **arbalète**, notamment dans la locution **coup d'arbalète**, coït, avec l'image de « tirer un coup » ; on peut rapprocher les synonymes vieillis : **fusil**, **pistolet**, **pistolet à eau chaude**, **carabine**, puis

espadon, désignant une « grosse épée », **arc**, **couteau**, **poignard** et les métaphores plus traditionnelles comme **épée** ou **flèche** :

> *« Eh ! quoi, sans que je sois en garde,*
> *Vous avez saisi l'espadon. »* Ch. Lepage, XIXe s.

> *« Mais nos arcs sont bien tendus*
> *Pour le service des dames. »* Gautier-Garguille, XVIIe s.

On trouve réattestés en argot moderne, la métaphore militaire **lance** et son diminutif **lancette** ; on relève chez San Antonio, les formations plaisantes **lance à incendie** et **lance d'arrosage** :

> *« Je la veux pour moi et non pour Constant*
> *Car je me la suis acquise la lance sur la cuisse. »*
> P. de Larivey, XVIe s.

D'après l'image militaire de la *lance* « en arrêt », c'est-à-dire tendue, en position offensive, on relève anciennement **être en arrêt**, qui signifie être en érection, expression qu'on peut rapprocher de **être sous les armes** :

> *« Son concurrent le voyant en arrêt*
> *Tout de son haut crie, ô maître forêt*
> *Habillez-vous et cachez votre chose. »* Piron, XVIIIe s.

Le mot **article**, au contenu très général, a d'abord désigné le pénis en 1867, puis s'est dit d'une arme offensive, d'où familièrement **être porté sur l'article** (1878), avoir de gros besoins sexuels ; **pique**, nom féminin, à l'origine « arme formée d'une hampe garnie d'un fer plat et pointu », est attesté anciennement pour pénis ; la métaphore se rattache au thème du combat d'amour, de là on relève les expressions anciennes **piquer** et **jouer au piquet**, pour coïter et **piquage**, pour coït :

« Mais voyez ce brave cynique
Qu'un bougre a mis au rang des chiens
Se branler gravement la pique
À la barbe des Athéniens. » Piron, XVIIIe s.

« De vieilles bigornes qui n'épargnent ni or ni argent pour se faire piquer. » Molière, XVIIIe s.

On trouve récemment, les termes **darrac** ou **darraque** (1977), d'origine obscure, mais désignant en 1955, un marteau ; en argot moderne se forment **baïonnette** et le mot **scion** qui s'est dit d'abord pour couteau, puis pour pénis en 1982 ; **paf**, argotisme datant de 1890, viendrait probablement du radical onomatopéique *paff*, du « coup tiré », d'où **paffer**, pour coïter :

« Il avait à peine fini sa phrase qu'un gros paf profitait de sa bouche ouverte pour s'y immiscer roidement. » Bastid & Martens, *Le Rouquin chagrin*

D'autres métaphores se justifient d'après l'objet long et raide ou encore pointu comme **tringle (d'acier)**, en 1953, issu du sens de « tige métallique », d'où **avoir la tringle** (fin XIXe), être en état d'érection et **être de la tringle** (1960), être porté sur le sexe, en parlant d'un homme ; **tige** (1977), issu du sens usuel « partie droite d'un arbre ou d'une plante » et **pieu**, par analogie au sens d'origine, « pièce de bois rigide et pointue » :

« Jamais mon pieu ne ballotte,
Et sitôt qu'je l'pouss' d'un bord,
Crac, il se dress' comme un ressort. »
La Landelle, XIXe s.

On trouve anciennement **aiguille**, « objet pointu, piquant », et avec les mêmes valeurs **aiguillon**, avec ici en plus le sens métaphorique de « stimulation » :

« Un vieil homme est comme une vieille horloge, plus elle va avant, plus l'aiguille se raccourcit. »
Tabarin, XVIIe s.

« Quand de la chair le fougueux aiguillon
Se révoltant, veut forcer sa prison. »
Grécourt, XVIIIe s.

En 1905, apparaît **crayon**, puis **pinceau** (1957), au sens argotique premier de « jambe » ; on trouve aussi le mot ancien **plume**, d'où l'expression, *tailler une plume* (voir à *fellation*) :

« Au clair de la lune,
Mon ami Pierrot.
Prête-moi ta plume,
Mon mari est sot.
Sa chandelle est morte
Et manque de feu.
Ouvre-moi ta porte
Pour baiser un peu. »
Au clair de la lune, Chansons gaillardes de Colette Renard

Ardillon, mot ancien, réattesté en argot, en 1977, s'explique par analogie avec *l'ardillon* : « la pointe de métal qui fait partie d'une boucle et s'engage dans un trou de ceinture » ; plus anciens et sortis d'usage, les mots **bistouri**, **seringue**, **seringue à perruque** ou **à poils** et **thermomètre** :

« Au lieu de sentir lever son ardillon, il se sentait plus froid qu'à l'ordinaire. » D'Ouville, XVIIIe s.

« Il tire de sa pochette
Sa seringue et deux pruneaux. »
Gautier-Garguille, XVIIe s.

« Alors deux prêtres étendirent une des filles sur l'autel ; un troisième lui appliqua le thermomètre sacré. » Diderot, XVIIIe s.

Par analogie de forme et de fonction, apparaît le nom masculin **mandrin** (1960, Le Breton), pour pénis, d'après *mandrin*, « poinçon du serrurier, instrument du tourneur », d'où **avoir le mandrin** (1977).

Le pénis est aussi envisagé comme un bâton, un instrument rigide dans les métaphores **manche, manche à balai, à couilles** (1957), de là **avoir le manche**, être en état d'érection :

> « *Mais belles, sachez qu'un beau manche*
> *Réchauffe aussi bien qu'un manchon.* »
> Théophile, XVIIe s.

La spécialisation du mot **balayette**, « petit balai servant à nettoyer les lieux d'aisances » a induit des connotations scatologiques ; le mot entre dans les locutions argotiques suivantes : **balayette infernale** en 1957, pour pénis de grosse dimension ; **dans le cul** ! ou **dans le cul (le dos) la balayette !** (1942), expression employée en exclamation de mépris :

> « *Dans l'cul, l'Racing ! Dans l'cul, l'Racing ! Dans l'cul !* » R. Fallet, *Le Triporteur*

Puis les termes **jacques, jacquot, jacot** (fin XIXe), pour pénis, probablement d'après le prénom *Jacques*, désignant au XVIIe s., le sot, le niais (variantes, *Jean chouart, Jean-jeudi...)* :

> « ... *il est nommé pine par la lorette. Une chose ou bien cela par une femme honnête. Jacques par le farceur...* » L. Protat, XIXe s.

On trouve encore les mots composés anciens : **bâton pastoral, bâton de sucre, de pomme, de lit** ; on emploie familièrement **avoir le bâton** (1977) ou **faire bâton**, être en état d'érection, à savoir que la métaphore contenant implicitement l'idée du « coup », pour signifier l'acte sexuel est usuelle depuis le XVe s. :

> *« Si vous désirez un amant*
> *Si tout bas votre cœur le nomme*
> *À vos maux il faut un calmant…*
> *Prenez bien vite mon enfant*
> *Un bâton de sucre de pomme. »* Dumont-Darcy, XIXe s.

> *« J' crois bien qu' la seule médecine*
> *Qui pourrait me guérir tout d' bon*
> *Et m'empêcher d' faire bâton*
> *Ce s'rait d' faire sombrer ma pine*
> *Capitain' dans un pied de con. »* La Landelle, XIXe s.

On trouve aussi **sucre d'orge**, dont l'image avec celle du bâton est associée à l'idée de sucer ; puis le nom féminin **gaule**, terme ancien pour pénis, issu de *gaule*, « longue perche », de là **avoir la gaule** (1880), être en état d'érection :

> *« Ma gaule ploie / Sitôt que l'ouvrage regarde. »*
> Ancien Théâtre français, XVe s.

Toujours à travers la métaphore banale de la raideur, avec le sémantisme implicite du « coup », on relève **trique**, désignant depuis le XVIIe s. un gros bâton qui s'est employé en argot pour pénis, surtout dans la locution **avoir la trique** (1931), se dit d'un homme en érection ; le mot au sens de pénis, n'est pas attesté avant 1940, mais on relève dès 1545, *trique madame* puis *trique* (1845) désignant une plante, dont la feuille, par sa forme, évoque un petit phallus ; par contre **triquebille** (Villatte), est attesté pour pénis en 1912.
On relève les dérivés **triquer** (1977), être en état d'érection et le nom féminin argotique **triquette**, pour érection légère :

> *« Elle prenait des poses et s'essayait à moi. Il y avait juste la distance, et la place. C'était divin et diabolique. Divin, parce que le cul est un sourire de Dieu, et diabolique parce que le Diable trique et*

> *qu'alors je nous comptais trois : Lui, Elle et Moi […].* » L. Ferré, *Alma Matrix*

Issu de *trique*, se forme **tricotin**, d'où **avoir le tricotin** (1907), être en état d'érection.
Toujours par métaphore de la raideur, apparaît **gourdin** (1910, Le Breton), de son sens premier, « gros bâton lourd et solide », d'où **avoir du gourdin**, aimer le sexe, en parlant d'un homme et **avoir le gourdin**, se dit d'un homme en érection :

> *« N'en croyant pas ses yeux, le vilain en goguette*
> *Vit arriver de loin la naïve cueilleuse.*
> *Le gourdin d'une main, vêtu de ses socquettes,*
> *Il bondit tel un diable, juste devant la gueuse ! »*
> P. Adams, *Les Vers c'est satyrique*, tome I

La métaphore superlative **matraque** (1968), est synonyme de gourdin ; et **matraque de malfaiteur**, désigne un pénis très conséquent ; tout comme **être bien matraqué** (*bien monté, bien membré*…) ; puis **avoir la matraque** (1977), c'est être en état d'érection.
On peut rapprocher les noms féminins **chopotte** (1962, Boudard) ou **chopine** (1960, Le Breton), désignant un pénis de grosse taille.

Le mot **canne**, pour pénis est une fois de plus associé à l'image du bâton, de là **avoir la canne** (1977), être en état d'érection ; on peut citer la métaphore **goupillon** (1850, Gautier), « tige garnie de touffes de poil, dont on se sert pour asperger d'eau bénite » :

> *« En priant pour la Sainte-Vierge,*
> *Vous prîtes votre goupillon*
> *Et le tenant droit comme un cierge*
> *Il semblait que le cotillon*
> *Vous donnât certain aiguillon.* »
> Parnasse satyrique, XIXe s.

Par métonymie le pénis est encore désigné à travers des instruments de musique, tels que **flûte**, d'où **jouer de la flûte**, coïter, et les synonymes **pipot**, forme argotique de *pipeau* « petite flûte champêtre », **fifre**, mot ancien, désignant une petite flûte et à la forme argotique moderne **fifre à pédale** et **fiferlot** ; **clarinette**, apparaît en 1960 (Devaux) :

> *« Ils la trouvèrent si troublante que, sous leurs cottes, les clarinettes montèrent à la température du bain chaud. »* P. Devaux, *Le Livre des darons sacrés*

Turlututu, s'est dit d'abord pour « flûte ou mirliton », puis a été repris en argot pour pénis (XIXe s.) :

> *« La musique instrumentale*
> *Est mon fort, et maintenant*
> *Qui que ce soit ne m'égale*
> *Pour le fifre au régiment*
> *Je vais chanter la vertu*
> *De mon m'tit turlututu*
> *R'lututu, r'lututu*
> *R'lututu, chapeau pointu. »* Lassagne, XIXe s.

Le nom masculin **flageolet** (1912), représente le pénis par analogie de forme avec le légume, « haricot » et la « flûte à bec », du même nom, dans la locution moderne **avoir le flageolet à la portière**, être en érection :

> *« Elle n'est pas musicienne*
> *Mais elle est foll' du flageolet*
> *Et veut que chaqu' jour de la semaine*
> *Je fredonne au moins un couplet. »* É. Debraux, XIXe s.

On peut citer quelques termes isolés, aujourd'hui vieillis, tels que **polard** (1883), **poilard** (1921), noms masculins, qui s'expliquent à partir du mot populaire *se poiler*, d'après Esnault : « rire, s'amuser », lui-même issu de *poil*.

Puis **frotteuse** (1987), d'après le sens du verbe **frotter** (av. 1613), dans sa valeur sexuelle, d'où le nom masculin **frotteur** (fin XIXe), désignant celui qui cherche à aguicher par des contacts physiques plus ou moins furtifs; on peut rapprocher **frottadou** (**frotadou**), mot Marseillais, apparu en 1925 (Esnault), synonyme de «frotteur», désignant aussi l'acte sexuel:

> «*Jean, ce frotteur invaincu*
> *Un soir dans une taverne*
> *Frottait Lise à la moderne*
> *C'est-à-dire par le cu.*» Le Cabinet Satyrique, XVIe s.

Cette valeur sexuelle de *frotter*, demeurée vivante, se retrouve dans le composé expressif **frotti-frotta** (1937), contact plus ou moins érotique entre des personnes qui se «frottent»:

> «*Les seuls instants de défoulement sont occupés par des danses hystériques, des hurlements, des frottis-frottas et de superbes soûlographies.*»
> *Le Nouvel Observateur*, 23 mars 1981

On relève quelques locutions métaphoriques qui apparaissent sous une forme burlesque, comme **cigare à moustache** (1977), **papillon du Sénégal** (1977), puis plus ancien **saint-Esprit de la culotte; vipère broussailleuse** (1977) et **piège à mémé** (1980):

> «*Près de moi, j'entendis qu'on prenait*
> *Le doux plaisir de la pelote:*
> *M'approchant je vis un minet*
> *Qui, pleurant, mettait un bonnet*
> *Au Saint-Esprit de la culotte.*» Gaudriole, XIXe s.

Le pénis se traduit aussi par le **père frappard** (1957), issu du jeu de mots sur «cogner»; en valeur hypocoristique, se forment **petit frère** en 1977, **petit frangin** (1953), **enfant**, en argot moderne, puis plus anciens,

petit bout, petite majesté, petit jeune homme ou **bonhomme, (pauvre) petit, petit voltigeur**:

> « *Chez la mariée, au matin,*
> *Une prudente mère*
> *Lui doit du plus heureux destin*
> *Confier le mystère.*
> *La mariée, en soupirant,*
> *Attend le petit frère*
> *Vraiment*
> *Attend le petit frère.* » Ducray-Duminil, XVIIIe s.

> « *Dieux! qu'il sera beau sous les armes*
> *Quand l'Amour, ce dieu protecteur,*
> *Mouillera, pour doubler ses charmes*
> *Le front du petit voltigeur.* » Guillemé, *Contes*

Il est encore désigné par divers surnoms, en valeur hypocoristique, ainsi apparaissent **coco** (v. 1950), plus ancien **Pascal** et relevés sous des graphies différentes **Popaul** (1977), **Paupol** (1975) ou **Popol** (1960):

> « *Moi, je suis impartial*
> *Entre Florence et Cythère*
> *Pourvu qu'on loge Pascal*
> *Le reste n'importe guère.* » Collé, XVIIIe s.

> « *Écoute, Victoire, du moment que pendant mes congés tu te consacres, eh bien, ça m'suffit! Tu f'ras glisser Popaul le samedi, le dimanche et les fêtes. Le reste? J'veux pas savoir!* » J. Vautrin, *Bloody Mary*

On peut rapprocher de ces différents surnoms, le féminin **coquette** (1957), s'employant comme un nom propre; chez Céline, on trouve **coquette** (1936), pour braguette.

On relève **polichinelle**, d'après ce mot qui a servi à nommer une marionnette française, fanfaronne et grotesque, et son synonyme **guignol**, attesté en 1960

(Devaux), d'après *guignol* « marionnette sans fils », avec ici l'idée de « comique et ridicule » :

« Papa, mon époux abuse
De ce titre solennel :
Croirais-tu qu'il me refuse
Jusqu'à son polichinel. » E. Vanderbruck, XIXe s.

« Deux qui renaudaient vachement ce furent les deux viocards qui renquillèrent chez leurs poires avec leur guignol en bandoulière. »
P. Devaux, *Le Livre des darons sacrés*

On peut ajouter le nom commun **priape**, qui s'est dit anciennement pour pénis, par allusion à *Priape*, dieu de la génération dans l'antiquité représenté sous la forme d'un pénis érigé :

« Et aussi bien sur la paille et sur la dure messer Priape hausse la tête. » Brantôme, XVIe s.

« À toy, Déesse, qui as soin
De nous secourir au besoin,
Mère des amours ensucrée,
Douce et riante Citerre :
Si ce gros priape charnu
Je puis voir une fois tout nu,
Roide, sonder jusques au centre
Le profond de mon large ventre,
Et, d'une abondante liqueur,
M'arouser le flanc et le cœur. »
De Sigogne (1560-1611), *Vœu d'une dame à Vénus*

LE PÉNIS EN ÉRECTION

En dehors des désignations déjà citées ci-dessus, où le pénis érigé est vu comme une arme ou un bâton, il est aussi représenté par des images de dureté, de tension ou de redressement notamment à travers des verbes qui, par eux-mêmes, sont soit métaphoriques, soit métonymiques. Le plus populaire est **bander**, issu d'un vieux verbe signifiant « tendre avec effort (un arc, puis un ressort) », qui dès 1587, a pris le sens familier « d'être en érection » ; en locutions vieillies on relève **bander son arc** et **bander comme un carme**, bander très fort :

> « *Elle décroche ses portes jarretelles et fait rouler ses bas sur ses jambes galbées. Je sens une drôle de sensation dure entre mes jambes. On banderait à moins.* » Ph. Carrese, *Graine de courge*

> « *Le diable était cette nom de Dieu de queue. [...] Souvent je bande mal. Mais ce que je supporte mal la continence prolongée.* »
> L. Aragon, *La Défense de l'infini*

> « *Ô la mer de mes cent mille ans*
> *Je m'en souviens j'avais dix piges*
> *Et tu bandes ton arc pendant*
> *Que ma liqueur d'alors se fige.* »
> L. Ferré, *La Mémoire et la mer*

Au début du XXe s., se forme l'expression argotique **(en) bander pour (qqn)**, toujours marqué érotiquement pour « être excité », dans le sens de désirer ardemment.
En valeur figurée, l'argot moderne applique **bander** (1813), à toute forme d'excitation ou de passion (pas forcément sexuelle) : **bander pour**... on dit aussi, dans le même sens **bander à zéro**, en 1960, de même que l'on dit **peu bandant** d'une situation, d'un objet peu désirable :

> « *Pouvez-vous nous expliquer comment Reagan, un vieux de 73 ans, fait bander la jeunesse américaine ?* » *Le Point*, 14 janvier 1985

On rencontre au figuré, **ne bander que d'une** (1936), avoir peur, ou encore **bander mou**, ne pas être très convaincu ou ne pas apprécier qqch.

Quelques dérivés se sont rapidement formés comme le nom **bandaison** (1837, Flaubert), pour état d'érection et l'adjectif **bandant**, vers 1920, au sens figuré « d'excitant » ; **bandeur (euse)** (1957), se dit d'une personne excitée sexuellement :

> *« La bandaison, Papa, ça ne se commande pas. »*
> G. Brassens, *Chansons*

> *« Nous [les femmes], à poil, on est bandantes. Un mec tout nu, c'est toujours ridicule. »*
> *Actuel*, juin 1984

Puis apparaissent les termes **bandocher**, d'abord pour avoir des velléités d'érection, repris en argot moderne pour *bander* et **bandouiller** (1980), avoir une érection insignifiante :

> *« Dans une image, appuyé contre une jeune femme, il bandouille délicatement et regarde l'objectif d'un œil perdu. »* *Libération*, 4 juillet 1980

L'antonyme **débander**, dès 1690, par l'intermédiaire du sens de « détendre ce qui est tendu », prend la valeur érotique et familière d'« avoir une panne d'érection » ; au figuré, **sans débander** (1951), signifie sans s'arrêter (de travailler, etc.) :

> *« Un slip de travelot à faire débander un raton en fin de Ramadan ! »* J.-F. Coatmeur, *Morte fontaine*

Être en état d'érection, c'est aussi **goder**, verbe daté de 1894 (Esnault), signifiant aussi « jouir » en parlant d'un homme ; l'origine du mot est très controversée : selon P. Guiraud, les verbes seraient issus de l'ancien français *gaudir*, « se réjouir » et « jouir » ; **goder pour qqch** ou **qqn**, c'est éprouver une vive attirance (syn. : *bander pour qqch* ou *qqn*).

Dans un sens plus large, on trouve le diminutif **godiller** (1835), à la fois pour *bander* et désirer sexuellement quelqu'un :

> « *Puissé-je, en passant l'onde*
> *Du fleuve au Dieu cornu*
> *Godiller ferme et dru*
> *Et cramper dans le cul*
> *De ma blonde.* » É. Debraux, XIXe s.

La notion de rigidité

« Bander » c'est aussi **l'avoir dur**, expression attestée en argot moderne ; on trouve aussi **l'avoir dure pour une fille** (1914).

Faire biseau, est une locution sortie d'usage, qui s'employait dans l'argot des typographes, le *biseau* étant une règle ; **avoir l'os** ou (**avoir le**) **tracassin** (1953), au sens particulier d'avoir une érection matinale, issu du verbe *tracasser*, « tourmenter avec insistance » ; **os à moelle** a signifié en argot « membre viril », (1896, Delesalle). D'autres expressions sont plus anciennes : **relever**, (**faire**) **revenir**, **redresser le coco** et **mettre en rut** :

> « *Elles passaient leur temps à le faire revenir entre leurs mains.* » Rabelais, XVIe s.

> « *Elle faisait de la farouche et de la dédaigneuse, le mettant plus en rut.* » Brantôme, XVIe s.

Avec la même notion de raideur, traduisant métaphoriquement l'érection masculine, on a le mot populaire **bambou**, « plante à tige cylindrique ligneuse », d'où **avoir le bambou** (1898), être en état d'érection ; **avoir la banane** (1982), **avoir le rouleau**, d'après « rouleau à pâtisserie » ; **avoir un porte-manteau dans le pantalon** (1977) et en 1988, employé par Serge

Gainsbourg, **avoir le piquet (de tente)** ; on rencontre **(la) massue**, chez San Antonio, pour l'érection :

> *« Quand j'ai le piquet de tente, Bambou, je peux la limer pendant des heures. »*
> S. Gainsbourg, interview dans *Globe*, 1988

> *« La vraie massue phénoménale, celle qui t'oblige à marcher au pas de l'oie. »*
> San Antonio, *Moi, vous me connaissez ?*

Barre à mine (1980), d'après l'instrument servant à creuser des trous pour y recevoir de la dynamite, l'expression est à rapprocher de **avoir une barre pour qqn**, désirer sexuellement qqn ou **avoir (une) la barre avec qqn**, c'est-à-dire susciter en cette personne le désir, les deux locutions vers 1980 :

> *« On avait dans le corps une phénoménale envie de tringler. Il nous poussait des barres à mine. »*
> B. Blier, *Les Valseuses*

Le mot **jésus**, apparaît en 1919, pour pénis en érection, en même temps que le sens de « couteau » ; et par rapport à l'aspect, on relève le vieux mot **enflure**, qui désigne à la fois le sexe de l'homme en érection et le sexe de la femme :

> *« Elle caresse son enflure*
> *Qui grossissait même à mesure*
> *Qu'elle y touchait légèrement. »*
> J. de La Fontaine, XVIIe s.

D'autres termes et locutions verbales sont liés au sens physique de « tenir droit », avec l'idée de verticalité, c'est le cas de **bonhomme** (1977) ; **tendre** (Chautard, 1883), synonyme argotique, d'après *bander un arc*, de là **tendeur**, homme toujours disposé à l'amour physique ; **dresser (la pyramide)**, terme générique en français populaire, **(se) développer** et **(s') allonger**, employé dans l'argot des maquignons :

> «*Qu'on ne vous voie point près d'elle dresser la pyramide à son intention.*» Cyrano de Bergerac, XVIIe s.

> «*L'orang-outang échauffé sans doute par la présence d'une jeune fille, se développa, tout à coup, de la façon la plus brillante.*» Musset, *Gamiani*, XIXe s.

En emplois métaphoriques du mot **droit**, dont l'image érotique est celle du pénis dressé, on relève les locutions anciennes **leçon de droit** et **droit de l'homme**, pour érection :

> «*Maman, j'aime mieux un sergent à verge qu'un avocat sans le droit.*» D'Ouville, XVIIIe s.

Quant à **pisser droit**, être en érection, l'image est purement verbale dans la mesure où un pénis érigé serait bien incapable de pisser «droit» ou de «travers» :

> «*Bande ta pine et débande ta lyre*
> *L'important, au lit, est de pisser droit.*»
> Parnasse satyrique, XIXe s.

On relève chez San Antonio quelques créations pittoresques comme **avoir la couleuvre qui fait la belle dans ton Éminence, avoir le camarade Yvanoff en position d'Hercule, avoir la sentinelle sur le qui-vive** :

> «*Tout en parlant, elle me contrôle les avant-postes, s'aperçoit que la sentinelle est sur le qui-vive, prête à tirer un coup sur tout ce qui bouge.*»
> San Antonio, *Des Gonzesses comme s'il en pleuvait*

En locution ancienne populaire **raide comme la justice**, vient sans doute d'une allusion sur *potence*, qui a désigné autrefois le pénis :

« Quand, plus raide que la justice,
Nez en l'air et gros de courroux
Il s'élance pour le service
On croit qu'il fera les cent coups. »
Eug. Vachette, XIXe s.

D'autres locutions se justifient d'après l'image érotique du mouvement vertical : **l'avoir en l'air** (fin du XIXe s., Esnault), **lever les oreilles** (XVIe s.), **marquer midi** ou **(il est) midi** (1899).
On trouve encore dans une forme contemporaine **pavoiser**, en emploi métaphorique de *pavoiser*, « manifester sa réjouissance » ; **avoir une balle dans le canon**, daté de 1977 ; **avoir des coliques cornues** ou **des coliques bâtonneuses** (1960, Devaux).
On a dit anciennement **se trouver en état** ou **en état de grâce**, dans de bonnes conditions physiques pour «bander», et dans le même sens **être en haleine**, **être en point** ou **être prêt**, qui sont toutes des locutions sorties d'usage :

« Oui, vous êtes en état, cochon !... Il est plus fort que tout à l'heure... et dur ! On dirait du fer ! »
H. Monnier, XIXe s.

« À quoi bon, puisque tu n'es pas prêt ? Oh ! tes caresses vont me ranimer. »
Lemercier de Neuville, XIXe s.

Puis symbolisant la puissance et la vie, que suscitent cette heureuse disposition, on relève les mots anciens **résurrection**, pour érection et **ressusciter**, venir en érection, auxquels on peut ajouter la locution vieillie **donner signe de vie** :

« Alors toutes les grandes filles de l'île peuvent s'approcher et s'occuper de la résurrection du mort. »
Diderot, XVIIIe s.

L'IMPUISSANCE

L'impuissance masculine est caractérisée par une absence d'érection, d'où l'incapacité d'accomplir l'acte sexuel ; le thème possède ses propres désignations métaphoriques la plupart argotiques, à travers lesquelles l'impuissance est envisagée soit comme une défaillance sexuelle, une érection défectueuse ou bien un manque d'ardeur sexuel, par conséquent un manque de chaleur.
En locutions contemporaines **avoir les figues molles** (1977), c'est ne pas avoir du tout d'érection, *figues* se disant pour « testicules », de même que **être amputé de la défonceuse** (*défonceuse*, pour pénis), n'éprouver aucun désir sexuel.

On peut aussi citer les locutions métaphoriques **le ballon descend**, (par opposition à *le ballon monte*), attesté en argot moderne pour débander ; **(il est) six heures et demi**, d'après la position des aiguilles de l'horloge (par opposition à *il est midi*) ; **bander guimauve** (1987), c'est « bander mou », sous l'influence du sens figuré de *guimauve*, « sentimentalité fade et molle » ; même sens pour **bander foulard**, attesté dans le langage des prostituées ; en locutions vieillies on a **rester l'oreille basse**, **être paralysé**, d'où le mot **paralysie**, pour impuissance ; la locution **mort dans le dos**, s'employait pour un homme impuissant.
On relève chez San Antonio, quelques créations pittoresques : **avoir les pruneaux au chômage, avoir du chouinegomme à la place du zobinard, être empêché du stylo-à-boule, avoir le kangourou fané** :

> *« Il met de côté, dans sa mémoire cloaqueuse, des bribes de polissonerie à déguster plus tard, quand l'âge du kangourou fané sonnera. »*
>
> San Antonio, *Mets ton doigt où j'ai mon doigt*

La défaillance ou l'érection défectueuse se manifeste à travers des termes comme **flanelle**, par jeu de mots sur *flâner* « se promener sans hâte ou rester à ne rien faire », qui désigne en argot, précisément l'échec sexuel, la panne, le fiasco, de là **faire flanelle** (1957), être impuissant :

> « *Rien n'y manque de ce qui peut allumer les hommes les plus flanelle.* » Lemercier de Neuville, XIXe s.

On peut rapprocher la locution argotique ancienne **faire queue de rat**, par allusion à la métaphore militaire *prendre un rat*, en parlant d'une arme à feu qui ne part pas ; et **rater**, c'est ne pas pouvoir assurer l'acte sexuel, motivé par « manquer son coup, son tir », en parlant d'une arme à feu ; en termes vieillis, on trouve les expressions **faire un solécisme**, c'est-à-dire « faire une faute » au sens de *faillir* :

> « *C'est une puriste, et je fais*
> *Souvent au lit des solécismes.* » La Monnoye

On trouve encore **faire bonhomme**, **(faire) un affront**, *affront* s'est dit en moyen français pour « tromperie » ; **(faire) Charlemagne**, cette locution s'appliquait à un joueur qui se retire avant la partie ; **lever le siège**, **perdre la clef de son dressoir** (*dressoir*, pour pénis) :

> « *Une trop longue défense a souvent fait lever le siège d'une femme qui voulait se rendre : il arrive des accidents.* » Collé, XVIIIe s.

> « *Car mon mari chaque soir / Perd la clef de son dressoir.* » Ancien Théâtre français, XVe s.

Avec la même valeur de « ratée », on trouve encore en expressions vieillies **perdre haleine ; aller trop vite à l'offrande et faire choir le curé**, qui se disait pour éjaculer à l'instant même de la pénétration ; **faire chou blanc**, au sens propre « d'échouer », avoir une défaillance à l'instant décisif ; **enrayer**, avec l'image de l'arme à feu qui s'*enraye*, « qui cesse de fonctionner » ; puis **s'abattre** et **faire fiasco**, le mot chez Stendhal est employé au sens de défaillance d'ordre sexuel, peut-être sous l'influence de *flasque* :

> *« Tu vois qu'ici dans le plus grand combat*
> *Dieu t'abandonne et ton cheval s'abat. »*
> Voltaire, XVIIIe s.

> *« Don Juan, comme son ami Stendhal en semblable occasion, fit un coupable fiasco. »* A. Maurois, XXe s.

L'impuissance est aussi conçue comme un manque d'ardeur amoureuse, à travers les termes vieillis **couille-molle**, **pousse-mou** ou **pisse-froid** ; on trouve dans le même sens les locutions archaïques **être froid sur l'article**, **s'endormir sur le rôti** (1877, Zola), ou **le bifteck**, d'après le sens de perdre du temps, **avoir la courte haleine** et les synonymes **manquer de souffle** ou **de voix** et **rester court** :

> *« Vous avez la courte haleine*
> *Parler d'amour une fois*
> *C'est me donner la migraine. »* Collé, XVIIIe s.

> *« Rester court*
> *À la neuvième politesse*
> *Est-ce à ma cour*
> *Qu'on vient pour me jouer ce tour. »* Collé, XVIIIe s.

Le composé **bande-à-l'aise**, a désigné anciennement, un homme de petit tempérament amoureux ; **amoureux transi**, s'est dit pour un homme plus fort en paroles qu'en action :

> *« Monsieur dit des bons mots souvent*
> *Mais monsieur bande rarement*
> *Monsieur a de l'esprit : j'en suis*
> *Bien aise, bien aise ;*
> *Mais comme la peste, je fuis*
> *Un bande-à-l'aise. »* Collé, XVIIIe s.

> *« Il arrive de là que ceux qui aiment le plus, comme ces amoureux transis, sont ceux qui chevauchent le moins. »* Mililot, XIXe s.

On peut ajouter la locution expressive **peine-à-jouir**, attesté vers 1910, de *peiner*, « se donner de la peine, du mal à », et de *jouir*, illustrant un homme parvenant laborieusement à ses fins.

LA FELLATION

On peut ajouter à la suite de ce chapitre les quelques termes et locutions métaphoriques isolés qui traduisent la fellation ; le mot est un dérivé savant (av. 1945) de *fellatum*, du latin *fellare*, « téter », d'où « sucer » dans le vocabulaire érotique. **Sucer** qui apparaît en 1936, en même temps que les dérivés **suçade** ou **suçage** et **suceuse**, formé un peu avant pour fellatrice.

En emplois métaphoriques du verbe *téter*, on trouve **se faire téter** (1953), puis précédés de mots désignant le pénis : **téter le flageolet**, **téter une perche** ou encore **brouter**, **sucer le poireau**, **la tige** (1977) et **se faire brouter la tige** ou **se faire faire une tige** (1953), pour être l'objet d'une fellation ; **tailler son ramallo**, **tailler une plume à qqn** (1878), lui faire une fellation :

> *« Durdelat tenait absolument à ce qu'on aille se faire sucer la tige chez une dame patronnesse de ses relations. »* San Antonio, *Têtes et sacs de nœuds*

On trouve aussi, combinées avec le verbe *souffler* différentes métaphores argotiques comme **souffler dans la canne**, **le tube**, **le mirliton**, **le ventre**, **la peau d'anguille**, **se faire souffler dans le flageolet**, se prêter à une fellation, **souffler dans le poireau** :

> *« Mais pourquoi cesses-tu de me souffler dans le poireau, ça allait bien. »* Lemercier de Neuville, XIXe s.

On peut rapprocher quelques verbes argotiques récents : **manger**, terme générique pour désigner le coït buccal, d'où **mangeuse**, pour fellatrice ; le verbe **bouffer**, est surtout employé pour une femme, on dit **bouffer la craquette, le cul, un chat** ; quant à **croquer**, il s'emploie pour les deux sexes, ainsi que **dévorer**, forme intensive de *manger* et **rogner (l'os)** :

> *« Sauf votre respect, mignonne, je vous croquerai bien l'haricot. »* D'après Lacassagne, XXe s.

Certains instruments de musique illustrent par métaphore la fellation, par analogie à la position de la bouche sur l'instrument: **jouer un air de biniou, jouer de la flûte** (1953) ou **tailler une flûte** ; **jouer un air de clarinette baveuse**, daté de 1977. Le nom féminin **turlute** (1950), pour fellation, proviendrait de *turlututu*, « flûte ou mirliton », qui a eu en argot le sens métonymique de pénis (XIXe s.) : **faire une turlute** et **turluter** (1982, Perret), pratiquer la fellation.
Fondés sur des emplois particuliers des noms usuels, apparaissent en valeur euphémique, les mots **gourmandise** (1960, Le Breton), **faveur** (1977), **fantaisie** (1866, Delvau) et **gâterie** (1953, Simonin), d'après « petit cadeau ». Le nom féminin **fantoche** (1977), désignant une marionnette articulée, apparaît ici en resuffixation de *fantaisie* ; puis le composé **bouche chaude** en 1970.
Plus courant est le mot **pipe** (1927, Esnault), pour fellation, d'après la métaphore du nom de l'instrument du fumeur : **faire, tailler une pipe** et **piper** (1957), dans le même sens :

> *« Entre ses jambes écartées, velues et noueuses, une petite négresse au valseur émouvant était agenouillée et, avec conscience et conviction, lui taillait une pipe royale. »* A. Page, *Tchao pantin*

> *« Tu pipes comme une qui ne fume pas soupiré-je. »*
> San Antonio, *Mets ton doigt où j'ai mon œil*

Le non féminin **bouffarde**, est attesté vers 1930, de son sens premier « pipe à fumer », en relation avec bouffée (de fumée).
On rencontre les mots argotiques modernes **pompier** (1957), pour fellation et à la même date, les variantes **pompelard**, **pomponette**, tous issus du verbe *pomper*, au sens figuré de « tirer la substance » ; **pomper** s'emploie aussi au sens de faire une fellation, avec les variantes récentes dans lesquelles on retrouve les désignations du pénis : **pomper le zob (à qqn)**, **le dard**, **le gland**, **le nœud** :

> *« Il paraît qu'elle fait des pompiers aux garçons mais qu'elle ne fait pas l'amour. »*
> M. Cardinal, *La Clé sur la porte*

> *« Les langues nous pompent le nœud,*
> *Mais nous nous le pomperions mieux,*
> *Si, comme la race canine,*
> *Nous pouvions sans gêne et sans mal,*
> *Nous gamahucher le canal. »* Dumoulin-Darcy, XIXe s.

Quelques locutions désignent métaphoriquement la fellation comme : **faire une politesse à un homme** (1977), **faire Cléopâtre** (1977, Caradec), d'origine obscure, qui s'expliquerait peut-être à partir du tempérament sensuel attribué à la reine d'Égypte ; en emploi figuré du mot désignant le pénis se forme **shampooing à Charles le Chauve** (1977), puis peu avant 1953, **shampooing maison**, dans le même sens. On trouve encore **se laver les dents**, **se faire tutoyer le pontif**, attesté vers 1860 et plus ancien **boire au goulot** :

> *« Mais grossier comme un matelot*
> *Par le rustre je fus forcée*
> *De boire au goulot. »* Marcillac, XIXe s.

Vers 1946, on relève **scalper le mohican**, l'expression est dérivée du sens premier se masturber; puis en argot moderne apparaît **scalpage**, pour fellation.
Dans le langage des pêcheurs, on rencontre **taquiner le goujon**, daté de 1881 (Rigaud), *goujon* s'est dit anciennement pour pénis par assimilation à un poisson.
En double coït buccal, en situation tête-bêche, on relève vers le milieu du XIXe s. (Rigaud), (**faire**) **soixante-neuf**, la position érotique est inspirée par la figure du nombre 69:

> *« Madame sait ben ce que je veux dire, quoi? [...] quand c'est qu'elle va y faire 69, l'nuit, avec s'femme de chambre. »* M. Stéphane, *Ceux du Trimard*

On peut ajouter la formule contemporaine d'origine peu claire **fume, c'est du belge**, apostrophe de refus obscène, (accompagnée généralement d'un bras d'honneur) où le pénis assimilé à un cigare, invite l'interlocuteur à la fellation, au propre ou au figuré (variante: *vas te faire foutre...*).

LA MASTURBATION

De nombreux termes métaphoriques se retrouvent dans des expressions qui désignent la masturbation masculine à commencer par le verbe **branler**, dont le sens premier de « secouer, agiter une arme » a été remplacé en 1546 par « agiter, secouer une partie du corps de droite à gauche ou de haut en bas ». Le glissement vers *masturber*, avant 1585 a rendu le sens général du mot très équivoque, et de ce fait, l'emploi pronominal, « se remuer, se balancer » a disparu au profit de se masturber, d'où **se branler** (fin XVIIe s.):

> *« On n'est jamais si bien branlé que par soi-même. »* G. De Nerval, XIXe s.

De cette acceptation érotique, vient le sens figuré de **s'en branler** (1953), s'en moquer ; **n'en avoir rien à branler** (1960), correspond à : n'en avoir rien à faire, (*rien à foutre, rien à glander*, etc.) ; on trouve l'abréviation moderne **R.A.B** :

> *« Vous avez une réclamation à formuler ? Un de nos films vous a déplu ? Ou bien notre site sur le web vous choque-t-il ?*
> *– Je m'en branle de votre site sur le web. »*
> Ph. Carrese, *Le Bal des cagoles*

En expression argotique moderne **tu peux te branler !** correspond à : tu peux toujours attendre ! **Se les branler** ou **se branler les couilles** (1957), c'est se laisser aller à la paresse, à l'oisiveté. Vers le milieu du XXe siècle, **branler**, au sens large du terme prend la valeur de « faire » (il est à rapprocher de *foutre*) : ***qu'est-ce qu'il branle ?*** :

> *« Oh M'man ! Qu'est-ce que tu branles ici ? Il se tourne vers moi, tout sourire.*
> *– C'est ma mère. »* Ph. Carrese, *Graine de courge*

Attesté pour masturbation, le nom féminin **branlette** apparaît en 1936, d'abord au sens de « manière de pêcher en secouant la ligne (1836) » : **se taper une branlette** (syn. : *se taper une queue*, etc.) ; au figuré, le mot apparaît pour « activités artificielles, simulées » :

> *« Pour remédier à la stérilité masculine, la branlette est réhabilitée par la science. »*
> *Libération*, 8 janvier 1981

Certains dérivés de *branler* attestés avant le XVIe s. ont été influencés par le sens sexuel du verbe comme le nom **branleur**, **euse**, « qui prend du plaisir à *branler* », utilisé par les libertins de la fin du XVIIIe s. (Sade) ;

le mot s'employait déjà par extension aux emplois érotiques du verbe pour paresseux ou individu peu fiable ou encore pour fantaisiste :

> *« Ce branleur me gonflait depuis longtemps, mais là, c'est la goutte de trop et l'histoire de la poudre qui prend feu. »* Ph. Carrese, *Graine de courge*

Récemment **branleur**, a désigné un petit garçon et au féminin, une petite fille.
À partir du XIXe, *branler* ne développe plus que des substantifs liés à l'idée de masturbation, tels **branlade** et **branlée**, pour action de se masturber ; au figuré vers 1960, le mot désigne une correction, une volée de coups : *foutre une branlée à quelqu'un.*
Les verbes **(se) branlocher** ou **(se) branlotter** (1932) sont des synonymes rares de *masturber*, qui s'emploient aussi au figuré pour « faire » :

> *« Te souvient-il de ta sœur Luce / Qui me branlottait le prépuce. »* Parnasse satyrique, XIXe s.

Le nom féminin **pignole** (1940-1944, Guérin), désignant la masturbation, est issu du provençal *pinhol*, désignant le pignon (graine comestible) de la pomme de pin, fruit du conifère poussant sur le pourtour de la Méditerranée ; (se) **pignoler** (milieu du XXe s.), (se) masturber : **se monter, se tirer** ou **se taper une pignole** :

> *« Les fatmas elles en sont folles / Elles le sucent elles le pignolent. »* Chanson paillarde

> *« Mesclin se branlait en reluquant ces cochonneries [...] C'était un célibataire et il se tapait des pignoles en s'essuyant dans son mouchoir. »*
> Th. Jonquet, *La Bête et la Belle*

Au figuré, **se pignoler à quatre mains**, c'est se faire des idées, exagérer les choses. Dans le parler marseillais, on relève le mot féminin, **sègue**, pour masturbation, issu du verbe **(se) séguer**, se masturber :

« Le calme revient dans le bar. Jeannot des dattes reste très philosophe :
– Qu'est ce qu'il a, il s'est pas ségué, ce matin ? »
Ph. Carrese, *Trois jours d'Engatse*

Avec la valeur de « chose suave, agréable », se forme l'adjectif **douce** en 1849, pour masturbation, d'où **se faire** ou **se coller une douce** ; plus moderne, la métaphore **se faire un ramollo** (1977), de *ramollo*, ramolli, au sens abstrait de « rendre moins résistant, moins ferme » :

« J'ai beau tous les jours me coller une douce, dans mes rêves ton con m'agace et me poursuit. »
L. Protat, XIXe s.

Avec l'idée d'une activité fébrile (d'après la locution ancienne : *en plein dans le boum*), on trouve dans l'argot moderne, l'onomatopée **(se) faire boum** (1977), se masturber ; dans le même sens est attesté **se faire, se payer un fast-foutre**, terme employé également pour éjaculateur précoce.

D'après le sémantisme sexuel du « coup », et plus précisément l'idée « d'appliquer par un coup », apparaît le verbe **taper**, surtout à la forme pronominale, **se taper** exprimant à la fois l'idée de relation sexuelle (1947) et en argot la masturbation dès 1881, dont l'image principale est celle de la main qui « prend, saisit » : **se faire** ou **se taper une queue** (XXe s.) :

« J'étais pépère en train de me taper une queue en pensant à Lola. » H. Prudon, *Banquise*

En locutions vieillies, on relève **se taper sur la baraque, sur le ventre, sur le gland, se taper un silencieux** ou **le mahomet**, *mahomet* étant le nom donné au pénis dans l'argot des soldats d'Afrique, de là **mahométiser**, pour masturber; on trouve encore **se taper un rassis** (1936, Céline) ou **se coller un rassis** (1878, Rigaud); on peut ajouter **se taper (sur) la colonne, s'astiquer, se polir la colonne**, apparue vers 1820, d'origine peu claire.

Taper, s'emploie aussi avec la valeur de « avoir une indifférence méprisante pour quelque chose ou pour quelqu'un » : **s'en taper, je m'en tape** (*s'en foutre*).
Puis formés avec *tirer*, en emploi métonymique où l'acte est désigné par un de ses effets, on a **tirer la ficelle** (1881, Rigaud), **(se) tirer la queue** et plus récemment, **(se tirer la) courte, se tirer sur le lance-pierre, se tirer sur l'élastique** (1989); ou encore **se l'allonger, se l'attraper, faire juter l'os à moelle** (1907), de *juter*, en argot, action de projeter au dehors un liquide, provenant du corps humain et *os à moelle*, pour pénis.
Certains verbes et locutions verbales la plupart argotiques, reposent sur des emplois métaphoriques des verbes techniques, impliquant le mouvement de « va et vient », comme **se limer**, issu de *limer*, d'abord pour posséder sexuellement (fin XVIIIe s. Sade) puis dans le langage contemporain, se masturber; ainsi que **s'astiquer**, qui s'est dit d'abord pour forniquer (1847), puis se masturber (1936, Céline).
À la forme transitive, **astiquer** s'emploie plus tard pour pratiquer la masturbation ou la fellation sur qqn; on relève les locutions **astiquer la baguette**, **s'astiquer la gaule** :

> *« Elle, le soir, le matin, dans le lit, je l'aurais grimpée sans arrêt, sûrement aurions-nous eu un enfant et là, je m'astiquais la gaule comme un forcené, allongé sur le lit de camp. »*
>
> R. Knobelspiess, *Le Roman des Écameaux*

De même que **(s'en) battre une**, où *battre* est ici pris au sens de faire des mouvements répétés; **(faire une)**

chicorée, d'après *chicorée*, « volée de coups », en argot et en français populaire. On peut rapprocher la locution ancienne **faire zague-zague**, d'après peut-être le bruit suggéré de la scie en mouvement :

> *« Comtesse empoigne-le par le milieu... là ! là... à merveille ! Promène ta main d'un bout à l'autre, et serre-le moi bien fort, de peur qu'il n'échappe... Fais zague-zague... Ah !... »* La Popelinière, XVIIIe s.

La masturbation est un exercice manuel, et en particulier pour l'homme, un exercice de la main, de là on relève les locutions anciennes **en venir aux mains, se servir de sa main, avoir la main occupée** ou encore **travailler des doigts, user des doigts** :

> *« La volupté me pénètre soudain*
> *Mon trépignoir trépignait dans sa cage ;*
> *Pour l'apaiser je n'avais que ma main :*
> *Je m'en servis pour écumer sa bile. »* Anonyme, XIXe s.

> *« Pour vous en prendre à votre sexe*
> *Avez-vous mis l'autre aux abois ?*
> *C'est peu que votre main me vexe,*
> *Vous usez pour vous de mes doigts. »* Béranger, XIXe s.

Plus usuel, le terme **se pogner**, dès 1865, issu de l'argot *pogne*, « main, poing », avec ici le sens *d'empoigner :* « saisir énergiquement », d'où **(se faire à la) pogne** et **se faire une pogne**, en 1883.

Le nom féminin **paluche** (1977), de *paluche*, « main », en argot, désigne la masturbation masculine, mais en 1947 (Esnault), on trouve déjà, **se palucher**, pour se masturber.
En emploi métaphorique apparaît à la forme pronominale **se griffer** (1960, Le Breton), d'après *griffer*, « égratigner d'un coup de griffe » ; **se griffer (s'allonger) le macaroni.**

La locution métaphorique **aller et retour sur le filet** ou le **fildingue** (1952), est employée pour caresse sexuelle. En créations burlesques pseudo-savantes, on relève anciennement pour les deux sexes: **se manuéliser**, se masturber, **manuelisme**, pour masturbation et **manueliseuse**, pour masturbatrice:

> « *C'est le seul moyen d'être sage au couvent, puisqu'on ne peut l'être sans se clitoriser ou se manueliser.* » Mercier de Compiègne, XVIIIe s.

En 1953, apparaît le composé très familier **touche-pipi**, au sens de caresses intimes sans rapports sexuels: **jouer à touche-pipi**, la locution a d'abord été employée à propos des enfants:

> « *Un téléfilm dans lequel on voit une baby-sitter jouer à touche-pipi avec l'enfant qu'elle garde.* »
> *Libération*, 16 mai 1984

En expression familière allégorique, on rencontre dès 1850, **la veuve poignet**, la *main*, en tant qu'*épouse*, dans la masturbation masculine:

> « *Quand pour vous achever, elle se met de profil et fait semblant de regarder au loin en se soulevant sur la pointe des pieds, c'en est fini de vous. Faut la douche froide ou la veuve poignet pour vous soulager.* »
> F. Lasaygues, *Vache noire, hannetons et autres insectes*

Puis attesté pour les deux sexes, le verbe pronominal, **se finir** (1946), sous-entendu à « la main », en parlant d'une relation sexuelle inachevée.
En métonymies euphémiques (employé pour les deux sexes), se masturber, c'est aussi **se tripoter** (1977), **se voir** (1881), guère usité de nos jours, **(se) fréquenter** 1953, au sens premier de « courtiser une jeune fille », d'où en argot moderne, l'acceptation érotique de se

masturber, **se toucher** (1881), puis en argot moderne, **se faire une touche** (XIXe s.).

Nombreuses sont les locutions constituées de verbes qui, par eux-mêmes, sont métaphoriques ou métonymiques et qui incluent une métaphore désignant le pénis comme **étrangler Popaul** (1982, Perret), de *popaul*, surnom hypocoristique du pénis, **étrangler le borgne** (1983), de *borgne*, ancienne désignation du pénis ; **(se) balancer, se secouer le chinois** ou **se polir le chinois** (début XXe s.), avec la variante **tuer le mandarin** :

> « *J'aime pas étrangler l'borgne / Plus souvent qu'il ne faut.* » Renaud, *Le Temps des noyaux*

Puis **décalotter Charles le Chauve** (1912) et la variante **faire sauter la cervelle de Charles le Chauve** en 1953 ; **se faire mousser le créateur, secouer le petit homme (le bonhomme)** ou simplement **se la (le) secouer** (1931), d'où le dérivé féminin récent **secouette** (1977), pour masturbation ; en termes vieillis, on a **sonner son fils**, *sonner* est ici synonyme de *branler* au sens de « sonner les cloches » et **sonner le tocsin**, qui s'est dit pour masturber un homme ou une femme ; on trouve aussi **secouer la cartouche** (1982) et plus anciens **secouer le prunier, la houlette** et **aiguiser son couteau** :

> « *Le cochon sonnait le tocsin*
> *Sur le bouton de son vagin*
> *Avec son médium sans corne.* » A. Watripon, XIXe s.

> « *Sans mot dire il se fait secouer la houlette.* »
> L. Protat, XIXe s.

> « *Ne vous mettez point en colère*
> *Je ne gâte point le mystère*
> *J'aiguise seulement, pour ce soir mon couteau.* »
> J. de La Fontaine, XVIIe s.

Amuser Charlot ou **s'amuser comme Charlot** (1977), *Charlot*, désignant plaisamment le pénis; on relève encore **scalper le mohican** (1912), sans doute par analogie de forme entre le « gland » et le crâne oblong et plus ancien **moucher la morve de la pine**, *morve* désignant le sperme :

« *Pour sept ou huit francs, prix encore modeste*
On peut s'faire en plus scalper l'mohican. »
Anonyme, *Plaisir des Dieux*

« *Moucher la morve de sa pine / Dans le mouchoir de ses cinq doigts.* » Parnasse satyrique, XIXe s.

En locutions expressives métaphoriques, l'action de se masturber est aussi traduite par: **agacer le sous-préfet** (1977), d'origine obscure, où *agacer* signifie, « exciter », **arracher un pavé** (1878, Rigaud), d'après l'idée d'une action faite avec une certaine difficulté; plus ancien **grimper au mât de cocagne**, masturber un homme à deux mains; en emploi contemporain, **se battre**, **se mettre à cinq contre un**, le sixième doigt étant le pénis; on relève l'expression vieillie **foutre la muse**, se masturber en consultant des revues « coquines » :

« *Grande putain, ô muse !*
Sur ton bouton rétif
Lamartine s'amuse
À mettre un doigt pensif ;
Victor Hugo te baise
Et fait craquer tes reins
Dans ses bras souverains ;
L'Émir Gautier à l'aise
Te fait pomper son dard ;
Banville, remplit d'art,
Fait minette en Hercule,
Ô muse ! – mais, à part
Baudelaire t'encule. » Ern. D'Hautier. XIXe s.

Par allusion à la masturbation considérée à une certaine époque (plutôt récente) par l'Église et la

Médecine comme un acte honteux, voire un danger pour la santé, on trouve en locutions archaïques **casse-poitrine**, la masturbation était réputée rendre poitrinaire; puis pour se masturber, on relève anciennement: **souiller son corps**, **se cerner les yeux**, **se polluer le dard**, *polluer*, au sens de «souiller», avec ici une connotation morale et religieuse, que l'on retrouve dans **se polluer**, éjaculer spontanément et **pollutions nocturnes**, pour émission de spermes au cours du sommeil:

> *«Voilà que j'bande... Ah! ne craignez rien... J' n'ai jamais eu ce défaut-là... Et puis... Ça cerne les yeux.»* Tisserand, XIXe s.

> *«Notre cocher sans vergogne et sans fard*
> *Sur ses coursiers laissait flotter les rênes*
> *Et des deux mains se polluait le dard.»*
> Anonyme, XIXe s.

> *«Il s'avisa songeant à elle, se corrompre et se polluer.»* Brantôme, XVIe s.

Avec la même idée d'un danger ou d'un acte contre nature: **tromper la nature**, **assassiner le plaisir** et **mauvaises habitudes**, pour masturbation:

> *«Pour mâter les fougueux désirs dont on me faisait hommage souvent ma main avait une complaisance qui ne fut, au surplus, jamais de mon goût; c'est ce me semble assassiner le plaisir que de rendre aux hommes cet humiliant service.»* A. de Nerciat, XVIIIe s.

> *«Il faut surveiller les enfants avec soin à l'âge où la puberté les travaille: presque tous, garçons et filles, ont de mauvaises habitudes qui détruisent leur santé et leur intelligence.»* Dr Quérard, XIXe s.

D'autres locutions anciennes illustrent la masturbation comme un amusement solitaire ou scolaire: **boire seul**, **s'amuser tout seul**; puis **habitude scholastique**, pour masturbation que l'on peut rapprocher de **plaisir des écoles**, **gentillesse de collège** et **bataille des jésuites**:

> *«V'là que j'bande... Ah! n'craignez rien... j'nai jamais eu c'défaut-là... un Français ne... boit... jamais seul.»* Tisserand, XIXe s.

> *«Je lui peignis avec des couleurs si effrayantes, les dangers de cette habitude scholastique, qu'il promit d'y renoncer à jamais.»* A. de Nerciat, XVIIIe s.

> *«Mes regards ne sauraient souffrir*
> *Ce ridicule et sot plaisir*
> *Qui sera celui des écoles.»* Parny, XVIIIe s.

> *«Les pages de mon père m'apprirent quelques gentillesses de collège.»* Diderot, XVIIIe s.

LE SPERME ET L'ÉJACULATION

Le mot sperme désignant (XIIIe s.), le liquide visqueux, opalin, formé par le produit des sécrétions des glandes séminales mâles, s'est employé dans la locution verbale *faire sperme*, éjaculer (1362-1365), sortie d'usage. Les termes ou locutions verbales qui signifient «éjaculer», sont autant représentatifs que les propres désignations du sperme, dont le nombre est plutôt réduit. Éjaculer vient du latin *jaculari*, «lancer», dérivé de *jaculum*, «arme de javelot», images que l'on retrouve dans la plupart des expressions métaphoriques du sperme; le verbe est attesté au sens «émettre le sperme», à partir de 1850 et au figuré s'est employé pour «exprimer avec force (des propos)», en 1872, chez Flaubert.

Le nom masculin **foutre**, attesté à la fin du XVe s., dérivé du verbe *foutre* (1180), «avoir des rapports sexuels», est la principale représentation du sperme, la plus répandue en tous cas et ce jusqu'à la fin du

XIXe siècle ; aujourd'hui démodé, il est considéré comme très grossier :

> *« Un soir, au bord de la ravine,*
> *Ruisselant de foutre et d'urine,*
> *On vit un fantôme tout nu*
> *À cheval sur un poil de cul. »*
> *De Profundis morpionibus*, chanson libertine d'après le texte de Théophile Gautier

En emploi récent, on trouve le nom masculin **jute**, déverbal de **juter**, à l'origine, « émettre un liquide, à partir du corps humain », puis par métaphore, le verbe signifie éjaculer en 1977 ou émettre des sécrétions vaginales, en parlant d'une femme ; on peut rapprocher la locution ancienne **rompre l'écluse**, issue du même sens d'origine :

> *« Car quand l'écluse de l'eau voulait se rompre et déborder aussitôt il la retirait. »* Brantôme, XVIe s.

Le sperme est considéré comme une graine, d'où au figuré, le mot **semence** et **répandre sa semence**, pour éjaculer.
Il est aussi symbole valorisant, image vitale, de là apparaissent les termes anciens **manne (céleste)**, **nectar**, **onction**, **oignement**, vieux mot qui signifie « onguent », **sucre**, puis **eau-de-vie**, par allusion à « eau » qui donne la vie et avec la même image **baume de vie** ou encore **rosée (de vie, céleste, divine)** :

> *« C'était pour me procurer mille morts délicieuses qu'il ménageait avec art ce baume précieux qui donne la vie. »* A. de Nerciat, XVIIIe s.

> *« Gamiani excitez-moi que j'inonde cette jeune fille de la rosée céleste. »* A. de Musset, *Gamiani*, XIXe s.

On peut également citer le vieux mot masculin **aspergès**, attesté pour éjaculation, l'allusion repose sur le sens de *asperger*, employé pour « liquides (XIIe s.) », notamment eau bénite en liturgie (XIVe s.) et depuis le XVe s. en contexte profane :

> « *L'aspergès d'un moine sans doute*
> *Est si bon qu'il n'en jette goutte*
> *Qu'elle ne soit bénite deux fois.* »
> Ancien Théâtre français, XVe s.

En emplois métaphoriques des mots désignant un liquide plus ou moins épais, plus ou moins doux, on relève quelques termes, la plupart anciens tels que **liqueur (amoureuse)**, **jus (divin)**, **élixir**, **huile**, **confiture**, puis **crème**, à partir du XVIIIe siècle, d'où en argot moderne **crémer**, pour éjaculer :

> « *À cette vision, la fermière se pâme !*
> *Un si beau champignon, jamais elle n'a vu !*
> *Et le bougre ravi, de crier comme un âne :*
> *‹De ce beau phalloïde, veux-tu goûter le jus ?›* »
> P. Adams, *Les Vers c'est satyrique*, tome I

> « *Possédant une recette,*
> *Je fis prendre à la fillette*
> *Six fois de mon élixir.* » Gaudriole, XIXe s.

Puis le mot **sirop**, formant les locutions **sirop (jus) de corps d'homme** ou **sirop de paf rose** (1953), *paf*, pour « pénis », et **sirop de betterave**, attesté chez San Antonio :

> « *Laissez remplir la seringue*
> *Et vous aurez le sirop.* » Gautier-Garguille, XVIIe s.

> « *Il dort profondément, le* Monstre. *La trique lui est à ce point familière qu'il est chiche de balancer son sirop de betterave sans seulement se réveiller.* »
> San Antonio, *Au Bal des rombières*

On trouve aussi en emploi péjoratif, les métaphores anciennes **mortier**, au sens de mélange de ciment et d'eau, **colle**, **glaire**, désignant toute humeur visqueuse et plus récemment **venin**, d'où **cracher**, **jeter (filer, lâcher) son venin** (1977), éjaculer :

> « *Voyez le devant qui est tout mouillé de la glaire qui en est sortie.* » Béroalde de Verville, XVIe s.

> « *Mais c'machin-là s'change en lavette*
> *Grâce au pouvoir de la vertu*
> *Et j' m'en tire quitte et nette*
> *Avec un peu de colle au cul.* »
> Parnasse satyrique, XIXe s.

Considéré en valeur dépréciative, le sperme peut être quelque chose qui encombre, dont l'homme veut se débarrasser, ainsi se forment dès le début du XVIIe s., **décharger**, pour éjaculer et son dérivé **décharge**, pour éjaculation ; le verbe vient de l'acceptation technique, « décharger une arme : tirer un coup », c'est le terme générique en français populaire, qui assimile l'éjaculation à la fois à la décharge d'une arme à feu et à une charge dont l'organisme se libère et se soulage ; de là l'assimilation à la défécation avec le verbe **déponner** (1874), son dérivé **dépone**, pour éjaculation et la variante **déflaque**, issu de « déféquer ».

D'autres termes se rattachent aux armes à feu, également au sens premier de « décharger son arme » : **envoyer** ou **balancer la fumée** (1912), **envoyer, balancer la sauce** (1977), **la semoule** ou **le caillé** (1984), **balancer** ou **jeter la purée** (1957) ; on relève plus ancien **faire feu** :

> « *Et quand j'ai envoyé la purée, je sais pas, moi, c'est grandiose ça.* » *Actuel*, octobre 1984

On trouve le nom féminin **giclée**, en 1977, pour éjaculation, qui s'est dit en 1916 à propos d'une rafale de mitrailleuse ; puis **gicler**, pour éjaculer. **Faire gicler sa cervelle**, chez San Antonio ; on peut rapprocher **pétée** (début du siècle), toujours en vigueur, correspondant à *giclée* :

> *« Beau châssis, pouliche de race. Une dénoyauteuse de burnes patentée. Comment qu'elle doit lui faire gicler la cervelle, au cher maître ! »*
>
> San Antonio, *Baisses la pression, tu me les gonfles !*

On a aussi le nom féminin **camelote** (1836), d'après *camelote*, « mauvaise marchandise », qui désigne le sperme avec la valeur de « chose de mauvaise qualité », ainsi que **came**, forme apocopée de *camelote*, attesté en argot moderne, de là **lâcher** ou **refiler sa came**, en 1928, pour éjaculer ; dans le même sens, on relève **décamer**, dans le parler méridional moderne.
Par métonymie, se forme le nom masculin **blanc**, daté de 1920, employé dans l'argot des prostituées, d'où **cracher blanc**, pour éjaculer ; on rencontre parfois **beurre blanc** et plus anciens les mots **lait, laitance** :

> *« [...] Tétin qui t'enfles et repousses*
> *Ton gorgias de deux bons pouces.*
> *À bon droit heureux on dira*
> *Celui qui de lait t'emplira,*
> *Faisant d'un tétin de pucelle,*
> *Tétin de femme entière et belle. »*
>
> Cl. Marot, (1495-1544) *Au Beau tétin*

Il est aussi appelé anciennement **l'écume du plaisir** ou **du bonheur** :

> *« Le feu du plaisir s'allume*
> *Du bonheur l'ardente écume*
> *Dans ton manoir qui la hume*
> *À gros bouillons rejaillit. »* Chanson anonyme, XIXe s.

On relève au sens d'éjaculer, toute une série de métaphores banales comme **cracher**, **cracher au bassin**, **au cul**, **dans le bénitier**, (se) **dégorger** ou **dégorger sa**

sangsue, son sifflet; **(se) vider les couilles, les burettes, son carafon d'orgeat** (*orgeat* étant attesté pour sperme) :

> *« [...] Mon vit, dont le plaisir est la félicité,*
> *S'allonge incontinent à si douce curée*
> *[...] Je le pense flatter afin qu'il me contienne,*
> *Mais en l'entretenant je ne m'aperçois pas*
> *Qu'il me crache en la main sa fureur et la*
> *mienne ! »* F. de Malherbe (1555-1628), *Sonnets*

> *« Depuis, pour mon rachat je traque les*
> *grenouilles,*
> *Qu'une clochette peut d'un seul coup rendre*
> *heureuse.*
> *Pour l'instant cependant, je n'ai vidé mes couilles*
> *Que sur des gros boudins et sur des bouton-*
> *neuses. »* Ph. Morice, *Les Vers c'est satyrique*, tome I

Plus anciennes sont les locutions **lâcher son chien**, **casser un œuf** ou **faire sauter le bouchon** :

> *« Je ne vous ferai point de mal, je veux casser un œuf qui est près de durcir dans votre ventre. »*
> Béroalde de Verville

> *« Il se sent déjà des velléités pour cette friponne de Célestine, dont il est voisin, et qui joue avec lui de la prunelle à faire sauter le bouchon. »*
> A. de Nerciat, XVIIIe s.

On peut ajouter **envoyer son enfant à la blanchisseuse** (1982, Perret), qui signifie éjaculer dans les draps ; plus anciennes, les locutions **mourir au cul de la princesse**, éjaculer prématurément, *princesse*, étant attesté anciennement pour « maîtresse » et **faire une fausse couche**, pour éjaculation nocturne :

> *« Je bandais, et si fort, sur ma couche étendue que j'en fis une fausse-couche. »* L. Protat, XIXe s.

III
L'ACTE SEXUEL

Les verbes et expressions qui signifient « faire l'amour » ou « posséder sexuellement », tout comme ses manifestations sont tabous et par conséquent, considérés comme des gros mots. L'acte sexuel est une action, un faire, qui n'est envisagé qu'à partir de l'homme dans la plupart des métaphores illustrant le sujet.

LE COÏT

L'expression **faire l'amour (à qqn)**, attesté dès le XIIIe s., a signifié dans la langue classique « courtiser une femme », lui « faire la cour », « exprimer ses sentiments amoureux », et ce jusqu'au XIXe siècle, avant que la valeur érotique physique « accomplir l'acte sexuel (avec qqn) », attesté pourtant en 1622, ne soit récupérée définitivement par l'érotisme. On trouve cependant, au XVIIe s., des emplois très érotisés de *faire l'amour* où l'ambiguïté est souvent exploitée :

> *« À présent que vous êtes amants déclarés, et presque mari et femme, faites-vous l'amour, que j'apprenne, moi qui suis la cadette. »*
>
> Restif de la Bretonne, *La Vie de mon père*

Et dans la définition moderne :

> *« Ô beauté des yeux sévères aux heures du travail où l'ouvrière craignait tant la médisance de ses compagnes, des yeux qui fuyaient nos obsédants regards*

et qui maintenant que nous l'avons vue seule à seul, font plier leurs prunelles sous le poids ensoleillé du rire quand nous parlons de faire l'amour ! »
M. Proust, À *la recherche du temps perdu*

Aujourd'hui l'expression est usuelle même si de nombreux verbes sont employés dans ce sens, comme **baiser**, qui exprime dès le XIIe s. d'abord l'idée d'appliquer ses lèvres sur une personne, une chose, par affection, amour, puis du contexte amoureux, le mot passe à un emploi érotique par euphémisme pour posséder sexuellement. Cette définition est attestée aux XVIe et XVIIe s., notamment chez les burlesques, mais le mot est alors ambigu, le sens courant étant encore très usuel, ce qui explique son absence d'utilisation chez les auteurs classiques.
De nos jours, dans le langage populaire le sens est resté très vivace, on dit **baiser (avec qqn)**, pour posséder sexuellement (du point de vue de l'homme) ou pour faire l'amour ; de même que **baiser**, s'emploie aussi dès 1949, avec le sens d'avoir une activité sexuelle:

« Et même mignonne, comment tu veux faire une carrière dans le showbiz quand tu as un prénom de garçon ? Et quand tu baises aussi mal ? »
Ph. Carrese, *Le Bal des cagoles*

« J'avais ‹baisé› (ce n'est pas péjoratif du tout) avec elle, mais n'y avais pas pris goût. »
Libération, 26 octobre 1978

Les variantes **baisoter** et **baisouiller**, attestées dès 1884, ont vieilli, à savoir que *baizoter*, chez Ronsard (1556) se traduisait par faire l'amour d'une façon médiocre et routinière :

« Ha, Dieu ! que j'ai de bien alors que je baisote
Ma jeune folion dedans un riche lit.
Ha, Dieu ! que j'ai de bien en ce plaisant conflit,

Perdant mon plus beau sang par une douce flotte. »
M. de Papillon (1556-1599), *Sonnets*

Dans le langage contemporain, à la forme verlanisée, de *baiser* on trouve **zéber** (1988), pour coïter.

Par extension de l'idée de posséder charnellement, *baiser* a pris le sens figuré de « tromper, duper », dès le XVIe et repris depuis 1881 comme substitut à d'autres verbes, tels que « voler », « posséder », « avoir ». On dit, **baiser la gueule (à qqn)** ou **baiser qqn** :

« *Félix ! Bordel ! Il va te baiser la gueule, je te dis. Fourre-lui le canon dans la bouche.* »
Ph. Carrese, *Le Bal des cagoles*

Dans le langage argotique des écoles, **baiser** (1939, Esnault), signifie « comprendre », surtout dans un contexte négatif: ***on n'y baise rien !*** (synonyme : *biter…*).
Le nom féminin **baise** (fin XIXe s.), comme la plupart des dérivés tardifs de *baiser* concerne le sens érotique, désignant ici l'action de faire l'amour, de là la ***baise***, mot populaire de nos jours, attesté depuis 1950.
On trouve les variantes **baisade** (1850, Flaubert), nom féminin, pour action de faire l'amour, et le nom masculin **baisage**, en 1977.
De nombreux dérivés apparaissent, tous issus du sens érotique de *baiser*, comme l'adjectif **baisable** (1950), qui qualifie familièrement une personne, généralement une femme, susceptible d'éveiller le désir sexuel (surtout employé au négatif, *pas baisable*) :

« *Véronique recommence à se trouver belle. Acceptable, en tout cas. ‹Baisable› dirait Feltin. (Mais, à l'entendre, toutes les femmes le sont. Même si, à la vérité, il baise assez peu).* »
A. Demouzon, *Château-des-Rentiers*

Le nom **baiseur, euse**, désigne dès le début du XIVe s. une personne portée sur les plaisirs sexuels :

> *« Omer Kurja lui a fait comprendre [...] que les stagiaires engagées par les productions StyX étaient de piètres professionnelles mais des baiseuses de première bourre. De divines salopes... »*
>
> Ph. Carrese, *Le Bal des cagoles*

Puis l'adjectif **baisant** (1932), au sens de « qui *baise* » et par extension, au propre et au figuré, « qui excite le désir » (synonyme de *bandant*).
Vers 1970, **mal-baisée**, se dit d'une femme sexuellement frustrée, l'expression machiste implique le déséquilibre de celle qui est privée d'un homme qui la satisfait.

En composé plaisant, à partir de *baiser* et de *-drome*, se forme **baisodrome**, vers 1940, lieu réservé aux ébats érotiques, avec la variante plus tardive **baisoir**, qui a désigné anciennement le sexe de la femme. On peut ajouter le terme ancien **baisologie**, forme littéraire, pseudo-savante, suggérant « l'art de baiser » (syn. : *foutologie*).
En 1934, apparaît l'appellation familière **baise-en-ville** (Esnault), lexicalisation de la locution « il, elle baise en ville », désignant une petite mallette de voyage contenant l'essentiel pour passer la nuit dehors.

Le verbe ancien **foutre**, du latin *futuere*, signifie (v. 1175-1180), avoir des rapports sexuels avec une femme. Souvent tabou jusqu'à la fin du XIXe, *foutre* a donné la locution **se faire foutre** (1731), se faire pénétrer sexuellement (en parlant d'un homme ou d'une femme), l'emploi de ce terme désuet est remplacé aujourd'hui par *baiser* et *faire l'amour*.
On relève les expressions archaïques **foutre comme un âne débâté**, c'est-à-dire avec énergie et dans le même sens **foutre à couillons rabattus** (syn. : *baiser à couilles rabattues*) :

> « *Vilains hypocrites… foutez comme des ânes débâtés, mais permettez-moi que je dise foutre. Je vous passe l'action, passez-moi le mot. Vous prononcez hardiment tuer, voler, trahir, et l'autre, vous ne l'osez qu'entre les dents !…* » D. Diderot, XVIIIe s.

> « *Et maintenant, gonzesse, que je t'ai foutue à couillons rabattus, comme tu n'es pas foutue d'être jamais foutue de ta garce de vie.* »
> Lemercier de Neuville, XIXe s.

En diminutif vieilli de *foutre*, on relève **foutriller**, pour coïter :

> « *Si je vais là-haut, je vous foutrillerai toutes.* »
> Béroalde de Verville, XVIe s.

On trouve la formule récente de congédiement **vas te faire foutre**, à rapprocher d'une autre, non moins grossière, **vas te faire voir (chez les Grecs**… etc.) : envoyer qqn se faire foutre, c'est donc l'envoyer au diable ; la formule est attestée dès 1790 dans *aller se faire foutre*, que l'on retrouve chez Flaubert en 1845 (*envoyer se faire foutre*).

Aux sens généraux de « faire », **foutre** s'emploie comme *ficher* : **foutre le camp** (1790), s'enfuir, partir ; puis avec la valeur de *mettre*, *donner*, il entre dans de nombreuses locutions : **foutre qqn dedans** (1881), le faire se tromper et **se foutre dedans** (1954, Beauvoir), se tromper ; **foutre la paix à qqn** (1790), le laisser tranquille ; **foutre (qqch.) en l'air**, détruire et au figuré, se débarrasser de ; **ne pas en foutre une rame, une datte, un coup, un clou, une secousse**… (1881), être fainéant, ne rien faire, **foutre son billet à qqn que**…, lui garantir que, **foutre la trouille**, faire peur ; **se foutre à** (1883), commencer à ; **ça la fout mal** (1936), cela manque d'allure, c'est fâcheux, regrettable, scandaleux, etc.

Comme interjection en emploi exclamatif du verbe ou du substantif, **foutre** dès 1618, appuie une assertion, renforce une question, son sens non sexuel est assuré à partir de la Révolution française (synonymes, *fichtre*, *diable !*).
Le verbe apparaît également avec la valeur de « se moquer, se désintéresser de qqn ou de qqch » : **(n')en avoir rien à foutre** ; de même que les locutions **se foutre de**, **s'en foutre** et **se foutre que**, dans le sens « ne pas s'intéresser à », apparaissent au début du XVIIe s. (synonyme, *s'en branler*) ; on emploie aussi dans le même sens **se contrefoutre** (1790), en renforcement de *foutre* et le terme composé, **je-m'en-foutisme** (1891), avoir une attitude de **je-m'en-foutiste** :

> *« Le foot, je m'en fous. La bagnole, je m'en fous. Dieu, je m'en fous. »* P. Desproges, *Textes de scène*

La locution **foutre son pied quelque part** (1789), avec la valeur de « mettre » et spécialement celle de « donner un coup », vient du rapport établi entre l'acte sexuel, considéré comme le prototype de toute action et le fait de frapper.
Certains dérivés de *foutre* ont perdu rapidement la valeur érotique du verbe comme l'adverbe **foutrement** (1891, Verlaine), pour extrêmement, **foûtument** (XVIIIe s.), beaucoup, **foutaise** (1668), chose sans intérêt ou l'adjectif **foutral** (1938, Esnault), d'abord dans l'argot des Grandes Écoles, correspond à « extraordinaire ».
On relève une autre forme de **foutral**, attesté chez San Antonio, qui signifie excitant sur le plan sexuel :

> *« Elle est foutrale, avec un ventre comme tu aimes, des cuisses à manger des grenouilles. »*
> San Antonio, *Faites chauffer la colle*

D'autres dérivés par contre, ont conservé longtemps cette valeur sexuelle comme le nom féminin **fouterie**, qui a signifié successivement, chose obscène (1521), action de *foutre* (1534) et sottise (1851) ; puis l'adjectif **foutable** (1787), excitante en parlant d'une femme (syn. : *baisable, mettable*) et **fouteur** (1866), homme porté sur le sexe, expression sortie d'usage avec sa valeur érotique, remplacée par *baiseur* :

> *« Tu brûlais pour moi d'un amour immense*
> *Dans les vers fort beaux – que je n'ai pas lus ;*
> *Notre fouterie à peine commence,*
> *Et déjà, mon cher, tu ne bandes plus. »*
> Anonyme, XIXe s.

> *« Je veux dire que tu es un crâne fouteur, que tu me chausses comme jamais en effet je n'ai été chaussée. »* Lemercier de Neuville, XIXe s.

Le mot *fouteur* s'emploie aujourd'hui familièrement avec un complément : **fouteur, fouteuse de désordre, de merde** (1951, Perret), (*foutre la merde*) :

> *« Quant à moi, repéré depuis le matin et dès lors qualifié de ‹fouteur de merde›, je me suis vu physiquement menacé. »* *Libération*, 15 décembre 1980

On rencontre les formes burlesques anciennes pseudo-savantes **foutographe**, homme doué pour le sexe et **foutologie**, synonyme de *baisologie*, pour « art de baiser » :

> *« Le mot est moderne, puisqu'il a été inventé pour parodier un autre mot plus noble : photographe, et aussi parce qu'on a remarqué que les photographes avaient plus d'occasions d'exercer leur queue que les autres mortels. »* Delvau, XIXe s.

On relève encore **foutoir**, qui a désigné le *pénis* à l'époque classique (n. f., écrit *foutoire*), puis tour à tour vers 1857, sont apparus des sens liés à l'activité sexuelle : lit de repos, petit appartement de célibataire (*baise-en-ville*), maison de tolérance ; le sens figuré, repose sur l'idée de « lieu où l'on fout » à « lieu de désordre », (synonyme, *bordel*), d'où en 1954, le mot s'est dit d'une situation confuse, chaotique :

> « *La programmation [de la télévision] est un véritable foutoir où personne ne se retrouve.* »
> *Libération*, 9 novembre 1985

Formé à partir du prénom *Jean* symbolisant dans le langage populaire, le niais qui ne réussit rien ou le cocu et de *foutre*, on trouve le composé **jean-foutre** (1750), avec la valeur injurieuse de bon à rien, personne lâche ou sans dignité ; il produit **jean-foutrerie** (1790), caractère et action de *jean-foutre*. On trouve la variante atténuée **jean-fesse** (1831, P. de Kock) ainsi que la forme euphémique **jean-sucre** (1842, chez Stendhal), plus du tout utilisée.

On peut rapprocher de *foutre*, le verbe **ficher**, au sens primitif de « enfoncer une pointe », emploi qui a fait du verbe le substitut plus ou moins euphémique de *foutre*, dans la plupart des expressions attestées avec ce dernier ; *ficher* s'employait par métaphore au XVIe s., au sens de « pénétrer, au cours d'un rapport sexuel » ; au figuré, **s'en fiche**, « s'en foutre » ; **vas te faire fiche**, « vas te faire foutre », puis un second emploi, correspond à « rien à faire » :

> « *Mais un jour on se mettait en retard, et c'était fini, ça ne se rattrapait jamais plus. Le trou se creusait, les hommes se dégoûtaient du travail, qui ne leur permettait seulement pas de s'acquitter. Va te faire fiche ! on était dans le pétrin jusqu'à la mort.* »
> É. Zola, *Germinal*

Niquer, apparaît dès 1890, pour posséder sexuellement, à la fois en argot et dans la langue vulgaire, où il est très employé depuis son origine de l'arabe maghrébin *i-nik*, signifiant « il fait l'amour », puis dans l'usage du français d'Afrique du Nord :

> *« On est allé s'asseoir sur le quai des Belges, en face de la plaque qui raconte que cet abruti de Protis est venu niquer cette salope de Gyptis il y a maintenant vingt-six siècles. »* Ph. Carrese, *Graine de courge*

Dans un emploi plus récent on trouve **niquer**, pour coïter, synonyme de la locution verbale, **(faire) niq-niq** (1910) ; et de *niquer*, le nom féminin **nique** en 1972, pour coït.
Le verbe s'est répandu au figuré empruntant le même sens que *baiser* et *foutre*. On rencontre aussi **vas te faire niquer** ou **j'te nique !** qui sont des formules invitant l'intéressé à aller au diable ! ; on trouve aussi **ken**, apocope du verlan de *niquer*, **vas te faire ken !** :

> *« Je leur caresse la tête gentiment et ils me disent : ‹Va te faire niquer› ou des choses comme ça. »*
> *Libération*, 15 septembre 1981

> *« Michel se retrouve sur le trottoir, mort de honte, et il se remet à gueuler : ‹dans six mois, j'ai dix-huit ans, je reviens, je nique tout le monde ici, ta fille, ta femme, ta mère, ton flipper, tes clients, ton doberman.› »* Ph. Carrese, *Trois jours d'Engatse*

Sur le même modèle, construites avec diverses variantes se forment à l'impératif, quelques locutions récentes : **nique ta mère !**, **vas niquer ta mère** ou en formule réduite, **ta mère !**, ou bien **nique ta sœur**, **ta race**, etc. On peut rapprocher l'expression tout à fait pittoresque, issue de banlieues **mets-lui sa mère !**, qui signifie casse-lui la gueule ! et d'origine arabe **na'din'mok !**, « que la religion de ta mère soit maudite », qui équivaut à *vas te faire enculer !*

Le verbe a perdu en français familier ses connotations érotiques et s'emploie récemment pour « abîmer, détériorer », dans l'expression **niquer qqch** et en 1918, **niquer qqn**, le tromper, le narguer :

> *« La prochaine fois, il faudra qu'on trouve des masques plus grands parce que l'élastique me nique la bouche, con de Lucien ! »*
>
> Ph. Carrese, *Graine de courge*
>
> *« Giscard a niqué le nègre pour la plus grande gloire de la race blanche : non seulement il s'est fait un trésor en diamants, mais en plus il a déposé le roi nègre. »* *Libération*, 17 mars 1980

Le verbe **forniquer** (XIVe s.) est un terme religieux relatif au péché de chair, c'est-à-dire au coït hors du mariage ; il est emprunté au latin *fornicari*, « fréquenter les prostituées », d'après *fornix*, « voûte » qui avait pris par métonymie le sens de « lieu de prostitution » (à Rome, les prostituées se tenaient dans des chambres voûtées creusées dans les murs des maisons) ; *forniquer* est aujourd'hui tombé dans l'usage populaire au sens général, d'avoir des relations sexuelles ; on trouve **fornication** pour coït :

> *« Puis la virant, preste sur la croupière*
> *Se huche. Hélas ! quel taon vous a piqué ?*
> *Serrant le cul, s'écria la commère*
> *Par-là jamais nous n'avons forniqué. »* Piron, XVIIIe s.

Un acte plus ou moins violent

Plus récemment se forme **calcer** (1952, Esnault), pour posséder sexuellement, emprunté à l'espagnol *cazarse a una* dans le même sens.

Dans une valeur tout à fait actuelle mais datant de 1880, notamment chez Zola, on relève **se faire** (**quelqu'un**), le posséder sexuellement (s'agissant d'un homme ou d'une femme) et dans le même sens, employé par A. Boudard, **se fabriquer qqn** (1983).

En emploi métaphorique **se mélanger** (1928), issu du verbe usuel, et à la même date **s'envoyer qqn**, la personne étant assimilée à une chose; puis en double valeur métaphorique **s'envoyer en l'air** (1953), prendre le plaisir sexuel, allusion ici à l'ascension, associée au sens général de plaisir:

> *« Une fille, ni jeune ni vieille, postée à un coin de rue me demande si je viens, chéri? [...] J'ai vraiment pas envie de m'envoyer en l'air... Pas comme ça, en tous cas [...]. »* Ph. Carrese, *Trois jours d'Engatse*

Avec une idée de bonne humeur, on a **partie de jambes en l'air** (1949, Sartre), et **partie de traversin** (1867, Delvau), le pénis est ici suggéré par le mot *traversin*, pour ébats sexuels:

> *« Cinq jours fous. Surréalistes. Félix s'est vite résigné face aux parties de jambes en l'air rémunérées entre son chevalier servile et la maîtresse maison. »*
> Ph. Carrese, *Le Bal des cagoles*

On peut rapprocher les synonymes **partie de jambons** (1894) ou **de jambonneaux** (1982, Perret), les mots *jambon* et *jambonneau* ont désigné en argot, une grosse cuisse:

> *« Qu'est-ce que les médias ont à cirer des parties de jambons d'une dame, à moins qu'il ne s'agisse, bien sûr, d'une star. »* San Antonio, *Princesse Patte-en-l'Air*

Enjamber, daté du XVIIIe s., de « empiéter sur », d'où le dérivé **enjambeur** (1953, Simonin), homme d'une grande vigueur sexuelle.
L'expression argotique moderne **remettre ça** (1913), s'entend dans la langue populaire pour recommencer

ou répéter quelque chose, d'abord avec la valeur spéciale de «redonner des coups, répéter des propos désagréables», ici la métaphore repose sur coïter de nouveau.

Le verbe **fricoter avec qqn** (1883), correspond à «être en relations amoureuses avec qqn ou avoir des relations sexuelles avec qqn», à l'origine, *fricoter* signifie «faire bombance» (1767), puis «faire la cuisine» (1825); dans le même sens, apparaît **fricasser** (1920), issu du verbe culinaire, «cuire dans leur jus des aliments coupés en morceaux» et **fricassée**, qui s'est dit anciennement pour coït:

> *«Il y avait une jeune personne qui passait pour aimer la fricassée.»* D'Ouville, XVIIIe s.

Le mot **affaire**, employé dès son origine (v. 1160) pour les questions sentimentales et galantes, est aujourd'hui archaïque; par contre, il s'utilise en argot moderne dans **faire son affaire à quelqu'un**, avoir des relations sexuelles avec. On trouve l'expression **c'est une affaire** ou **ce n'est pas une affaire** (1901, Bruant), c'est ou ce n'est pas un bon partenaire sexuel (*être un bon* ou *un mauvais coup*):

> *«[...] Pénétrant brusquement, seul, chez la nymphomane*
> *Nanti d'une excroissance déformant sa soutane,*
> *Retourna la Kylie comme on saute une crêpe*
> *Et lui fit son affaire jusqu'à l'heure des vêpres.»*
> Ph. Morice, *Les Vers c'est satyrique*, tome I

L'amour physique est considéré comme un labeur, thème fondamental du «faire amoureux», dans la littérature érotique, ainsi **besogner** ou **faire la besogne**, se disait pour coïter, avec les dérivés **besogne** et **besognette**, pour coït:

« [...] ainsi je les faisais si bien préparer à banqueter, boire du meilleur, et force épices pour mettre les vieilles en rut. En fin de compte, ils besognaient comme toutes bonnes âmes, sinon qu'à celles qui étaient horriblement vilaines et défaites je leur faisais mettre un sac sur le visage. »
Rabelais, *Gargantua Pantagruel*

« En faisant sa besogne il trouva en cette partie quelques poils piquants et aigus. » Brantôme, XVIe s.

Puis combinés avec *mettre* dans le même sens, on relève en termes vieillis **mettre à la besogne, les reins en besogne, mettre à l'ouvrage, mettre en œuvre** :

« Bannissez donc toute vergogne / Et mettez vos reins en besogne. » Le Cabinet Satyrique, XVIe s.

« Elle le fit venir en l'étable des chevaux de son père et le mit en œuvre comme les autres. »
Les Cent Nouvelles nouvelles, XVIe s.

On peut citer les variantes anciennes **travailler, exercer, entreprendre, être en œuvre**... d'où les noms du coït, le **travail**, l'**exercice**, l'**entreprise**, l'**ouvrage** ; on peut rapprocher le terme récent **ramer** (1957), pour coïter, issu de *ramer*, au sens figuré et familier de « prendre beaucoup de peine à, s'imposer des efforts » :

« Il n'est point endormi quand il faut qu'il travaille. » La Comédie des chansons, XVIe s.

« Car encore qu'une femme n'engrosse toutes les fois qu'on l'entreprend. » Brantôme, XVIe s.

« Elle se trouva un peu gênée dans sa marche mais elle l'attribua aux exercices un peu répétés de la nuit. » Pigault-Lebrun, XVIIIe s.

L'image de la femme considérée comme une monture a beaucoup inspiré la littérature érotique dont on retrouve des termes métonymiques spécifiques tels que

chevaucher, déjà attesté chez Villon (XVe s.), d'où le nom féminin **chevauchée**, pour coït et **chevaucheur**, homme ardent en amour, que l'on peut rapprocher du terme plaisant **étalon** (1611), avec ici l'image, du cheval reproducteur de la lignée :

> *« Les dévotes beautés qui vont baissant les yeux*
> *Sont celles plus souvent qui chevauchent le mieux. »*
> Piron, XVIIIe s.

> *« Et rien alors n'est plus gai pour le chevaucheur*
> *Que de voir dans un cadre ondoyant de blancheur*
> *Le joyeux va-et-vient de l'énorme derrière. »*
> E. des Essarts, XIXe s.

> *« Alors que son correspondant change d'interlocuteur, Gros'Yeux est fasciné par la taille du sexe de l'étalon blond en plein effort silencieux sur l'écran. »*
> Ph. Carrese, *Le Successeur*

D'autres métonymies apparaissent autour de ce même thème : **enfourcher (une femme)**, d'après « se mettre à califourchon sur (un cheval) », puis plus usuel **grimper**, par allusion à la monture du cavalier, attesté dès 1640 (Oudin) dans le langage populaire pour posséder sexuellement (une femme) ; **monter**, d'après « monter un cheval » (XVIe s.) et plus ancien **(piquer sa) monture** ; on trouve **monteur**, vieux mot, pour homme ardent en amour :

> *« T'entends ça ? dit la bonne femme à un p'tit type à côté d'elle, probablement celui qu'avait le droit de la grimper légalement. »* R. Queneau, *Zazie dans le métro*

> *« ... Un homme, Ludovic ! Pas une tapette comme moi, pas un pédé précieux qui ne pense qu'à Monteverdi au lieu de monter madame ! »*
> Ph. Carrese, *Le Bal des cagoles*

> *« Il va piquant sa monture indocile*
> *Sans s'informer si le jeune tendron*
> *Sous son empire a du plaisir ou non. »*
> Voltaire, XVIIIe s.

Au participe passé **bien** (ou **mal**) **monté**, désigne dès 1223, un homme pourvu (bien ou mal) d'une monture, d'où son emploi métaphorique récent de « pourvu d'un sexe de belle dimension », notamment dans les locutions **être bien monté** ou suivies d'un complément: **être monté comme un âne** (1936, Céline), **un bourricot, un taureau**, l'allusion repose ici sur la sexualité débridée qu'on attribue aux mâles de ces espèces; inversement, **être monté comme un serin**, pourvu d'un petit pénis:

> « *Elle en fut quitte pour faire élection des plus gros montés qui se pouvaient trouver.* » Brantôme, XVIe s.

> « *Elle en avait rêvé,*
> *Le Seigneur l'avait fait,*
> *Obsédé sexuel de surcroît pratiquant,*
> *Monté comme un bel âne, que dis-je, un éléphant.* » Ph. Morice, *Les Vers c'est satyrique*, tome I

On trouve l'abréviation argotique récente **TTBM**, pour très très bien monté.
On peut ajouter pour coïter, quelques expressions aujourd'hui vieillies, qui se sont formées par allusion à la course du cheval, dont **courir l'amble, la poste**, d'après le cheval de poste, **courir la lance, la bague**, d'après des termes de tournoi, de là **coureur de lances, de bagues**, qui a désigné un homme porté sur le sexe:

> « *Il faut vous adresser à un maquereau,*
> *Il vous donnera une bête qui courra l'amble.* »
> Tabarin, XVIIe s.

> « *J'ai cinquante ans passés, et à mon âge on ne court pas la poste quand on veut.* »
> La France Galante, XVIIe s.

> « *Et pour un si bon coureur de bagues, pour toute course n'en a fait que quatre.* » Brantôme, XVIe s.

D'après l'image de la *course* qui appartient au français érotique classique, le langage populaire moderne a produit des expressions du type **courir trois courses sans sortir du cirque** ou **sans baisser le drapeau**, qui signifie effectuer trois coïts successifs.

Certains verbes qui traduisent l'acte sexuel en emploi métaphorique des verbes usuels ont pour complément la femme, comme **sauter** (1932), très utilisé dans le langage argotique, qui correspond au sémantisme de la surprise et de l'idée de mouvement rapide; et à la forme pronominale, **se faire sauter**; on relève anciennement **saut**, pour coït:

> *« Le thérapeute pensait: ‹Faut plus que je la saute*
> *D'autant qu'elle ruisselle même dans sa culotte.*
> *Il me faut tout tenter pour la guérir encore,*
> *Et j'ai prié les saints, notamment le Saint-Yorre.› »*
> Ph. Morice, *Les Vers c'est satyrique*, tome I

> *«Leurs dames, veuves et demoiselles ont fait le saut.»* Brantôme, XVIe s.

En argot, le nom masculin **saute-au-crac** (1957), pour obsédé du sexe, s'explique à partir de *sauter* et *crac*, « vulve »; à la même date, dans le même, se forme au féminin **saute-au-paf**, *paf* désignant le pénis.
Avec la notion de recevoir plus ou moins violemment (un coup), **prendre** (v. 1480) est utilisé aujourd'hui familièrement, pour posséder de force une femme. On peut citer aussi le verbe **trousser** (une femme), attesté au XVIIIe s. dans le sens de posséder sexuellement, qui évoque un acte rapide; mais on trouve avant *trousser les jupons* attesté vers 1462, déjà avec une intention érotique; puis se forme le nom féminin **troussée** (1968, Simonin), pour coït rapide:

> *« Encore sous le coup de l'émotion, le beau blond a planqué la Mercedes dans le hangar abandonné suivant et l'a prise comme une bête sur la banquette arrière.»* Ph. Carrese, *Le Bal des cagoles*

> *« Quoi tu te laisses trousser tout de suite. »*
> La Popelinière, XVIIIe s.

Passer à la casserole, daté de 1906, exprime le fait de subir violemment des relations sexuelles, en parlant d'une femme, l'acceptation sexuelle repose sur la locution culinaire, par allusion aux volailles que l'on tue pour les faire cuire ; d'après Esnault, c'est un jeu de mots sur, *être sautée* ; mais l'expression a été précédée par: *faire un tour de casserole*, attesté chez Rousseau (Les Confessions, IV), subir un traitement antivénérien :

> *« Votre mère voulait habiter avec vous, mais vous lui auriez dit : ‹ Tu sais bien que toutes les femmes que j'ai entre les mains doivent passer à la casserole ! › Quelle casserole ? Expliquez-nous ça ? »*
> J. Galtier-Boissière, *Mon Journal dans la drôle de paix*

On trouve une série synonymique reposant sur des métaphores fondamentales comme **pager** (1968) ou **pageoter** (1930), attestés pour faire l'amour, issus de *page* ou *pageot*, désignant en argot, le lit, souvent employé comme lieu d'exploits sexuels ; **pieuter** (1952), de *pieu*, lit, en argot et **valse de plumard** (1954, Le Breton), pour activité sexuelle, lequel *plumard*, désigne aussi le lit en argot.

On relève anciennement, mais toujours en vigueur dans le langage argotique **casser le lit**, faire l'amour avec énergie, dont on peut rapprocher la métonymie euphémique traditionnelle **coucher (avec)**, qui développe des connotations sexuelles vers 1539 ; de là se forment les dérivés **coucherie** (1760) pour coït et **couchage**, mot récent, attesté au sens de commerce sexuel (v. 1931) ; plus ancienne est la locution euphémique **coucher à l'envers** :

> *« Sur le lit que j'ai payé*
> *Je ne sais ce qui se passe*
> *A peine l'ai-je essayé,*
> *Que le bougre me le casse. »* G. Nadaud, XIXe s.

« Déjà, pour commencer dans l'ardeur qui m'enflamme, je vais dire partout qu'il couche avec ma femme. » Molière, *Sganarelle* (scène 17)

Plusieurs verbes sont des dérivés des métaphores désignant le membre viril ou le membre en érection : **gauler** (1876, Esnault), **piner** (1931), **biter**, (1981, Chautard), **chibrer** (1947, Esnault), **verger** (1974, Boudard), **guiser** (1957), **sabrer** (1930).
On relève anciennement **quiller** et **jouer aux quilles** pour coïter, d'après *quille*, pénis :

« Que l'un sur l'autre ils tombèrent
En jouant au beau jeu de quilles. »
Recueil de poésies françaises

Le composé **zizi-pan-pan**, attesté en 1864, désigne l'acte sexuel ou le coït, issu de *zizi*, « pénis ou vulve » et de *pan-pan*, onomatopée dans le langage enfantin, qui a d'abord signifié « donner la fessée », de là **faire pan-pan**, coïter ; antérieurement on relève **faire la zizette** et **zizotter**, pour faire l'amour :

« Un style X qui privilégierait les émois clitoridiens aux dépens du brutal zizi-pan-pan des cochons chauvinistes mâles. » *L'événement du Jeudi*, 9 mars 1989

« Près d'Ève Satan déguisé
Avec deux mots fit sa conquête ;
En les prononçant le rusé
Brandillait la queue et la tête
Voici les deux mots du serpent:
Zi, zi, pan, pan. » L. Festeau, XIXe s.

Certaines locutions illustrant la pénétration sexuelle sont doublement métaphoriques car elles incluent des métaphores désignant le pénis, c'est le cas de **tremper son pinceau**, attesté vers 1896 (Chautard), **tremper son panais (panet)**, en 1953 et **tremper son biscuit**

(1957), avec les variantes modernes **tremper sa nouille, sa mouillette, sa paille, tremper son petit frère.**
On trouve encore en emplois expressifs : **dérouiller son petit frère** (1965), suggérant une longue inactivité sexuelle et à la même date **dérouiller Totor, dérouiller son panais, son sabre, son braquemart.** En image fantaisiste, issue de l'argot moderne, se forme **décrasser les oreilles à Médor**, puis **dégraisser son panais** en 1953, le sens primitif est sans doute ici, éjaculer. En emploi pittoresque **mettre le poisson dans le bocal** (1977), probablement de *bocal* désignant en 1833, l'estomac, en argot. **Se baguer le nœud** (1953), et plus ancien **loger l'aveugle** ; chez San Antonio, on relève **(se) démailloter le nourrisson** :

> *« Pour loger l'aveugle on devient aveugle. »*
> Cholières, XVIIe s.

> *« Elle dispose de ses matinées, mâme Gerda. Ne me reste plus qu'à lui refiler le numéro de ma cabine pour avoir l'honneur de sa visite dès demain. Banco. Une occasion de se démailloter le nourrisson, ça ne se refuse pas. »*
> San Antonio, *Des Gonzesses comme s'il en pleuvait*

Puis **se mettre une femme sur le bout**, apparue dès le XVIe et réattestée vers 1930 et les variantes **mettre le petit au chaud** (1881, Rigaud) **mettre une brioche au chaud** (1982) ; plus ancien **mettre le pape dans Rome**, l'expression serait attribuée à Rabelais ; puis avec l'idée implicite du pénis remplacé par un pronom **la mettre au chaud** (1975, Le Breton), **le** ou **la mettre à qqn** (1864) ou bien **l'introduire à** (dès le XVIIe s.):

> *« Wouah, se dit Raoul, elle est mettable cette poule. Je lui mettrais bien une brioche au chaud. »*
> *Le Nouvel Observateur*, 4 décembre 1982

> *« Ce mot est équivoque ou malicieux ; car une personne laisse-t-elle tomber son busque ou son gant on dit : Mademoiselle, voulez-vous que je vous le mette. »* J.-P. Leroux, XVIIIe s.

> *« Réveille-toi, petite gueuse ; je veux te le mettre encore une fois au moins. »* La Popelinière, XVIIIe s.

Comprenant une désignation implicite du pénis, on trouve encore dans le langage contemporain **en glisser une (petite) paire à une femme** (1968) ou **glisser un bout à une femme** (1911, Chautard), puis **en glisser une pairouze**.

D'autres verbes ou locutions verbales renvoient au mot *cul*, sémantisme productif, plus ou moins éliminé des dictionnaires, à cause du caractère érotique, c'est le cas de **culeter** (1907), attesté pour forniquer ou coïter et le dérivé **culetage** (1907), pour coït :

> *« Le ventre de Mony venait battre le cul d'Alexine. Bientôt le prince culeta plus fort. »*
> G. Apollinaire, *Les Onze mille verges*

> *« Alexine croisa ses jambes sur les reins du cambrioleur et le tint si serré que même s'il avait voulu sortir, il ne l'aurait pas pu. Le culetage fut enragé. »*
> G. Apollinaire, *Les Onze mille verges*

Puis **trouducuter** (1977), de *trou du cul*, signifiant posséder sexuellement (une femme), avec dans le même sens, la locution **partie de trou du cul** et plus récemment, en emploi argotique vulgaire **aller au cul** (1906, Chautard), pour coïter.
On relève encore en locutions anciennes **jeter** ou **mettre à cul**, posséder sexuellement une femme, et dans le sens de coïter, à partir de 1656, les expressions : **jouer du cul (renversé)**, **jouer à cul bas** ou **à cul levé** ou encore **branler**, **remuer du cul** :

« Ah! écoute donc, est-ce qu'elle n'a pas eu le toupet tout à l'heure de me dire qu'elle étranglerait Catherine, si elle y passait!... Comme si le grand Chaval, il y a beau temps, ne l'avait mise à cul sur le carin! » É. Zola, *Germinal*

« Ces bonnes femmes-ci ont très bien employé leur temps en leur jeunesse et ont joué du serre-croupière à cul levé à tous venants, jusqu'au moment où l'on n'en a plus voulu. Eh pardieu! je les ferai saccader encore une fois avant qu'elles ne meurent. » Rabelais, *Gargantua Pantagruel*

« Philis veut avoir un écu
Pour branler une heure du cul. » Théophile, XVIIe s.

On peut ajouter les expressions vieillies **rage (au cul)** ou **rage d'amour**, attestées pour furieuse envie de forniquer:

« Ombres folles, courrez au but de vos désirs;
Jamais vous ne pourrez assouvir votre rage
Et votre châtiment naîtra de vos plaisirs. »
Ch. Baudelaire, XIXe s.

Faire zig-zig, apparaît en 1931, pour coïter, issu de l'arabe algérien *zek*, « anus ».
On trouve encore **aller à la cacasse** (1960), *cacasse* désignant en argot le postérieur; **aller au radada** vers 1910, euphémisme employant le mot *dada*, cheval dans le langage enfantin; plus récent **aller au roudoudou**, peut-être par allusion à la confiserie du même nom, avec influence de « chose douce, excellente ».

D'autres locutions verbales sont composées avec une image qui renvoie à la sexualité, comme **godailler**, attesté en 1957, pour copuler, d'après **goder** (1894, Esnault), avec les deux sens « jouir sexuellement » et « être en érection »; le dérivé **godant** (1977), en

adjectif, signifie « qui attise le désir » et en nom (1968), désigne un homme porté sur le sexe.
Godiller (1835, Raspail), diminutif de *goder* et probablement sous l'influence de *godiller*, « manœuvrer une embarcation », signifie à la fois être en érection et éprouver un désir sexuel, (pour les deux sexes) :

> « *Elle godillait comme une hystéro… les grandes chaleurs… elle dormait plus.* » B. Blier, *Les Valseuses*

Puis sorties d'usage, les locutions **faire la folie**, **faire folie de son corps** ou **commettre la folie**, ainsi que **folier**, d'après *folie*, qui a désigné en moyen français, le rut de certains animaux ; de ce sens là, apparaît dès le XIIIe s. **folle femme** et plus récemment **femme folle de son corps** (XIXe s.) pour prostituée :

> « *L'un vers l'autre tant s'amolie / Que le clerc lui fit la folie.* » Anciens fabliaux, Moyen Âge

> « *Depuis que je vous vy / Messire Henry / Je ne fis folie de mon corps.* » La Comédie de Chansons, XVIe s.

Par euphémisme se forme **danser sur le baquet** (1975, Le Breton), faire l'amour à une femme, issu du jeu de mots sur *baquet*, désignant la vulve depuis le XVIe siècle, puis le ventre, mais l'expression ici, fait référence en particulier au « bassin ».

Plusieurs métaphores attestées pour posséder sexuellement sont construites sur l'idée de pénétration plus ou moins violente, c'est le cas de **défoncer** (1864), « briser par enfoncement », plus anciens sont les termes **enfoncer**, **enfoncer son coin**, **son pilotis** :

> « *Ils l'enfoncèrent dix-sept fois dans une soirée à coupe-cul.* » Béroalde de Verville, XVIe s.

Emmancher (1912, Villatte), en emploi métaphorique du verbe *emmancher*, « adapter sur un manche », avec aussi probablement l'influence de *manche*, qui s'est dit du membre viril, au XVIe s. (chez Rabelais) ; on trouve aussi le verbe pronominal **s'emmancher** :

« S'il est ainsi que cognée sans manche
Ne sert de rien ni outil sans poignée,
Afin que l'un dedans l'autre s'emmanche,
Je serai manche, et tu seras cognée. »

Rabelais, *Pantagruel*, tome II

S'enfiler (1977), pour copuler, la forme pronominale est issue du verbe **enfiler**, signifiant autrefois « traverser par une épée », de cette idée de traverser, vient le sens érotique de posséder sexuellement, dès le XVIe s. ; on trouve la variante **enfilarès** (1897, Esnault), souvent en terme d'injure : **vas te faire enfilarès** ! (*vas te faire mettre, enculer...*) :

« Et par trente officiers
Quarante-deux canonniers
Cent trente-cinq chevaliers
Deux cent trente cuirassiers
Trois cent six grenadiers
Six cent vingt non-gradés
Elle se fit enfiler. »

Malbrough s'en va-t-en guerre, Chansons gaillardes de Colette Renard

« Votre beauté sans seconde
Vous fait de tous appeler
La perle unique du monde
Il faut donc vous enfiler. » Collé, XVIIIe s.

Fourrer, qui apparaît en 1953 (Le Breton), exprimant l'introduction massive ou violente, correspond à un euphémisme de *foutre*, dans le sens de posséder sexuellement.

Sous l'influence de *fourrer*, se forme **fourailler** (1957), de son sens premier, « mettre, fourrer qqch quelque part », avec ici l'idée d'expédier rapidement l'acte sexuel ; plus ancien, est le verbe **fourrager**, pour coïter, issu sans doute du sens disparu de « dévaster, saccager » ; puis par allusion au vagin considéré comme un four, **enfourner**, en terme ancien :

> *« Montanert fourragea sa compagne jusqu'à l'épuisement. Il la ravagea, la dévasta, la désola, la pilla, la saccagea, la dépouilla, la molesta, la persécuta, la tourmenta, l'ingéra, l'ingurgita, l'introduisit, l'absorba, l'entremit, l'immisça, la contraignit, la fixa... avec violence, férocité, brutalité, enthousiasme, cruauté, exaltation, ardeur, fougue, véhémence, agitation, jouissance et profusion. »*
> Roger Trubert, XXe s.

> *« Il résolut d'aller dans la maison pour enfourner la femme. »* D'Ouville, XVIIIe s.

Le pronominal **se farcir**, est employé chez Céline en 1936, pour posséder sexuellement :

> *« Dès que je vous ai vue, je me suis dit : je pourrais plus vivre sur cette terre si je ne me la farcis pas un jour ou l'autre. »* R. Queneau, *Zazie dans le métro*

On trouve les verbes **tromboner** ou **trombiner** en 1906 (Chautard), par métaphore, de « trombone à piston » (en raison du va et vient de la partie coulissante) :

> *« Un macho doit trombiner des nanas toutes les nuits comme une machine à baiser. »*
> *Libération*, 21 novembre 1988

On rencontre quelques métaphores archaïques animales, impliquant de façon vigoureuse l'acte sexuel comme **bourriquer** (1850, Gautier), par allusion aux mœurs lascives prêtées aux ânes et peut-être aussi par jeu formel sur *bourrer*, dans son sens sexuel ; **baudouiner**, issu de s'accoupler en parlant de l'âne et **roussiner**, le mot signifie « couvrir la jument » :

« Et pour lui dire adieu le galant la roucina très bien. » Tallemant des Réaux, XVIIe s.

Planter en emploi métaphorique du verbe usuel, est un très vieil argotisme disparut puis reprit en argot moderne (1894) pour coïter ou sodomiser ; on trouve anciennement les variantes **planter le mai**, locution populaire où le mot *mai* désigne « l'arbre » ou bien le « mât » que l'on dressait à la fête du printemps :

« Maintenant que l'Amour renaît heureusement
Et qu'à ce beau printemps il commande qu'on plante
D'un mai long et dressé la désirable plante
Il faut suivre l'arrêt de son commandement. »
Béroalde de Verville, (1556-1629), *Sonnet*

Puis **planter le cresson**, **planter une dent**, dans le sens de coïter et **planter des hommes**, qui évoque ici « ensemencer », plutôt « qu'enfoncer », et que l'on peut rapprocher de **semer sa graine** (1958) :

« Que fais-tu donc là ? demandait un passant à Diogène, qui en sa qualité de cynique, n'avait pas craint de trousser une fille en plein Agora et était en train de besogner avec elle. Tu le vois, je plante un homme, répondit-il. » A. François, XIXe s.

Avec l'idée de s'introduire, apparaissent les formes argotiques **enquiller** ou **s'enquiller**, datées de 1850 (Gautier), dont le sens premier, attesté dès 1725 est « entrer dans » :

« Je m'excusais sur ce que nous étions deux ; à quoi elle me répondit gracieusement que cela ne faisait rien, et que nous l'enquillerions tous les deux en même temps, l'un par devant, l'autre par derrière. »
Th. Gautier, *Lettre à la Présidente*

Avec l'image de s'engager dans un milieu épais, poisseux, se forment **s'embourber** (1957) ou **embourber** (1960, Le Breton), pour posséder sexuellement.
On rencontre le terme ancien **fouiller**, de son sens premier « creuser, spécialement pour trouver qqch », reprit en argot vers 1960 ; on peut citer les synonymes **farfouiller** et **farfouillage**, pour coït, qui portent l'idée de mouvement, c'est-à-dire « fouiller en bouleversant tout » :

> *« Je ne voudrais pas cacher une bourse entre tes jambes, on y fouille trop souvent. »*
> La Comédie des proverbes, XVIe s.

> *« Il était las de la baiser, manier, fouiller et farfouiller. »* Mililot, XIXe s.

On a aussi **mettre**, en argot moderne, mais dont l'emploi érotique date du XVIIe s. : **mettre quelqu'un**, **se laisser mettre** (1936, Aragon) ou **se faire mettre (par qqn)**, c'est être possédé sexuellement par lui ; l'expression illustre parfaitement l'acte sexuel dans lequel la femme est souvent envisagée à partir de l'homme, et toujours à travers la passivité (le verbe employé au passif, à la forme argotique, s'emploie aussi pour se faire sodomiser).

Au figuré **aller se faire mettre**, datant de 1955, s'emploie en injure pour repousser avec énergie qqn : **vas te faire mettre !** (*vas te faire foutre*, *vas te faire enculer !*) qui donne en raccourci **VFM !** forme moderne argotique, à prononcer *véféme*.
On trouve début XXe s. (Carabelli), l'adjectif **mettable**, sexuellement excitante, en parlant d'une femme.
Miser, pour pénétrer sexuellement, apparaît en argot dès 1895, refait d'après *mise*, à l'origine participe passé féminin de *mettre* ; on trouve le verbe plus couramment dans le sens de sodomiser. D'après la métaphore de la cheville et du trou, on relève le terme ancien **cheviller**, pour coïter et **cheviller à l'orientale**, sodomiser :

« Que je voudrais bien être
Femme d'un menuisier
Ils ne font rien que cheviller. »
Gautier-Garguille, XVIIe s.

On trouve encore le vieil argotisme **rivancher**, dès 1628, pour coïter, issu dans le même sens de l'ancien verbe **river** (1493), « attacher solidement », d'où la locution peu usuelle **river le bis à une femme** (1596), la posséder sexuellement (*bis* s'est dit anciennement pour vagin) ; dans le même sens **river son clou** :

« La petite savetière
Qui demeure en ce carquié (quartier)
Va faire river son clou
Tous les dimanches à Saint-Cloud. »
La Comédie des chansons, XVIe s.

D'après le sémantisme sexuel du coup violent, on relève des verbes tels que **se cogner**, apparu en 1925, pour posséder sexuellement ; mais dans le même sens, l'emploi non pronominal est attesté dès le XVIe s. :

« [...] ‹ Ô mon doux ami, se dit-elle,
Quel maillet vous vois-je empoigner ?
– C'est, dit-il, pour mieux vous cogner.
– Maillet, dit-elle, il n'y faut nul :
Quand Gros Jean me vient besogner,
Il ne me cogne que du cul. › »
Rabelais, *Pantagruel*, tome II

« Une courtisane de Venise avait envie d'être cognée tout son saoul par deux Français de bonne mine. » Tallemant des Réaux, XVIIe s.

Son synonyme **taper**, s'est dit anciennement pour coïter, puis apparaît à la forme pronominale en 1947 (Genet) : on dit *se taper une fille*, la posséder sexuellement ; le terme évoque également le coït, considéré du point de vue passif, dans l'expression **se faire taper dans les baguettes** (Chautard), où le sens désigne en argot moderne la sodomie (voir à *sodomie*). Au figuré, synonyme de *s'en foutre*, **s'en taper** (1931), exprime familièrement l'indifférence méprisante.

Bourrer, datant du XVe s. dans cette valeur érotique, s'explique à partir de « bourrer de coups », dans le sens d'avoir des rapports sexuels actifs, en parlant d'un homme ; en argot moderne **bourrer le caisson**, c'est faire l'amour de façon énergique, voire violente ; on trouve le déverbal très familier et ironique **bonne bourre** (1957), adressé à un ami qui va à un rendez-vous amoureux :

> *« Elle m'appelait son ‹ transbordeur › à la façon que je la bourrais. »* L.-F. Céline, *Mort à crédit*

On relève anciennement **embourrer**, pour coïter et **embourreur**, pour homme ardent :

> *« Je me vante d'en avoir embourré quatre-vingt-dix-sept depuis que je suis en cette ville, et il n'y a que neuf jours. »* Rabelais, *Gargantua Pantagruel*

Par la métaphore courante du coup, **queuter** (1957), apparaît en argot, en emploi métaphorique d'un terme de billard ; dans le même sens, on a le verbe **caramboler** (1877, Zola), également par allusion à un terme de billard et à son sens figuré de «heurter» ; on dit aussi **se faire caramboler** (1877); son dérivé **carambolage** en 1881, désigne un coït rapide.

Culbuter dès 1640 (Oudin), de *culer*, « pousser au cul, par derrière » (1482), et de *buter*, « toucher violemment », signifie posséder sexuellement d'une manière brutale et rapide, d'après la valeur du verbe « faire tomber à la renverse » qui a donné le sens de renverser une femme (chez Rabelais dans cette valeur érotique) ; **culbuteur** (1610), s'est employé à la même époque, pour désigner un homme porté sur les plaisirs sexuels :

« Ce laid Kiki avait d'ailleurs d'étranges mœurs.
Depuis que cette nuit, Dracula assoiffé
Prenant le chimpanzé pour Carole, sa sœur,
L'avait sauvagement, dans le bois, culbuté. »
P. Adams, *Les Vers c'est satyrique*, tome I

« C'est un grand culbuteur de commères. »
Béroalde de Verville, XVIe s.

On peut rapprocher l'expression argotique **passer sur (le ventre d') une femme**, attesté en 1894, toujours en vigueur :

« Et je m'assure qu'il n'y a pas jusqu'aux palefreniers qui ne l'aient passé par-dessus le ventre. »
Ch. Sorel, XVIIe s.

Le verbe **croquer** qui a couramment signifié séduire, prend le sens de posséder sexuellement en 1887, l'origine étant liée à la valeur érotique du *coup* ; en emploi humoristique et contemporain, **croqueuse de santé**, se dit d'une femme toujours prête à l'amour.
Trinquer du nombril, se forme dès 1850, par extension métaphorique du verbe qui a pris le sens de « se choquer, se heurter en parlant de choses » (sens archaïque) :

« Quand le jeune couple s'apprêtait à trinquer du nombril, la jeune épouse se mouilla les doigts dans la bouche. » Th. Gautier, *Lettre à la Présidente*

On peut encore citer les expressions anciennes **heurter (une femme)**, **fouler** et **marteler**, pour coïter, puis **donner la fessée**, d'où le terme de **fesseur**, pour homme ardent en amour :

« La pute est perdue
S'el n'est point battue
Et souvent foulée. » Anciens fabliaux, Moyen Âge

> *« Je vous mettrai en tel état que jamais n'aurez volonté de marteler sur l'enclume féminine. »*
> *Les Cents Nouvelles nouvelles*, XVIe s.

> *« Vous êtes de ces grands parleurs*
> *Et aussi de petits fesseurs. »* J. Grevin, XIXe s.

Avec l'image d'un acte violent, on trouve anciennement la métaphore militaire **pourfendre**, coïter avec force, puis **pourfendeur**, pour vaillant *baiseur* ; plus récemment et d'usage courant **troncher** ou **se troncher**, dans le sens de posséder sexuellement (1912, Villatte), puis copuler en 1936, chez Céline ; la variante plus ancienne **trancher** (1893, Chautard), est employée de façon expressivement métaphorique.
On rencontre les dérivés **tronchage** ou **tronche** (1900), pour coït, **troncheur** (1953), pour *baiseur* et la locution **aller chez Tronchemann** (1901, Bruant), copuler.
D'autres termes sont fondés sur l'idée de pénétration avec un instrument pointu et piquant : **embrocher** (XVIIe s.), de « enfiler une pièce de viande sur une broche » ; **poinçonner**, apparaît en 1982, de « frapper avec un poinçon » ; **pointer**, issu de pointe, « couteau », est attesté pour coïter, en 1950 et pénétrer sexuellement en 1957 (plus fréquemment utilisé pour sodomiser).
Issu de *tringle*, « pénis », le verbe **tringler** (1936, Céline), s'emploie très familièrement pour posséder sexuellement ; **tringlage**, est attesté en 1983, chez Boudard, pour pénétration sexuelle :

> *« Quand il faut remettre*
> *Du tulle aux fenêtres,*
> *Moi, je porte les anneaux,*
> *Ma femm' porte les rideaux,*
> *Et le curé la tringle (bis). »*
> *Le Grand vicaire*, paroles de Georges Brassens

Tringleur, apparaît en 1943, pour homme porté sur le sexe, avec la variante **tringlomane**, en 1977.

Le diminutif **tringlette** (1960, Devaux), a développé l'acceptation argotique de coït et d'amour physique :

> *« Qu'est-ce qui te ferait plaisir pour l'anniversaire de notre petite tringlette ? »*
>
> P. Devaux, *Le Livre des darons sacrés*

Le vieux terme **harponner**, avec l'idée de « s'accrocher, se saisir », est attesté dans le sens de faire l'amour brutalement :

> *« Ma gorge, par exemple, tu n'as pas eu le loisir d'y faire attention : nous venons de nous harponner si brusquement. »* A. de Nerciat, XVIIIe s.

En usage peu usuel, apparaît **égoïner** (1960, Le Breton), posséder sexuellement, par analogie avec le mouvement de la scie égoïne. On peut ajouter le verbe **opérer**, employé en médecine au sens de « soumettre à une intervention chirurgicale », qui a suscité plaisamment vers 1899, l'emploi argotique de posséder sexuellement, mais on relève antérieurement le mot **opération** pour coït :

> *« [...] Un jouvenceau fait l'opération*
> *Sur la malade. Elle redevient rose,*
> *Œillet, aurore, et si quelque autre chose*
> *De plus riant se peut imaginer.*
> *Ô doux remède, ô remède à donner,*
> *Remède ami de mainte créature. »*
>
> *Contes et nouvelles en vers*, J. de La Fontaine

Avec l'idée d'un combat

D'autres verbes font référence au pénis en tant qu'arme ou instrument comme **torpiller** (1953), **flinguer** (1977), issu de « tirer sur qqn avec une arme à feu », **artiller** (1960), aujourd'hui vieilli, qui avait le sens de « pourvoir d'engin », au XIIIe s. ; on trouve le mot *artillerie* (XXe s.), pour organes sexuels masculins, d'où **coup d'artillerie**, pour coït ; plus anciens sont les termes **carabiner** et **carabinade** pour coït :

> « *Et tandis que vous jouerez gros jeu avec la princesse, ne pourrai-je point carabiner avec la soubrette.* » Théâtre Italien, XVIIIe s.

Puis **faire mouche**, avec l'idée de « mettre dans le mille », **faire un carton** (1960, Le Breton) métaphore militaire synonyme de «tirer sur une cible avec une arme» et **faire boum** (1879, Huysmans), dans le sens de coïter, impliquant l'idée de brutalité, de rapidité.

De nombreuses métaphores, aujourd'hui vieillies, attestées au sens de coïter, se sont formées d'après des termes liés aux opérations militaires, on peut citer **attaquer** ou **y aller d'attaque**, **charger** ou **aller à la charge**, **aller au choc**, **venir à l'abordage**, **aller aux armes**, **donner l'assaut**, **assaillir**, **entrer en guerre**, **vaincre**, **être vainqueur** :

> « *Plus on charge une femme, plus elle est joyeuse,*
> *et plus elle vous caresse.* » Tabarin, XVIIe s.

> « *L'autre jour pour aller au choc*
> *Je troussai mon froc.* » Collé, XVIIIe s.

> « *Une jeune beauté s'étant rendue amoureuse d'un jeune homme bien fait, lui donna tant de libertés, qu'ils en vinrent à l'abordage.* » D'Ouville, XVIIIe s.

> « *Lise d'un œil mourant et tendre*
> *De colin invite l'ardeur*
> *Et sans songer à se défendre*
> *Souffre qu'il soit trois fois vainqueur.* » Vadé, XVIIIe s.

L'acte sexuel est donc un combat, mais peut être un noble combat, lorsque l'image est celle de l'amour, notamment dans la littérature avec les métaphores militaires traditionnelles : **guerroyer**, **faire la guerre (amoureuse)**, **faire campagne**, **faire bataille** ou **batailler**, **combattre**, **aller aux armes**, **faire un duel**, avec **duel** pour coït ou encore **lutter**, d'où **lutte** pour coït et **lutteur**, pour homme ardent en amour :

> *« La guerre amoureuse leur plaisit tant qu'ils la recommençaient dès qu'ils pouvaient le faire. »*
> Ch. Sorel, XVIIe s.

> *« J'ai pourtant, comme tu sais, mes petits trente-six ans bien comptés dont, grâce à Dieu, vingt campagnes. »* A. de Nerciat, XVIIIe s.

> *« Et puis vient à son compagnon qui n'attendait que l'heure d'aller aux armes. »*
> Les Cent Nouvelles nouvelles, XVe s.

> *« Et puis il l'appelle : la belle,*
> *Jouons-nous et luttons bien fort. »*
> Ancien Théâtre français, XVe s.

Dans un argotisme récent, avec l'idée de vaincre (tomber son adversaire), apparaît **tomber**, pour coïter, qui s'est employé d'abord au sens de séduire, d'où **tomber une femme** (av. 1878), la séduire et **tombeur** (av. 1881, Rigaud), homme à femmes.

Victoire, mot ancien, désigne le coït, il est à rapprocher de l'expression **cueillir les lauriers**, pour coïter, proprement « être victorieux » :

> *« Je voulus marquer l'instant de la retraite par une dernière victoire. »* Louvet, XVIIIe s.

> *« L'ange d'ailleurs avait déjà la main*
> *Sur ses lauriers et les cueillit enfin. »* Parny, XVIIIe s.

On trouve la vieille métaphore classique **entrer**, pour coïter, combinée avec des expressions tout aussi archaïques exprimant l'idée du combat, telles que **entrer en danse, en guerre, entrer en champ clos, en lice, entrer en joute** :

« Dame Vénus se couvre ainsi
Quand elle entre en champ clos avec le Dieu de Thrace. » J. de La Fontaine, XVIIe s.

« Mais timidité retenait
Le Céladon encor novice ;
Beaux discours sans entrer en lice. »
Grécourt, XVIIIe s.

Bon nombre d'expressions métaphoriques sont combinées avec le mot **coup**, désignant un coït expéditif, la métaphore est celle de l'arme à feu, symbole de l'érotisme phallique, par ailleurs le mot met en œuvre les notions de mouvement rapide et de choc ; il a pris familièrement le sens de rapport sexuel (généralement expéditif) dans la locution **tirer un (son) coup**, usuelle vers 1850 (Flaubert) :

« Un seul coup n'est que salade de lit. »
Brantôme, XVIe s.

« Sur tout le territoire, on craignait moins le loup
que croiser le lapin et qu'il vous tire un coup. »
Cl.-Ch. Depousier, *Les Vers c'est satyrique*, tome I

« J'ai foutu trois femmes et tiré quatre coups – dont trois avant le déjeuner, le quatrième après le dessert. J'ai même proposé à la maquerelle de l'y faire passer, à la fin. Mais comme je l'avais refusée au commencement, à son tour elle n'a pas voulu. J'aurais tenu cependant à faire cette frasque pour couronner l'œuvre et donner de moi une bonne opinion. Le jeune Du Camp n'a tiré qu'un coup. Son vit lui faisait mal d'un reste de chancre [...]. »
G. Flaubert, *Correspondance*

Au figuré **un coup** (1980), se dit d'un partenaire sexuel de passage; **être un bon coup**, un bon partenaire sexuel, avec le négatif **être un mauvais coup**:

> *« Elle est pas difficile à repérer, la gamine! C'est le plus mauvais coup entre Alger et Amsterdam! »*
>
> Ph. Carrese, *Le Bal des cagoles*

Composées avec *coup*, se forment quelques métaphores argotiques dans lesquelles on retrouve en plus de la notion du « coup », le sexe masculin considéré une fois de plus comme une arme guerrière: **coup d'arbalète** (1960, le Breton), où le mot *arbalète* représente le pénis dans cette locution; **coup de sabre** (1930); **coup de queue** (1930); **coup de tromblon** (1953), qui s'explique à partir de *tromblon*, arme à feu en apparence impressionnante; **coup de guisot**, et **filer le coup de guisot** (1953), coïter, *guisot*, s'est dit pour pénis vers 1930; puis son dérivé **guiser**, pour posséder sexuellement.

Plus anciennes sont les métaphores **coup de manche**, **coup de plumeau**; puis **coup de traversin** (1953); on trouve la création **coup de dégorgeoir**, chez San Antonio:

> *« M'est avis qu'il a les amygdales (testicules) enflées et qu'il est partant pour un petit coup de dégorgeoir mutin. »* San Antonio, *Tarte aux poils sur commande*

On relève encore **filer un coup de baguette à qqn** (1977, Caradec), par jeu de mots sur *bague*, « sphincter » et *baguette*, « jambe », utilisé plus souvent pour la sodomie; et au pluriel, dans le même sens **filer un coup dans les baguettes à qqn**:

> *« Je me redis ce que Divers me murmura un soir, sa bouche posée sur les plis de mon oreille: ‹ J'voudrais t'en jeter un coup dans les baguettes! › »*
>
> J. Genet, *Miracle de la rose*

En emploi métaphorique de l'arme à feu et d'un usage très actuel, apparaît le verbe **tirer**, d'où un (**bon** ou **mauvais**) **tireur**, un bon ou un mauvais partenaire sexuel (synonyme de *bon* ou *mauvais coup*); plus ancien, le mot **tirage**, pour coït:

> *« Veuve de son fouteur, la Gloire*
> *La nuit dans son con souverain*
> *Enfonce – tirage illusoire ! –*
> *Ce grand godemichet d'airain. »* Th. Gautier, XIXe s.

Formée sur *tirer son coup*, la locution **tirer une pétée**, est attestée vers 1900 (Rictus), une **pétée** est d'abord une éjaculation, d'après *pétée*, désignant la décharge d'une arme à feu; ici *pétée* employé pour coït, signifie coïter dans la locution.
Plus ancien, **tirer une giclée**, l'allusion repose sur « giclée de plomb » et implicitement sur éjaculation; et avec la même image d'éjaculation, on a **tirer sa crampe** (1878, Rigaud), à l'origine *crampe* désigne une « contraction musculaire », d'où en argot le sens d'érection, que l'on rencontre avant 1747 dans *crampe d'amour*:

> *« Qui c'est qui te parle de la femme de ma vie ?*
> *Même juste pour tirer ma crampe, je suis pas foutu*
> *d'en dégotter une. »* A. Page, *Tchao pantin*

> *« Le grivois à l'aspect des lieux qu'il envisage*
> *Se sent atteint d'une crampe d'amour. »*
> Vadé, XVIIIe s.

Le dérivé **crampette**, pour coït, forme **tirer sa crampette** (1901), de là s'explique à la même date, la locution argotique **aller chez crampmann** (Bruant), pour coïter. On peut ajouter **tirer sa chique** (1947, Genet), d'après l'argot, *se chiquer*, « se battre » et *chique*, « coup » et les locutions anciennes **tirer un coup de lance**, issu de *lance*, pénis, **tirer dans le noir**, le noir désignant le centre d'une cible, **tirer une venue**, issu de *venue*, « attaque à la lance dans un tournoi » et **tirer au naturel**, d'après *naturel*, « organes génitaux » :

> « *Mais messire Gabriel nous a conté*
> *Qu'il n'allait la voir que pour en tirer une venue.* »
> Béroalde de Verville, XVIe s.

> « *Elle n'était point contente de ce que son mari ne tirait pas si souvent au naturel, qu'elle l'eût désiré.* »
> Béroalde de Verville, XVIe s.

D'autres expressions argotiques sont formées sur des emplois métaphoriques de verbes techniques, où l'acte sexuel est envisagé comme un nettoyage, un récurage, avec mouvements alternatifs de va et vient : **limer**, apparaît à la fin du XVIIIe s. notamment chez Sade, pour coïter longuement, qui correspond à frotter ; **brosser** (1834, Esnault), du rouchi *broussier*, « faire l'amour », **râper** (1960, Le Breton) ; **astiquer** (XIXe s.) ; **bricoler**, d'après *bricole*, pénis, de là **bricole** (1954, Le Breton), pour activité sexuelle ; mais on trouve déjà *bricole* dans son sens érotique vers 1616, correspondant alors à *bagatelle* :

> « *Il vaut mieux astiquer une frangine avec un chibre de déménageur qu'avec une zézette d'expert en la matière près les tribunaux.* »
> San Antonio, *Dégustez, gourmandes !*

> « *Se trouvant en lieu d'assignation où cinq ou six se trouvaient pour la bricoler.* » Béroalde de Verville, XVIe s.

Plus anciens sont les verbes **décrotter**, **décrasser**, **dégraisser**, **ratisser**, **épousseter** (vers 1850), **fourbir** (XVIe s.), de *fourbir*, « nettoyer en frottant (une arme) » et **savonner** ou **(donner une) savonnade** :

> « *Et je lui donnerai une savonnade à laquelle son mari ne l'a pas habituée.* » Seigneurgens, XIXe s.

On relève **ramoner (la cheminée d'une femme)**, attesté au sens de coïter (1878, Rigaud), expression toujours en vigueur, combinée avec la double métaphore de frottement répété et de « conduit » que l'on pénètre ; et **ramoneur**, vieux mot, pour homme ardent en amour :

> *« Pendant ce temps je ne verrai pas le ramoneur de ma cheminée. »* P. De Larivey, XVIe s.

On peut encore citer une série d'expressions archaïques fondées sur l'idée de mouvements répétés comme **donner des secousses, secouer, hocher, gesticuler, ballotter, frétiller** et en forme expressive burlesque de *frétiller*, le composé **fretin-fretailler** :

> *« Et pour ne pas être maudit il faut que vous gesticuliez avec Mademoiselle Heidelberg. »*
> Pigault-Lebrun, XVIIIe s.

> *« Mon souverain plaisir c'est de frétiller. »*
> Ch. Sorel, XVIIe s.

> *« Compère, voici qui est à toi, si tu veux fretin-fretailler un bon coup. »* Rabelais, XVIe s.

L'ardeur amoureuse est vue comme un brasier, métaphore fondamentale dans la rhétorique érotique, dont on rencontre quelques locutions incluant une métaphore, laquelle désigne le pénis : **brûler** ou **allumer un cierge, une bougie, une chandelle, le flambeau d'amour**, employés pour coïter ; on trouve dans le même sens **éteindre sa braise, sa chandelle** ou **apaiser, ralentir sa braise** :

> *« Il prend sa chose et puis s'approchant d'elle*
> *Vieille, dit-il, allumez ma chandelle. »*
> Cl. Marot, XVIe s.

> *« J' m'approch' crân'ment et j' lui propose*
> *D'allumer le flambeau d'amour ;*

Cédant au désir qui m'allèche
De mon feu n' jaillit qu'un' flammèche. »
F. de Calonne, XIXe s.

« *Il avait éteint sa chandelle par deux fois.* »
Noël du Fail, XVIe s.

« *Laissons, mon cher ami, ce beau prince à son aise*
Pour aller comme lui ralentir notre braise. »
J. de Schélandre, XVIe s.

On trouve l'expression **être chaud comme une braise**, ardent en amour, qu'on peut rapprocher d'une autre, issue du langage argotique familier **(être) chaud de la pince** (1790), calembour sur *chaud lapin* et *pince* s'appliquant au corps humain « main puis pied », de ce fait, le mot a pris en argot le sens de membre viril (1611) ; on a **chaud lapin** (1928), qui pourrait s'expliquer bien sûr, par les mœurs de l'animal, mais d'autres définitions plus anciennes de *lapin*, comme écolier dépravé, dans l'argot des collèges, pédéraste, etc., laissent à croire qu'il y a là une survivance des valeurs sexuelles de *connin* :

« *Dans les gardes françaises*
J'avais un amoureux
Fringant, chaud comme braise
Jeune, beau, vigoureux. » J.-J. Vadé, XVIIIe s.

« *C'était un chaud de la pince*
Qui peuplait dans chaque province
L'hospice des enfants trouvés. » L. Festeau, XIXe s.

« *[...] le vieux étant encore un chaud lapin malgré*
ses 75 ans et plus. » B. Cendras, *Bourlinguer*

Puis pour compléter la série, **(être) chaud comme une caille**, signifie ardent en amour, par allusion à la température interne de la caille (41°), mais aussi au tempérament lascif de cet oiseau, qui symbolise avec des valeurs érotiques, l'embonpoint, l'état amoureux... :

« Cela [le risque d'engourdissement et de mort lorsque l'animal est exposé à un froid rigoureux] n'est point applicable aux cailles, en qui l'on a même reconnu généralement plus de chaleur que les autres oiseaux, au point qu'en France elle a passé en proverbe [en note : ‹ on dit vulgairement : chaud comme une caille ›], et qu'à la Chine on se sert de ces oiseaux pour se tenir chaud en les portant tout vivant dans les mains. »

Buffon, *Oiseaux*, « La Caille »

Coïter, c'est aussi **chanter la messe**, l'expression ancienne repose sur l'image qui assimile l'amour à un culte, d'où on relève encore **dire ses oraisons**, **prier** et **prière**, pour coït :

« Les gens mariés chantent leur première messe sur l'autel velu. » Théâtre du Moyen Âge

« Vois du taureau la fougue et la vigueur
À la génisse il vole... autre prière
Prions comme eux. » Parny, XVIIIe s.

Le mot **sacrifice**, pour coït, est l'un des principaux thèmes de l'érotisme classique, repris de la littérature antique, avec les locutions verbales : **sacrifier (à Vénus, sur l'autel de Vénus)**, *Vénus* est en effet la déesse latine de l'amour, et l'acte vénérien lui est dédié ; **faire un sacrifice**, de là **sacrificateur**, pour homme ardent en amour :

« J'étais trop jeune encore pour multiplier les plus doux sacrifices. » Pigault-Lebrun, XVIIIe s.

« Avant qu'il pût aucun change paraître
Au dieu d'amour il fut sacrifié. »

J. de La Fontaine, XVIIe s.

« Parmi les habitudes que j'ai prises dans ma vie de Paris, enserré peu à peu entre leurs rets sans pouvoir dire au juste comment cela s'est fait, il y a celle, comme le veut la périphrase vulgaire, de ‹ sacrifier à Vénus › le dimanche dans la matinée. »
M. Leiris, *Biffures*

On relève en formation burlesque comme il y en a beaucoup chez Rabelais: **sacsacbezevezinemasser** et **rataconniculer**, des exemples qui montrent que n'importe quel verbe transitif comporte en puissance l'idée de coït:

« Et si personne les blâme de soi faire rataconniculer. » Rabelais, XVIe s.

L'acte sexuel : un jeu pas sérieux

L'amour est considéré aussi comme une distraction, un divertissement, une fête, voire un jeu, ainsi on relève **mener le petit au cirque** ou **Prosper au cirque** (1960, Devaux) ou encore **emmener Popaul au cirque**, **payer la comédie à Ferdinand** :

« Elle débrida ses quenouilles et donna une perme à Holopherne pour qu'il emmène Prosper au cirque. »
P. Devaux, *Le Livre des darons sacrés*

« Contre une pincée de dinars il a acquis le droit d'emmener Popaul au cirque: il exige sa représentation. » San Antonio, *N'en Jetez plus !*

Se divertir (le panais) ; on rencontre la locution **prendre le thé**, en 1910, pour copuler, mais plus généralement entre homosexuels, puis **se désennuyer** :

« Il s'en allait, contre son gré, voir quelque fille pour se divertir et, étant là, s'efforçait si fort sur elle qu'il en était allégé. » Mililot, XIXe s.

« Quand jeune encor tu pouvais plaire
Il ne t'en coûtait rien pour te désennuyer. »
Pommereul, XVIIIe s.

L'amour est une fête, à la fois comme célébration d'un culte et de réjouissance, d'où le mot **fête**, qui désigne par extension toute occasion de débauche (1879), notamment dans **fêter**, **faire la fête**, coïter, repris plus récemment dans l'expression **faire la fête à quelqu'un** :

« Passez le cul, ou vous retirez donc
Je ne saurais sans lui vous faire fête. » Marot, XVIe s.

« Un pécheur remonta, un jour, dans ses filets
La petite sirène de Méditerranée.
Il voulut l'embrasser et lui faire sa fête,
Mais il ne trouva point où mettre sa quéquette. »
Cl.-Ch. Depousier, *Les Vers c'est satyrique*, tome I

On trouve également **fêter la Saint-Priape**, pour coïter : le dieu *Priape*, à l'époque romaine servait à personnifier la virilité dans l'amour physique, le mot au pluriel, désigne par extension, des scènes d'orgie ; on peut rapprocher la variante **festoyer** :

« Il s'efforçait de trouver manière de la festoyer comme il avait fait avant que Monseigneur ne fût son mari. » Les Cent Nouvelles nouvelles, XVIe s.

On relève le verbe ancien **régaler**, pour coïter, un régal étant une fête, le verbe a été repris en argot moderne au sens de satisfaire (une femme) sur le plan sexuel (1960, Simonin) ; on trouve la locution moderne **régaler son tube**, puis **(faire) bonne chère**, fondé également sur les valeurs de réjouissance et de divertissement :

> *« Quatre fois l'an, de grâce spéciale*
> *Notre docteur régalait sa moitié*
> *Petitement... »* J. de La Fontaine, XVIIe s.

Vers 1778, on rencontre la métaphore **pousse-café**, coït après le repas, qui est antérieure à la définition « alcool digestif pris après le café » ; plus usuelle, la locution argotique **café du pauvre** (1970, Boudard & Étienne), pour plaisir sexuel, acte sexuel, soulignant la fonction de distraction jouée par les cafés ; mais déjà en locution ancienne on a, *prendre son café*, prendre du plaisir, passer un moment agréable.

L'amour est aussi un jeu, c'est-à-dire une action qui a pour seul but le plaisir, d'ailleurs le mot **jeu**, s'est employé anciennement pour coït ; on trouve les composés vieillis **jeu d'amour**, **des cuisses**, **de reins**, **jeu d'échines** :

> *« Le jeu, tout neuf pour tous deux, leur parut si joli, qu'ils résolurent de faire chaque nuit leur petite partie. »* Pigault-Lebrun, XVIIIe s.

> *« Toute belle femme s'étant essayé une fois au jeu d'amour ne le désapprend jamais. »* Brantôme, XVIe s.

On trouve toute une série de jeux érotiques illustrant métaphoriquement l'acte sexuel comme **jouer au bilboquet**, d'après le jeu formé d'un petit bâton pointu dans lequel on doit enfiler une boule percée ; et **partie de bilboque**, chez San Antonio, pour coït :

> *« Ça a été une partie de bilboque féroce, su'l'coin de sa table à manger, qu'heureus'ment était en massif, style Henri II. »*
> San Antonio, *Si « Queue d'Âne » m'était conté*

Jouer aux billes (XVIe s.), **jouer des cymbales**, l'allusion repose sur l'image des testicules, suggéré par *billes* et *cymbales* ; avec l'idée de « jeu de société », on trouve encore les expressions **jouer aux dames**, construite sur vaincre la « partie » et **faire une charade** :

> « *Passant par aventure devant la chambre où sa femme et le chevalier jouaient des cymbales.* »
> Les Cent Nouvelles nouvelles, XVe s.

> « *Et quoi que nous n'y fussions pas restés longtemps, la charade était faite avant que d'en sortir.* »
> Louvet, XVIIIe s.

On relève la métaphore littéraire ancienne, qui survit en tant qu'allusion littéraire **faire (jouer) la bête à deux dos**, pour coïter (Rabelais, XVIe s.), le mot *bête*, traduit ici l'animalité de la vie sexuelle :

> « *J'y vis des bêtes à deux dos, qui me semblaient joyeuses à merveille et abondantes en culetis, plus que n'est le hoche-queue, avec un sempiternel remuement des croupions.* » Rabelais, *Pantagruel*, tome II

> « *Le seul reproche, au demeurant,*
> *Qu'aient pu mériter mes parents,*
> *C'est d'avoir pas joué plus tôt*
> *Le jeu de la bête à deux dos.* »
> G. Brassens, *Poèmes et chansons*

Le mot **danse**, qui est un des plus anciens noms typiques du coït, dans la littérature érotique, combine les idées d'activité rythmique du corps, de divertissement et de couple, qui suffisent à mettre en relation la danse et les actes érotiques ; **danse du loup**, s'est employé anciennement pour coït et **danser le branle du loup** (XVIIe s.), avec équivoque sur « branle », se disait pour avoir des relations sexuelles en parlant d'une femme, remplacé peu après par **avoir vu le loup** (1752) :

> « *Il lui enseigna la danse du loup, la queue entre les jambes.* » Béroalde de Verville, XVIe s.

« Il est vray que le loup estant un animal cruel et conséquemment lasche, porte ordinairement la queue entre les jambes, qui est un signe de sa lascheté, et de sa mauvaise nature, aussi bien que celle du chien [...] ; mais ce n'est pas ainsi que le Vulgaire l'approprie : car quand on dit à une fille ou à une femme qu'elle a dansé le branle du loup la queue entre les jambes, on entend qu'elle a laissé le chat aller au fromage [...], qu'elle a reçu quelque passager dans sa barque. »

Fleury de Bellingen, *Étymologie des proverbes*

On relève formées avec le verbe *danser*, toute une série de locutions aujourd'hui sorties d'usage, comme **danser une bourrée**, nom de danse avec équivoque sur le sens érotique de *bourrer*, **danser la basse note**, connotée par le sens érotique de *bas*, **danser aux noces**, **danser le branle de un dedans et deux dehors** ; et **danseur**, pour homme ardent en amour :

« En effet pour danser aux noces
Tu es trop laide. » Ancien Théâtre français, XVIe s.

« Je danse avec tout le monde, et madame conviendra que je suis un formidable danseur. »

Pigault – Lebrun, XVIIIe s.

L'amour est aussi vu comme une chose frivole, une **bagatelle**, dont le mot a développé à l'époque classique le sens « d'amusement galant (1691, Regnard) » puis le sens moderne, très familier « d'amour physique », attesté chez Zola en 1877 ; l'expression euphémique **être porté sur (aimer, ne penser qu'à) la bagatelle** (1878), n'avoir d'intérêt que pour les plaisirs de l'amour, est employée aujourd'hui plutôt de façon ironique.

La variante vieillie **badinage**, issu de *badiner*, à l'origine « plaisanter, s'amuser », a pris rapidement une valeur érotique ; on a dit **badiner** pour coïter, de même que **badine**, s'est formé pour femme débauchée et **badinage d'amour**, pour pénis :

> *« Manon n'avait pas encore tâté au badinage. »*
> Grécourt, XVIIIe s.

> *« En badinant avec son accordé elle devint grosse. »*
> T. des Réaux, XVIIe s.

Connotant le caractère ludique d'une action qui n'est pas prise au sérieux, on trouve le diminutif archaïque **chosette**, pour coït, d'où **faire la chosette**, **choser** et **enchoser**, pour coïter (en vigueur au XVIe et XVIIe s.) ; de même que **le chose**, désigne en ancien français *l'instrument*, c'est-à-dire les parties sexuelles de la femme ou de l'homme, **la chose**, signifie l'action, d'où son emploi euphémique dès le XIIe siècle, pour amour physique : on dit aussi **être portée sur la chose** ; le mot s'employait dans les expressions comme **faire la chose**, attesté dès le XIVe s. ou **la chose de par Dieu** (XVIe s.), pour l'amour physique :

> *« Un homme qui ne faisait point bien la chosette, ne se pouvait dire un honnête homme. »*
> Tallemant des Réaux, XVIIe s.

> *« Mon chose veut choser votre chose, mais chose garde que je ne puis choser votre chose. »*
> Le Cabinet Satyrique, XVe s.

Avec l'idée de l'homme « qui remplit » son devoir, on relève le terme ancien **politesse**, euphémisme pour coït ; plus récemment et toujours en vigueur, la locution **faire une politesse à une femme** (1912, Villatte), coïter, sous-entendu, « remplir son devoir » en parlant d'un homme ; dans le même sens, **demander la courtoisie**, daté du XVIe s, où le mot *courtoisie* est interprété comme un « service gracieux » :

> *« Il avait voulu de quelque politesse*
> *Payer au moins les soins de son hôtesse. »*
> Voltaire, XVIIIe s.

« Madame de Sully en devint amoureuse et lui demanda la courtoisie. » Tallemant des Réaux, XVIIe s.

Avec le sens de « rendre hommage par des marques de respect », se forme dès le XXe s., le verbe **honorer**, qui s'emploie par euphémisme pour « avoir des relations sexuelles avec ». On peut encore citer le verbe **aimer**, qui très tôt prend une valeur affective et érotique :

« Compatissant bientôt au chagrin de la belle,
Il l'honora cent fois pour mieux la consoler. »
Ph. Morice, *Les Vers c'est satyrique*, tome I

D'autres expressions sont plus spécifiques : **commenter les œuvres de Cujas**, était employé dans le sens de s'adonner aux plaisirs de l'amour, l'expression glosée au XIXe s. est sans doute une plaisanterie érudite, attribuée aux étudiants du juriste Cujas (1522-1590) qui, dit-on, allaient s'ébattre avec sa fille, préférant commenter les œuvres charnelles du maître plutôt que ses livres. Dès 1783, se forme **voir**, **regarder la feuille à l'envers**, se livrer dans un cadre champêtre aux plaisirs de l'amour, (se dit surtout des filles) par allusion à la position « renversée sur l'herbe » :

« Sitôt par un doux badinage
Il la jeta sur le gazon
Ne fais pas dit-il la sauvage
Jouis de la belle saison
....
Ne faut-il pas dans son jeune âge
Voir un peu la feuille à l'envers. »
Vieille chanson, d'après Delvau

« Dans son ménage, ça ne comptait pas ; mais dans le ménage des autres, ça lui semblait farce, et il se donnait un mal du diable pour guetter ces accidents-là, quand les dames des voisins allaient regarder la feuille à l'envers. » É. Zola, *L'Assommoir*

On peut ajouter ici, une expression en usage chez les classiques de l'érotisme qui caractérise une position érotique dite **en levrette**, depuis le XVIIe s. (déjà en latin: *more canimo*, «à la mode des chiens»), outre le fait que la femme est assimilée à une chienne, et que le diminutif peut atténuer la vulgarité de la comparaison, on peut s'interroger sur la présence étymologique du lièvre, en rapport possible avec les valeurs érotiques de lapin; on a **levretter**, dans le même sens:

> *«Mon cousin est merveilleux*
> *Il connaît des tas de jeux*
> *Demain soir sur la carpette*
> *Il doit m'apprendre la levrette*
> *Si vraiment c'est amusant*
> *Je vous l'apprendrai en rentrant.»*
>
> *Ah! vous dirais-je Maman*, Chansons gaillardes de Colette Renard

La notion de plaisir peut avoir pour sujet aussi bien la femme que l'homme, évoquée dans quelques locutions argotiques telles que **prendre son pied** (1928, Stéphane), éprouver l'orgasme qui s'explique par l'intermédiaire du sens argotique «part, portion»; *prendre son pied*, c'est donc, «prendre sa part» dans le partage du plaisir à deux; on peut citer les variantes **prendre son panard** (1928, Esnault), **son mare, son taf** (1960, Le Breton), de *taf*, «part, ration» et **prendre son fade** (1953, Sandry-Carrère), de *fader*, partager:

> *«Elle devait certainement prendre mille fois plus son pied avec le beau blond qu'avec son officiel [...].»*
>
> Ph. Carrese, *Filet garni*

On relève encore **s'éclater**, attesté en 1979, éprouver l'orgasme, issu du sens de «s'exprimer sans contrainte, dans le plaisir»: *s'éclater comme une bête*; plus ancien **déjecter son âme**, d'après *déjection*, sans doute au sens de éruption volcanique:

> *« Ses transports éclatent en une gamme de oh ! et de ah ! mais sur un ton si élevé que la mère accourt et vous surprend sa fille bien nettement enchevillée, se tortillant, se débattant et déjectant son âme. »*
> A. de Musset, *Gamiani*, XIXe s.

De même que l'expression **septième ciel (être au, se retrouver au)**, attesté vers 1840, euphémisme argotique, signifie « être dans le ravissement, jouir » ; l'expression est tirée de la cosmogonie antique, où l'univers était formé de plusieurs sphères concentriques (de sept à onze) ; elle est à rapprocher de **monter au ciel**, **être au paradis** ou **voir les anges**, jouir ; dans le même sens, chez San Antonio : **faire ses quatre pas dans le cosmos** :

> *« Elle proclame qu'on a pas le droit d'abandonner une dame en cours, fût-ce sa propre moitié ! C'est pas correct, sans compter que pour la santé parlez-moi z'en ! Faut que le système nerveux l'admette ! Elle faisait ses quatre pas dans le cosmos, la pauvre chérie, lorsque son abominable homme des neiges a lâché prise et s'est taillé comme un qui aurait oublié d'éteindre le gaz ! »* San Antonio, *Vas-y Béru !*

D'autres termes encore ne retiennent que le sens érotique : **s'évanouir**, **se pâmer**, **mourir (se)**, accéder par un excès de jouissance, à un état proche de la perte de conscience, d'où les expressions anciennes **tourner de l'œil**, **faire les yeux blancs**, **les yeux de carpe**, **de merlan frit** :

> *« La nature entière se pâme*
> *Sous le vit du plus beau des Dieux. »*
> Anonyme, XIXe s.

> *« Tu tournes de la prunelle*
> *Tu vas jouir… ma belle. »*
> M. Constantin, XIXe s.

On peut ajouter le terme **(la) petite mort**, qui concerne de nos jours l'orgasme, et dans l'ancienne médecine, désignait la syncope (1572), et le frisson nerveux, d'où l'emploi érotique associant les deux notions de spasme (grand frisson) et de perte de conscience momentanée (avec le mot *petite*).

LA SODOMIE

Le coït anal surtout homosexuel, est un des grands thèmes de la littérature érotique et de l'argot, dont le nom traditionnel **sodomie**, (mot apparu vers 1393), dérive de *Sodome*, ville de Palestine qui, selon la *Genèse* (XII, XVIII, XIX), fut détruite, avec *Gomorrhe*, en raison de la luxure et de la corruption qui y régnait. Le nom et adjectif **sodomite** (v. 1130), habitant de Sodome, désigne celui qui se livre à la sodomie, spécialement un homosexuel passif ou actif; on a dit aussi **sodomiste** (XIIIe s.), dérivé de *sodomie*, relevé à nouveau en 1740 (Académie):

> *« On dit sodomite, Monsieur, répondait Verlaine au juge qui lui demandait s'il était vrai qu'il fût sodomiste. »* A. Gide, *Journal*

Le dérivé **sodomiser** (1587), est d'abord intransitif et en raison de l'important tabou qu'il représente est rarement attesté entre 1612 et 1871, sauf en emploi transitif chez Sade. De même que **gomorrhiser**, a pris le sens de sodomiser:

> *« ... je priais le plus fort de se coucher à la renverse et pendant que je festoyais sur sa rude machine, je fus lestement gomorrhisée par le second. »*
> A. de Musset, XIXe s.

Plusieurs verbes attestés au sens premier de posséder sexuellement se sont par la suite employés et spécialisés pour sodomiser (les verbes précédés par « se faire », impliquent toujours le fait « d'être sodomisé »), c'est le cas de **pointer** (1957), utilisé dans la structure de valeur passive : **se faire pointer.**
Puis apparaît **pointe** (1957), dans le sens d'activité sexuelle masculine, d'où **pousser sa pointe** (1977, Caradec), coïter :

> *« Viens / Chien / Foutu vaurien / Cess' ta plainte / Et pousse ta pointe. »* Parnasse satyrique, XIXe s.

Sur ces mêmes valeurs se forment les locutions argotiques **être de la pointe** ou **chaud de la pointe**, ardent en amour en parlant d'un homme, l'adjectif *chaud* étant un des thèmes fondamentaux de l'érotisme. **Pointeur** (1957), se dit d'un homme porté sur le sexe et dans un rapport homosexuel, celui qui domine l'autre (1978).
Avec la même valeur de structure passive on a **miser**, vers 1936 : **se faire miser** et en locution injurieuse **vas te faire miser !** (*vas te faire mettre, enculé, foutre !...*) :

> *« Le Ferdinand il est devenu insupportable ! Il va au Bois se faire miser ! »* L. F. Céline, *Mort à crédit*

Toujours avec la même valeur **se taper**, apparaît d'abord pour coïter, puis sodomiser notamment dans les locutions **se faire taper dans les baguettes** (1882, Chautard), avec les variantes récentes **se faire taper dans la motte, dans l'oignon, les jambes, les pattes, se faire taper dans la lune** (1943, Genet).
Caser (1957, Le Breton), issu de *case*, « logement des forçats », est attesté uniquement dans le sens de sodomiser :

> *« Il en a de soigneuses, papa ! Dans ce domaine, la diplomatie, c'est déjà le tube de vaseline offert en prime pour se faire caser. »* A. Boudard, *Le Café du pauvre*

À la même date en emploi métaphorique se forme **aléser**, issu de « agrandir un trou à l'aide d'un alésoir ». Le verbe **entuber**, de *tube*, a d'abord signifié vers 1900, « escroquer », où l'idée d'être trompé, « possédé » est associée à l'acte de sodomisation (vers 1975).

La plupart des métaphores impliquant la sodomie sont formées à partir de verbes techniques du français standard ou de mots qui illustrent le pénis, le postérieur ou l'anus, dont ce dernier a particulièrement généré une grande partie de ce vocabulaire.
Issu de *fifre*, « pénis », se forme **enfifrer** (1883, Chautard), pour sodomiser ; en terme d'injure, **un enfifré** est un « enculé » ; **empaffer** (1957, Sandry-Carrère), de *paf*, « pénis », puis **englander**, de *gland*, « pénis » ; plus ancien **(se faire) lancer**, d'après *lance*, « pénis » :

> « LIBÉRATION. – *Que pensez-vous de la grève des ouvriers de la SEITA ?*
> S. GAINSBOURG. – *Qu'ils se démerdent et que leur patron aille se faire empaffer !* »
> *Libération*, 4 décembre 1984

> *« Si j'étais un aussi joli garçon que vous, je ne me contenterais pas de tourner la tête aux femmes, je voudrais en-core m'amuser à me faire lancer par tous les Villettes du royaume. »*
> A. de Nerciat, XVIIIe s.

Les verbes **endauffer** ou **endoffer** (1957, Sandry-Carrère), sont dérivés tous deux de **daufer** (1890, Esnault), également dans le sens de sodomiser, lui-même issu de *daufe*, « pénis, 1835 ». Puis **doffage** (1899, Nouguier), de *daufer*, désigne l'action de sodomiser et à la même date, **doffeur**, se dit pour homosexuel.
Le coït anal est aussi conçu comme une intromission du pénis avec les verbes **(se faire) emmancher** (1953), de *manche*, « pénis », **empaler**, terme ancien, à l'origine « percer d'un pieu » :

> *« C'est le poids de la virilité du monde que je supportais sur mes reins tendus quand Villeroy m'emmanchait. »* J. Genet, *Miracle de la rose*

Formés sur *pétard*, « postérieur », apparaît en argot moderne **(se faire) empétarder**; **emproser** (1836, Vidocq), à partir de l'argot *prose*, « postérieur », de là en terme d'injure, un **emprosé**, correspond à un *enculé*, un *enfifré*, etc. :

> *« Y s' l'empétarde comme un fou !*
> *– Pensez-vous, il la prend par derrière, mais il n'y'a pas sodomie !*
> *– Pas sodomie mon cul, est-ce que l'idée vous viendrait de dire je t'enc... à quelqu'un que vous enc... pas ? »* San Antonio, *Si « Queue d'Âne » m'était conté*

Constitué à partir du mot *cul* le verbe ancien **enculer** (1734, Piron), au sens propre de sodomiser, s'emploie aussi pour désigner un homosexuel passif (voir chapitre *l'homosexuel*), et comme injure à l'adresse d'un homme (sans préjuger de ses mœurs sexuelles): **un enculé**; **vas te faire enculer !** (*vas te faire foutre*, *mettre*, etc.), puis prend parallèlement la valeur récente de « tromper, duper » (syn. *baiser*) :

> *« Mon père, il t'encule, tronche de cake. T'as intérêt à la rendre en bon état, la sœur à Titounet... Ah, merde... »* Ph. Carrese, *Graine de courge*

Les dérivés **enculade** (1906, Apollinaire) et **enculage** (1936, Céline), désignent la sodomisation; **enculerie** (1955, Le Breton), s'est dit pour tromperie, dérive de *enculer* au sens figuré de tromper:

> *« Le prince et Cornaboeux manifestèrent leur enthousiasme par des enculades réciproques. »*
> G. Apollinaire, *Les Onze mille verges*

On relève formé sur *trou du cul*, la forme burlesque **(se faire) entrouducuter**, attesté en argot moderne ; **fauconner**, terme ancien, formé par jeu de mot sur *faux con*, « anus ».
Il faut ajouter à ces verbes, **enviander** (1890), issu de *viande*, puis en terme d'injure, **enviandé** (sur le même modèle que *enculé*, *enfifré*...) ; **empouper**, terme ancien, issu de *poupe*, « partie arrière du navire » ; **encaldosser** (1957), qui apparaît d'abord en 1885 (Esnault), avec le sens de « saisir par derrière », s'explique à partir de *encaler*, « enjamber » combiné avec le verbe *endosser*, sodomiser.

En formation burlesque, on rencontre le verbe **empapaouter (empapahouter)**, attesté en 1894 (Pouget), puis le nom masculin, **empapaouté**, en terme d'injure, **vas te faire empapaouter !** au diable !, qui correspond à la formule vulgaire de congédiement : *vas te faire voir chez les Grecs !* (ou autres noms de peuples), dans lequel **(aller) se faire voir** (1883), est ici un euphémisme évoquant la sodomie :

> « *Vous feriez mieux d'aller faire marcher le métro que de venir emmerder les bons citoyens. Vous êtes pas contents avec ça ? Eh bien, allez vous faire voir par les Marocains.* » R. Queneau, *Zazie dans le métro*

D'autres locutions sont issues de verbes qui impliquent l'acte sexuel, associés à des termes liés à la sexualité comme ici l'anus et le postérieur dans la série d'expressions récentes : **casser** ou **(se faire) défoncer coco, le dix, la pièce de dix sous, le pot, le train, la rondelle, casser une lune** :

> « *C'est pas pour te faire la morale que je te tiens ce langage, c'est parce que j'aime la vie et que je trouve qu'un individu de ton âge est davantage fait pour aller tirer des souris dans les sous-bois que pour se laisser défoncer le pot en taule par des méchants à la trique d'acier.* » San Antonio, *Cocottes-minute*

On trouve encore, ici en valeur passive **se faire défoncer la pastille** (1931, Chautard), de *pastille*, « anus » ou **dorer la pastille** (1977, Caradec), **se faire défoncer la pastèque** (1970, Boudard & Étienne) ; dans le langage argotique contemporain se forment **prise de la pastille** ou **de la pastoche**, pour sodomie.
De même qu'apparaît **l'avoir dans l'œuf** (1960, Le Breton), par allusion à *œuf*, « anus », avec le double sens, d'être dupé, (*l'avoir dans le cul, le baba*, etc.).

Issues de *rosette*, « anus », se forment les locutions **tendre sa rosette**, se laisser sodomiser et plus récent en argot **prendre de la rosette**, pour sodomiser ; issu de « raie des fesses », on a **miser la raie** et **taper dans la raie** :

> « *Travailles bien, prends la lichette*
> *La lichette donne du cœur ;*
> *Et s'il le faut, tends ta rosette*
> *Cela te portera bonheur.* » A. Dumoulin, XIXe s.

Au coït anal est lié aussi le contact avec les excréments, on relève, employées de façon métonymique et péjorative les expressions suivantes : **prendre du bronze** (1975, Arnal), allusion ici à la couleur de l'excrément, **(aimer) le goudron, la terre jaune** (1873, Verlaine), plus ancien **repousser les crottes** ; **ramasser des marrons** (1847) ou **des épingles** (1883), se faire sodomiser ; **aller se faire dorer la lune** (1935, Esnault), employée métaphoriquement :

> « *Pour le rond, pour le dix et pour la terre jaune,*
> *Une chiée a la dent, mais j'ai l'estomme en vrac*
> *À les imaginer, deux par deux, cul à trac*
> *La dossière et le zob à la mode d'Ancône.* »
> R. Desnos, *Frères Mironton, La Revue des messages*

Apparaissent encore quelques séries métaphoriques comme **prendre** ou **passer par l'entrée des artistes** (1878, Rigaud), d'après *entrée des artistes*, « anus », et plus récemment **passer par l'entrée de service** (1975, Le Breton), allusion à *entrée de service*, « anus » ; sur la même formation on a **passer par la porte de derrière** (1987), puis plus anciennes les expressions **s'égarer, se tromper de porte** ou **se tromper d'endroit**, qui s'appliquent plus particulièrement au coït anal hétérosexuel, où l'acte est considéré ici comme une erreur :

> « *L'entrée des artistes c'est toujours par dergeot.* »
> Sandry, XXe s.

> « *Se voyant traité d' la sorte*
> *Il dit qu'il s'est trompé de porte*
> *Et veut m' fourrer son outil*
> *Dans un trou qu' j'ai sous l' nombril.* »
> Parnasse satyrique, XIXe s.

> « *Comm' c'est chaud ! Comm' c'est étroit !*
> *Tiens ! je m' suis trompé d'endroit !*
> *J'ai fait un' fameus' bêtise,*
> *Mamzell' Lise.* » A. de Calonne, XIXe s.

Chez San Antonio, on relève **encaustiquer la porte étroite** :

« *On a tous ses manies, hein ? Balzac c'était d'écluser (boire) du caoua (café), Gide de se faire encaustiquer la porte étroite, Mauriac de nettoyer ses préservatifs à l'eau bénite.* » San Antonio, *Une Banane dans l'oreille*

On peut citer **causer à rebours** (1957, Sandry-Carrère), issu de *rebours*, « sens contraire ». **Tourner le feuillet** ou **la page**, d'après *tourner le feuillet*, « changer de dessein, regarder les choses du côté opposé », n'est plus en usage :

> « *Si quelque fois il me prend fantaisie*
> *Comme on dit de tourner le feuillet,*
> *Vous me refusez net.* » Piron, XVIIe s.

> *« Après le babe, je tournais la page, et fis le trinlomane dans le zéro, avec, je dois le bonir, sympathie de part de d'autre. »*
> d'après Lacassagne, Dict. XXe s.

Enfin la vieille métaphore **chevaucher à l'antique**, où la locution *à l'antique* (1523), s'est employée pour désigner le passé culturel gréco-latin, l'allusion repose indirectement sur « l'amour grec », c'est-à-dire **l'amour socratique**, attesté pour pédérastie (1764, Voltaire), par référence aux mœurs homosexuelles de Socrate ; de là **socratiser**, verbe ancien, qui s'est dit pour sodomiser un homme :

> *« Jaquet ignorant la pratique*
> *D'Hypocrate et de Galien*
> *Chevauchait un jour à l'antique*
> *Margot, que chacun connaît bien. »*
> Théophile, XVIIe s.

IV
L'HOMOSEXUALITÉ

Les mots qui puisent dans le domaine de l'homosexualité relèvent également d'un tabou. Le vocabulaire familier et argotique utilise pour l'homosexuel, des termes péjoratifs surtout relatifs à l'homosexualité passive de l'homme ; l'homosexualité féminine, elle, est surtout conçue comme une action indécente, obscène.

L'HOMOSEXUEL

Les connotations péjoratives attribuées à l'homosexuel se sont nettement estompées du fait de l'atténuation des interdits sur les relations sexuelles, et aux mouvements homosexuels après 1970. On trouve cependant des termes très courants employés comme grossières injures dans la mesure où l'homosexualité passive désigne celui qui la subit comme un être faible, sans caractère et de surcroît méprisable, car ayant perdu toute sa virilité.
Le nom féminin **pédale**, est employé argotiquement depuis 1929, au sens d'homosexualité masculine, désignant aussi à la même date l'homosexuel, par jeu de mots sur l'initiale de *pédéraste* (au XIXe s., le mot a pris la valeur erronée d'homosexuel, quel que soit l'âge du partenaire) et sans doute d'après l'attitude du cycliste (courbant les reins sur sa selle) : **une pédale** ; on dit encore **être de la pédale** ou **de la pédale qui craque** (1935) ; pour désigner une manœuvre homosexuelle passive, on a aussi **faire de la pédale** (1929) :

« Le travelo a l'air d'accord pour exaucer tous les fantasmes tarifés de l'autre pédale... J'étais sûr que c'était une pédale... » Ph. Carrese, *Trois jours d'Engatse*

Pédale s'emploie également comme injure :

« Dans une contorsion grotesque, le Chinois se mit alors à les agonir d'injures : ‹ Pédales ! Fumiers que vous êtes ! › » R. Agret, *Pendaresse*

Abrégés en **pédé** (1836) ou **pédoque** (1919), issus de pédéraste (dans sa valeur erronée), ces mêmes termes sont aussi utilisés comme injures dans le langage populaire :

« [...] Peut-être que Smith & Wesson étaient homosexuels... Des pédés... Voilà... Deux tantes de première... Smith & Wesson... »
Ph. Carrese, *Trois jours d'Engatse*

En renforcement de *pédé*, apparaît la locution familière **pédé comme un phoque**, dès 1980, qui est un calembour sur *foc*, « voile triangulaire à l'avant d'un bateau », avec l'idée du vent qui s'engouffre par derrière :

« Il est minuit, la bagnole devant moi ralentit, s'arrête... Le conducteur ouvre sa vitre, un des phoques s'approche en dandinant du cul... »
Ph. Carrese, *Trois jours d'Engatse*

On trouve en verlan original de pédéraste, les noms et adjectifs **razdep** ou **rasdep** (1979), pour homosexuel :

« À l'allure à laquelle ont disparu les boîtes ‹ rasdep › ces derniers temps, celle-ci a déjà le mérite d'exister. »
L'Événement du Jeudi, 26 novembre 1987

La reprise du terme **gay**, au sens de l'argot anglo-américain date de 1970, le mot est surtout employé

dont le dérivé **emproseur** (1836), désigne l'homosexuel actif; puis plus récent, **enviandé** (1953), pour homosexuel passif, issu du verbe *enviander*; on trouve encore le nom masculin **empaffé** (1926), d'après *paf*, «pénis».

Issu de *foire*, «diarrhée», **enfoiré**, désigne l'homosexuel passif (1955), mais le mot s'est dit d'abord au sens de «bon à rien, imbécile (1905)», terme popularisé dans les années 80, par le comique Coluche; en terme d'insulte plaisant, se forme **enfoiré mondain**:

> *«Tu es le roi des enfoirés... Tu embarques la gamine et son jobastre de frère dans une galère noire, et laisses tout le monde en plan!»* Ph. Carrese, *Filet garni*

Se faire enfoirer (1931), c'est se livrer à l'homosexualité passive. On rencontre chez Céline (1936), **s'enfoirer avec qqch**, s'emmerder, s'embarrasser.
Vers 1879, se forme le féminin **fiotte** (Chautard), désignation très méprisante qui s'explique à partir de *fillotte*, «petite fille»; le dérivé **enfiotté** (1936, Céline), s'emploie uniquement en terme d'injure (syn: *enculé*):

> *«C'est tarte, je t'écoute, à quatre-vingt-six berges,*
> *De se savoir vomi comme fiotte et faux derge*
> *Mais tant pis pour son fade, il aurait dû clamser.»*
> R. Desnos, *Maréchal Ducono, Domaine public*

D'autres termes encore, se retrouvent dans l'assimilation de l'homosexuel passif à la «fille», la «fillette», thème fondamental du folklore érotique comme **rivette**, au sens premier de fille publique, mot ancien, qui désigne plus particulièrement un prostitué:

> *«Rivette, jeune sodomite. Les voleurs de province donnent ce nom aux filles publiques.»* Vidocq, XIXe s.

Sœur (1896), d'après *sœur* en argot «femme ou prostituée», est employé spécialement pour jeune homosexuel et **sœur de charité** en 1899 ; plus anciens sont les termes **cousine**, **danseuse ;** puis en argot moderne **modiste** d'après l'image de la « jeune fille » ; **coquine**, avec la valeur première de « garce », apparaît pour homosexuel en (1873, Esnault), d'où **être en coquine** (1896, Delesalle), attesté dans le même sens ; par extension se forme le masculin **coquin** (début XXe s.), pour homosexuel passif ; **serinette**, en 1862 (Canler) :

> « *Semblable au caméléon qui change, non de forme, mais de couleur, la tante est tantôt appelée tapette, tantôt serinette.* » Canler, *Mémoires*

En emploi injurieux, on relève les prénoms **caroline** et **angélina**, pour homosexuel passif ; on peut rapprocher le féminin **corvette** (1836, Vidocq), belle fille, dans le langage des marins, repris ici en valeur insultante (variante, *frégate*) :

> « *Dans la société ordinaire où ce penchant contre nature est en quelque sorte inné chez certains individus, ces anti-physiques s'appellent tantes ; chez les marins, corvette ; dans l'armée, étendards.* »
> Claude, *Mémoires*

La création **zouavette** pour homosexuel, est sûrement issue du langage des Bataillons d'Afrique. **Chochotte** (1901), avec influence de *cocotte*, « femme de mœurs légères » et plus probablement celle de *chouchou*, appellatif affectueux, est d'abord une appellation et désignation familières d'un homme efféminé, puis d'un homosexuel ; le mot s'emploie aussi pour désigner ce qui est maniéré, prétentieux :

> « *Une garden-party un peu chochotte…* »
> *Le Nouvel Observateur*, 11 mars 1974

On relève le terme archaïque **travailleuse** (1862), employé d'abord pour prostituée :

> *« La troisième classe [d'homosexuel] est entièrement formée d'individus appartenant à la grande famille des ouvriers [...] De là est venu leur nom de travailleuses. Vêtus d'une blouse fort propre et d'une casquette de drap à visière tombante, ils sont parfaitement reconnaissables à leur voix langoureuse et traînante. »* Canler, *Mémoires*

L'homosexuel passif est aussi vu comme un « jeune garçon », beau et efféminé, à travers de nombreux termes argotiques tels que **môme**, en 1841, d'abord au sens de « adolescent, joli garçon »; **gosselin**, d'après *gosse*, « enfant »; **girond** ou **giron** (1872), au sens premier de « joli garçon »; plus ancien, le mot **mignon ; mignard** (1914), du sens vieilli: gracieux et délicat, a une valeur plus péjorative:

> *« [...] Tels autres sont mordus pour des girons, des jacks / Pour un télégraphiste, enfin pour un beau môme [...]. »* R. Desnos, *Frères Mirontons*

> *« C'étaient eux qu'on appelait les mignons de Henri III ; Livarot, Villequier, Dugast et Maugiron eurent part aussi et à sa faveur et à ses débauches. »* Voltaire, *Henri III*, in *Littré*

Au XVIIIe s, se forme le nom masculin **cupidon**, qui a servi à désigner un homosexuel, par allusion au nom du dieu de l'amour, du désir, représenté sous les traits d'un enfant; parfois le mot désigne encore un enfant d'une grande beauté:

> *« Des messieurs, qu'on ne peut comprendre,*
> *Quitteraient la Vénus pour prendre*
> *Un cupidon. »* Collé, XVIIIe s.

Le nom masculin **giton**, est un mot formé (av. 1714, Voltaire, *Anti-Giton*) à partir de *Gito*, nom d'un jeune homosexuel du « Satiricon » de Pétrone et désigne un jeune homme entretenu par un homosexuel:

> *« Sa personne en tous lieux honnie est réduite à ses noirs gitons. »* Voltaire, *Lettres en vers et prose*, in *Littré*

Son synonyme ancien **bardache**, est un italianisme, d'après *bardassa*, « jeune garçon », auquel on peut ajouter dans le même sens ancien, le composé **enfant d'honneur** :

> *« Pour, sous le titre de novice, avoir toujours un bardache ou une garce. »* H. Estienne, XVIe s.
>
> *« Si tu veux me servir deux jours d'enfant d'honneur. »* La Fontaine, XVIIe s.

Le mot **jésus** (1835), au sens argotique de jeune homosexuel passif, désignant dans la langue familière un adolescent mignon, plus ou moins efféminé, semblerait plutôt être ici une allusion (largement répandue dans les milieux athées dès la fin du XVIIIe s.) à l'homosexualité suggérée de Jésus et à ses liens « particuliers » avec ses disciples.
On relève récemment l'adjectif **beau**, pour homosexuel que l'on peut rapprocher du nom masculin **schbeb**, de l'arabe *schbeb*, au sens de « joli, beau », désignant un jeune homosexuel passif dans le milieu carcéral.
D'autres métaphores relèvent d'autres images, comme **cuir**, qui se dit dans le langage contemporain d'un homosexuel au comportement et aux manières viriles: d'un homme ; **castor**, attesté en 1975, traduit à la fois le prostitué mâle ou l'homosexuel ; **crevette** (1983), au sens premier de « femme entretenue, prostituée », illustre un jeune homosexuel qui se prostitue à l'occasion :

> *« Les jeunes sont aussi appelés « crevette » par les cuirs. Cyniques et gâtés. »* *Actuel*, février 1983

On dispose aussi de **pétanqueur**, mot qui apparaît en 1977 (Caradec), jeu de mots probable sur *pétard*, « postérieur »; **frégate** (1821), employé d'abord pour femme, puis homosexuel passif, par allusion au navire

« à voiles » (selon Guiraud, le choix du contexte maritime serait à mettre en rapport avec les usages érotiques) ; **lope** ou **lopette**, issus du largonji *lopaille*, de *copaille* (copain), qui ont désigné dès 1883 dans l'argot des voyous un pédéraste passif, puis les mots se sont employés peu après, à propos d'un traître :

> « *Culs fientes vomissures lopes cochons pourris marrons d'Inde saumure d'urine excréments crachats sanglants règles pouah sueur de chenilles colle morve bavure vous vous pus et vieux foutre abominables sanies enflures vessies crevées cons moisis mous merdeux renvois d'ail.* » L. Aragon, *La Défense de l'infini*

Dans l'argot des bataillons d'Afrique, se forme le nom féminin **gerboise**, par analogie sans doute avec l'arrière-train surélevé de cet animal ; puis **zèbre** (1969), d'après le roman de J.-L. Bory, « La peau des zèbres ». On trouve les termes vieillis **honteuse** (1862, Canler) et **honteux** (1912, Villatte), d'après le sens de l'adjectif, « qui cause de la honte, du déshonneur » :

> « *Il avait amené avec lui un jeune néophyte de la classe des honteuses, garçon de dix-huit ans, à moustaches soyeuses, au nez retroussé, à la voix et aux allures féminines.* » Canler, *Mémoires*

On peut ajouter le terme vieilli **gomorrhéen**, issu de *Gomorrhe*, ville de Palestine, qui d'après la bible fut détruite en raison des turpitudes de ses habitants (voir chap. *sodomie*) :

> « *... ce que l'on ne comprend pas c'est que l'existence, entièrement dévolue aux descendants des gomorrhéens, soit tolérée.* » Vidocq, XIXe s.

L'homosexuel est aussi appelé **gazier** (1957), de *boîte à gaz*, « postérieur », puis **gazoline** (1981), issu de *gaz*, euphémisme pour « pet » :

« Léon Mercadet qui, aux dires des gazolines, suce mieux qu'il n'écrit, parle. » Libération, 1er juin 1981

Quelques locutions expressives sont formées à partir du nom *rosette*, au sens figuré et populaire « d'anus », comme **chevalier de la rosette** (1912, Villatte) et **amateur de rosette** (1929, Chautard), pour homosexuel actif ; on trouve anciennement **apôtre de l'anus** :

« Ah ! dans toute la chrétienté
Il faut que la société
Envoie des missionnaires
De Saints apôtres de l'anus
Qui, tirant les vils des ornières,
Prêchent l'Évangile des culs. »
Collé, XVIIIe s.

D'autres locutions relèvent d'autres figures, comme par exemple les excréments, avec **amateur de terre jaune** (1912, Villatte), désignant l'homosexuel, par allusion péjorative à *terre jaune*, employé pour excrément humain, qu'on retrouve au sens de sodomie, dès 1873, notamment chez Verlaine.
Certaines expressions sont spécifiques: **marquis** ou **chevalier de la manchette** (1726), qui s'expliquent à partir du mot *manchette*, autrefois « ornement de linge cousu à la manche autour du poignet » ; de même qu'en emploi archaïque on trouve, **famille des boules de Siam**, d'origine obscure.

On peut ajouter ici, l'expression métaphorique **(la) famille tuyaux de poêle** (Chautard, 1926), désignant les relations sexuelles entre les personnes d'une même famille, l'allusion repose sur le jeu de mot « s'emmancher les uns dans les autres comme les tuyaux de poêle ».
Bon nombre de locutions verbales, combinées avec des termes faisant référence à l'anus ou le postérieur,

impliquent le fait d'être homosexuel passif, comprenant des verbes comme *filer*, *refiler*, *donner*, *lâcher* et pour l'homosexualité active, on a généralement *prendre*, qui est l'image de «prendre par derrière»; ainsi on relève indifféremment: **donner** ou **lâcher du figne** (1970, Boudard & Étienne), **être** ou **refiler de la bagouze** (1952), **prendre du chouette** (1957), **donner** ou **filer du chouette** (1970, Boudard & Étienne), **filer, lâcher, prendre du rond** (1953), **prendre, refiler de la dossière, du dos** (1960, Le Breton), **aller au petit, lâcher du petit** (1970, Boudard & Étienne), **prendre du petit** (1931, Chautard):

> *«T'as des tas de gentils papas qui prennent du rond comme des folles à leurs moments perdus.»*
> San Antonio, *Baisse la pression, tu me les gonfles!*

> *«Passe encore de se faire emmancher par un dur*
> *Ou d'aller au petit d'un mignon, d'un pas mûr,*
> *Mais pour l'oberleutnant se défoncer le prose!»*
> R. Desnos, *Frères Mirontons*, *La Revue des Messages*

On peut ajouter **filer, refiler** ou **être de la jaquette (flottante)**, daté de 1953, (Simonin), de *jaquette*, «anus», pratiquer l'homosexualité; en terme absolu, apparaît **jaquette flottante** (1901), pour homosexuel:

> *«Le garçon qui fut parisien et qui est resté de la jaquette flottante, radine, triomphant, portant un immense plat d'argent sur lequel fume une monumentale choucroute.»*
> San Antonio, *Au suivant de ces messieurs*

Avec les mêmes valeurs **filer, onduler du valseur** (1957), de *valseur*, «postérieur (surtout féminin)», s'emploie dans le sens d'être homosexuel; l'expression a été reprise en 1977, pour «dandiner des fesses en marchant».

Quelques termes et locutions désignent par métaphore l'homosexualité masculine, comme par exemple **brioche maudite**, attesté en 1957 (Sandry-Carrère) ou **brioche infernale** (1983, Boudard) ; **confiture** (1977, Caradec), désignant l'homosexualité passive ; **être de la cale 2** (1960, Le Breton), issu de l'argot des dockers, et **être de la procession**, par image de l'un derrière l'autre :

> « *Ne parlons pas de femmes devant lui ; il est de la procession.* » J. Le Vallois, XIXe s.

On peut ajouter dans ce chapitre quelques expressions récentes qui illustrent le fait d'être bisexuel : **être** ou **marcher à voile (s) et à vapeur** (XXe s.), en emploi métaphorique (pour les deux sexes) évoquant le choix du contexte maritime (l'idée de double activité est rendue par celle de « double fonctionnement ») :

> « *C'est justement à l'ambivalence, à l'incessant et, souvent, laborieux va-et-vient entre le côté pile et le côté face de l'homme (et de la femme), qu'on reconnaît l'exilé ou le déserteur de son sexe. En langage imagé, le bon sens ou l'esprit de géométrie parle d'aller ‹à voile et à vapeur›.* »
> A. De Goulène, *Le Bois la nuit*

Sur le même registre, mais musical, cette fois, **être jazz-tango** (1977) ; la locution familière **bique et bouc** (v. 1970), à la fois, homosexuel passif et actif (ou hétérosexuel) ; dans le même sens, on trouve le nom masculin **auto-reverse**.
On peut encore citer l'expression argotique (**faire** ou **marcher**) **chou pour chou** (1930), avoir des relations homosexuelles réciproques, la valeur implicite de *chou*, à la fois « tête » et « cul », explique parfaitement la locution.

L'HOMOSEXUELLE

L'homosexualité féminine tire son nom du grec, on relève anciennement *culte de sapho*, par opposition à *culte de Vénus* et *saphisme* (1838), nom masculin, d'après le nom de la poétesse grecque *Sapho*, célèbre pour ses mœurs homosexuelles, habitante de Lesbos, île de la mer Égée ; de là est dérivé **lesbienne**, au sens d'homosexuelle comme adjectif féminin en 1784 et vers 1867, comme nom féminin :

> « *Elle aime tous les rats*
> *Et voudrait, la Lesbienne,*
> *Qu'à sa langue de chienne*
> *Elles livrent leurs chats.* » A. De Nerciat, XVIIIe s.

Les mots ou expressions illustrant l'homosexuelle sont très peu nombreux. Ils sont généralement conçus comme une action indécente, obscène, une petite « chose sale ». Le terme le plus courant est **gouine**, mot normand, féminin de *gouain*, « salaud (1625) », issu probablement de l'hébreu *goy*, « non juif » et qui désignait dès 1625 une (vieille) prostituée. C'est à partir seulement de 1867, que le terme d'homosexuelle apparaît.

Dans le même sens **gouinasse**, est attesté chez San Antonio. En 1950, se forme le verbe pronominal **se gouiner**, pratiquer l'homosexualité féminine. Les termes **gougnotte** ou **gougne**, apparus en 1858, pour femme homosexuelle, sont sans doute issus du dialectal *gougne* « truie » :

> « *Espiègleries des gougnottes d'Henri Monnier qui s'esclaffent gentiment : ‹Nous sommes deux petites cochonnes›.* » *Le Nouvel Observateur*, 13 février 1982

> « *Avoir une langue qui rendrait follingues un régiment de gougnes.* » San Antonio, *Si, Signore*

De *gougnotte*, se forment **gougnotter** (1856), avoir une relation homosexuelle avec une femme et pratiquer un cunnilinctus; le dérivé masculin **gougnottage** (1878), désigne une relation homosexuelle entre femmes:

> « *Et même la rosière, nous dit-on, va plus s'faire gougnoter en ville.* » Chanson paillarde

> « *Zulmé, l'amie de Toné et sa partenaire en gougnottage, se saisit brusquement des couilles de Mony.* » G. Apollinaire, *Les Onze mille verges*

Le féminin **gousse**, issu sans doute de l'ancien français *gouce*, « chienne (v. 1330) », apparaît en 1931, pour homosexuelle, mais est attesté d'abord pour nymphomane et prostituée vers 1878; de là **se gousser** (1931), avoir des relations homosexuelles, entre femmes; en 1977, se forme **gavousse**, javanais de *gousse*, pour homosexuelle.
On peut rapprocher **goudou** (1975), nom féminin, d'origine obscure, probablement en relation avec *gouge*, « femme débauchée ».

Vrille, mot ancien, apparaît dans l'argot des souteneurs. De l'expression érotique « *brouter* », se forme **brouteuse**, en 1957. Les termes vieillis **fricarelle** et **fricatrice**, sont dérivés du méridional *frayer*, « frotter » :

> « *Encore usent-elles de ces fricarelles, s'entrecherchant et s'entr'aimant les unes les autres.* »
> Brantôme, XVIe s.

On trouve encore le terme argotique récent **mangeaille**, terme péjoratif, pour ménage féminin, d'après le sens érotique de *manger*, à rapprocher de **chipette**, lesbienne active, probablement issu de *chipoter*, « manger du bout des lèvres »; on a aussi le vieux mot **auvergnate**, au sens technique ancien de *auvergner les peaux*, « leur donner de l'apprêt » :

> *« Consommateurs des deux sexes, hommes et femmes, pas d'auvergnats, tout au plus quelques auvergnates très élégantes, fleurs du mal qui se respirent entre elles. »* A. Delvau, XIXe s.

Quelques locutions expressives se sont formées comme **puce travailleuse** (1867, Delvau) ; **éplucheuses de lentilles** (1836), qui s'explique à partir de *landies*, « sexe de la femme (1250, Roman de Renart) ».
Par jeu de mots sur *gousse* (d'ail), on relève certaines expressions pittoresques comme **marchande d'ail**, qui apparaît pour homosexuelle, en 1904, puis se forment dans le langage contemporain **manger**, **vendre** et **sentir l'ail** (1977), pratiquer l'homosexualité ; on relève chez San Antonio, **portée sur l'aïoli**, illustrant la lesbienne et **(le) gigot à l'ail**, pour saphisme :

> *« Une greluse de faubourg se blottissant contre le flanc de sa camarade. Curieux, je la savais pas portée sur l'aïoli, la Mme Bordeaux. »*
> San Antonio, *Certaines l'aiment chauve*

D'autres expressions désignent la communauté homosexuelle : **bottine**, en 1957, avec jeu de mots sur boutons de bottine ; **la maison**, **la villa** ou **le ménage tire-bouton** (1953), de *tirer* et de *bouton*, « clitoris », de là **(se) tireboutonner** (1979), avoir des rapports.
Puis dans un argot très récent, on relève les locutions **être de la pelouse**, **du gazon** ou **de la moquette**, par allusion à la toison pubienne.

V
LA PROSTITUTION

Le vocabulaire de la prostitution constitue un champ lexical important également source d'injures et de gros mots. Attesté à l'origine dans une version anglo-normande de l'Apocalypse, « prostitution » désigne le fait de se livrer à la débauche, pour une femme, sens rare avant 1530 et de nos jours sorti d'usage au profit de l'acceptation spéciale, apparue en 1690, « fait de livrer son corps moyennant rémunération ».

LA PROSTITUÉE ET LA FEMME

Les synonymes de prostituée, mot apparu en 1596, issus pour la plupart du langage argotique, désignent indifféremment la femme qui fait commerce de son corps mais aussi la fille légère et débauchée. La plupart de ces termes méprisants ont été également appliqués à un moment donné, aux femmes en général, en dehors de toute connotation érotique. Plusieurs thèmes sont abordés, notamment celui de la saleté physique, substituée à la saleté morale, d'où l'idée de méchanceté, de fourberie. On peut citer d'abord le terme ancien **putain**, apparu vers 1120, cas régime en -ain de *pute*, qui est le seul témoin vivant d'une riche série issue du latin, *putidus*, « puant, mauvais, méchant », avec *putois*, et dont le premier élément est l'adj. *put*, *pute*. Après avoir désigné une prostituée, le mot s'est dit par extension au XIVe siècle, d'une femme facile, débauchée, sans moralité :

« Cette Leininger, c'est du vice tout froid, tout arithmétique, que ne monte pas même le vin, enfin une prostituée sans le tempérament d'une vraie putain. » Goncourt, *Journal*, 1875

Le mot *putain*, dans le sens de femme débauchée, a donné lieu à des emplois injurieux comme **fils de putain**, attesté dès 1155 et plus récemment **enfant de putain** :

« Que je te rosserais si j'avais du courage, double fils de putain, de trop d'orgueil enflé ! »
Molière, *Amphitryon III*

La langue populaire en a fait une interjection sous forme de juron pour exprimer soit le mépris, l'exaspération ou la colère, dans la formule **un** ou **une putain de**... suivi de toutes sortes de noms :

« Tu peux le conduire, ce putain de camion ?
– Non, Gilbert, c'est un risque trop gros. »
Ph. Carrese, *Filet garni*

En variantes régionales, on relève **la putain** ou **la putain de ta race...** notamment chez les Français d'Afrique du Nord, et pour marquer l'admiration, l'étonnement ou le dépit **putain** est suivi parfois par **de** ou **d'un moine** :

« [...] Putain de ta race... Tu t'es vu... Tu vois ce que tu es en train de faire en ce moment... Tu fais l'enclume, comme d'habitude... »
Ph. Carrese, *Trois jours d'Engatse*

On trouve aussi *putain* en banale interjection devant toute phrase exprimant le désappointement, la surprise, l'étonnement, etc. : **putain, je vais être en retard ! ; Putain, qu'il fait froid !**

Ou encore, construit avec une série d'interjections telles que : **putain de toi ! ; putain, bordel de merde, j'ai encore perdu ! ; putain, nom de Dieu, merde, qu'il est con ! ;** et **putain con !**, d'origine méridionale.

On relève dès 1853, en emploi figuré, **être putain** ou plus récemment **faire la putain** (1957), qui signifie chercher à séduire excessivement ou faussement quelqu'un, dans le but de plaire. On trouve la vieille locution argotique **putain comme chausson** (1867), dans le sens de tout à fait débauché ; et en 1987, **chausson** en emploi absolu, désigne une prostituée, en emploi métaphorique et péjoratif :

> *« L'argotier peu enclin à la commisération traite ces femmes de chausson. »*
>
> J. Alexandre, *L'Argot de la prostitution*

Miroir à putain(s), se dit d'un séducteur, qui par son physique, attire le regard des femmes ; l'expression ironique et injurieuse est attestée vers 1650, chez Scarron, mais on disait déjà au XIIIe s. *miroir à (des) dames* ; on relève plus récemment **miroir à pouliches** :

> *« Ah ! Sacré marlou, j'aurai ton nez ! C'est ton nez que je veux foutre quelque part !... Donne donc ta gueule, miroir à putain, que j'en fasse de la bouillie pour les cochons, et nous verrons après si les garces de femmes courent après toi ! »* É. Zola, *Germinal*

De *putain / pute*, avec le suffixe péjoratif *-asse*, se forme **putasse**, en 1558, désignant très vulgairement une prostituée de bas étage. Et successivement dans le sens « d'avoir une vie de prostituée », on trouve les termes **putanisme** (fin XVIe s.), de *putain* (ultérieurement *putanat*) et **putasser** (1845), de *putasse* ; vers 1486, le verbe s'utilisait dans le sens de « commerce avec les prostituées ». Si le verbe *putasser* est aujourd'hui désuet, ses dérivés sont bien vivants : **putasserie**, qui s'est

dit dès 1606, pour prostitution ou vie de prostituée, s'emploie au figuré en 1946, illustrant alors l'obscénité, la grossièreté morale; l'adjectif **putassier (ère)** (1549), désigne ce qui est relatif aux prostituées, digne d'une prostituée (1875): **un langage putassier**, vulgaire.
On trouve aussi, emprunté à l'ancien provençal *putanier*, le mot **putanier** (XVe s.), surtout régional, désignant un homme fréquentant les prostituées.

Comme son synonyme *putain*, le nom féminin **pute**, de l'ancien adj. *put*, « puant, mauvais », alimente aussi le domaine des injures; attesté également dès le XIIe siècle, le mot a désigné en ancien et moyen français, une prostituée et une femme débauchée (sens qu'il a conservé encore aujourd'hui):

> *« L'argent me brûle les poches, je bouffe tout mon fric en champagne et en putes. »* Actuel, septembre 1980

> *« Il échappait souvent de dire à la reine [en parlant de Madame de Montespan]: cette pute me fera mourir. »* Saint-Simon, *Mémoires*, in *Littré*

Éliminé par *putain*, **pute** a été repris assez récemment, sous l'influence d'usages régionaux, peut-être par emprunt au provençal *puta*. Néanmoins, le mot se définit comme moins injurieux que *putain*, on dit **la belle pute !, aller aux putes**:

> *« Un mec qui va aux putes, il paye pour avoir le calme et la volupté. »* Ph. Carrese, *Le Bal des cagoles*

L'expression **faire la pute**, en emploi moderne, désigne quelqu'un prêt à tout pour arriver à ses fins (syn. *faire la putain*). On retrouve **fils de pute**, synonyme de *fils de putain, fils de garce*, utilisé comme injure ou comme interjection expressive, avec la variante **enfant de pute**, (en provençal: *fan de pute*).

En javanais de *pute*, se forme **pavute**, daté de 1960, pour prostituée, mot très utilisé dans le milieu :

> *« Aussi avaient-ils à cœur de la traiter : de boudin, de tarderie, de suce-bites, de pavute, de miches-à-godes, de miss-prend-du-rond, de planche à bread, de pouffe, de greluse, et de collier à pafs. »*
> San Antonio, *Les Soupers du prince*

La femme de mauvaise vie

Sur le thème de la saleté d'abord physique puis morale, on peut citer **salope**, nom féminin, apparu en 1600, d'après sans doute la formation de « sale » et de « hoppe », variante dialectale de *huppe* (oiseau réputé pour sa saleté), qui a désigné d'abord une femme sale et s'est appliqué à une personne (homme ou femme) très malpropre (1690), puis de l'idée de saleté, souillure, on passe au sens de femme dévergondée en 1775 et prostituée en 1808, par un glissement sémantique courant en français :

> *« Il écrivit au pasteur dont la salope était paroissienne, et fit en sorte d'assoupir l'affaire. »*
> J.-J. Rousseau, *Les Confessions* (XII)

> *« Lucien, derrière sa vitre, a même fait un dernier sourire et un petit signe obscène à Arlette pour lui expliquer ‹ Attends un peu ce soir, salope, tu vas voir ce que je vais te mettre. › »*
> Ph. Carrese, *Graine de courge*

> *« Je vous aime ainsi divine salope. »*
> Parnasse satyrique, XIXe s.

Salope s'utilise ensuite comme un terme d'injure à l'adresse d'une femme (1788), rattaché alors à ***salaud***,

(XIIIe s.), n.m. et adj., individu méprisable, moralement répugnant, dont il est devenu le féminin; puis plus récemment, **salope**, est employé comme terme intensif de mépris adressé à un homme (1927):

> *« [...] Mes voisins hystéro de l'appartement du dessus finissent leur partie de belote contrée à la parlante: ‹Tu la veux, hein, salope, tu la veux?› Ce à quoi je leur crie à nouveau à travers le plafond: ‹Et ben, donne-lui, si elle la veux, comme ça on pourra dormir!› »*
>
> Ph. Carrese, *Trois jours d'Engatse*

> *« [...] Ne me réveillez pas, nom de Dieu, salauds, ne me réveillez pas, attention je mords je vois rouge. »* L. Aragon, *La Défense de l'infini*

On relève le composé **Marie-salope**, en 1936, issu probablement du nom ancien du bateau-drague, destiné à transporter en haute mer les produits de dragage; le mot a vieilli aux sens de femme malpropre (1831), puis débauchée (1867).

À partir de *salope*, se forme le nom masculin **salop** (1834), « individu méchant », sorti d'usage à cause de la paronymie avec *salaud;* de là dérivent **salopiaud** (1866) ou **salopiot** (1878), pour individu repoussant ou moralement abject; **salopard**, est attesté en 1911, comme terme d'argot militaire (nom injurieux par lequel les soldats français appelaient les dissidents marocains aux ordres d'Abd el-Krim), désignant de façon injurieuse, un individu particulièrement dangereux, moralement répugnant.

On peut ajouter **saloperie**, d'après *salop*, pour acte (1893) ou parole moralement abject (1790); le mot comme toute la série a signifié d'abord « très grande malpropreté », « chose sale, sans valeur », et à partir de 1873, il s'emploie en terme d'injure à l'adresse d'un individu fourbe, malhonnête; par hyperbole, on relève

saloperie de (1919), suivi de toutes sortes de noms, pour qualifier ce qui est méprisable, détestable :

> *« C'est pour avoir applaudi à ces saloperies de M. de Vendôme, qu'Alberoni a fait sa fortune. »*
> Marquis d'Argenson, *Journal et Mémoires*, in *Littré*

D'autres termes encore, la plupart archaïques, illustrent la femme de mauvaise de vie, représentée figurément par ce qui « pue », ce qui est « sale », « méprisable » ou « dangereux ». On relève **gadoue**, attesté en 1867, issu de *gadoue*, « mélange de matières fécales et d'immondices », désignant une prostituée de dernière catégorie ; de nos jours, au figuré, le mot se dit d'une situation désastreuse ; **bourbeteuse** (XVIe s.), d'après l'ancien et moyen français *bourbeter*, « se rouler dans la fange » ; le nom féminin **punaise**, de *punais*, « puant, fétide », a désigné en moyen français, une prostituée, puis le mot s'est dit d'une personne vile et méprisable (1836) et aussi d'une fille ou femme, en emploi péjoratif ; **vesse**, à l'origine « gaz intestinal émis sans bruit », a eu diverses acceptations aujourd'hui sorties d'usage, telles que prostituée en 1507, femme débauchée, vaniteuse, vantarde (1660), le mot est très répandu alors, du XVIe au XVIIe siècle :

> *« Lise, cette insigne punaise*
> *Me fait montre de ses ducats ;*
> *Et c'est afin que je la baise*
> *Mais qu'elle ne l'espère pas. »* Sygognes, XVIe s.

> *« Le bon Marc Aurele ayant sa femme Faustine, une bonne vesse. »*
> Brantôme, *La Vie des femmes galantes*, in *Littré*

On trouve encore **gaste** (XVIe s.), pour fille publique, qui est une forme de *gâter*, sans doute d'après l'ancien adjectif *gast*, « souillé, corrompu » ; **daube** (1899), désigne une prostituée en règle avec la police ; dans

le langage méridional, une **daube** est une personne moche et plutôt grosse, avec le dérivé péjoratif **daubasse**.
Le vieux mot **gourgandine**, d'origine dialectale probablement composé du radical de *gouret*, *goret* que l'on retrouve aussi dans le moyen français *gorre*, « syphilis », *gorrasse*, «coquette», désigne dès 1640, une fille facile et une prostituée ; le dérivé **gourgandiner** (1867), courir les filles, est sorti d'usage :

> « *Les mêmes faubouriens, et les mêmes faubouriennes, les mêmes voyous et les mêmes petites gourgandines.* » A. Delvau, XIXe s.

La métaphore péjorative **paillasson**, d'après *paillasse*, tapis servant à s'essuyer les pieds, a désigné une prostituée en 1820 et en 1829, un homme porté sur les filles publiques ; on rencontre avant **paillasse (à soldats, de corps de garde)**, qui est daté de 1680, pour prostituée de bas étage :

> « *Chaque soir sur l'boul'vart, ma p'tite femm' fait son trimar. Mais, si el's'porte s'l'paillasson, j'lui coup' la respiration. J'suis poisson.* »
> Ancienne chanson d'argot

On relève les dérivés archaïques argotiques comme **paillassonner** (1841), multiplier les aventures extraconjugales et **paillassonnage** (1874), légèreté en amour.
Le mot **ordure**, dès les premières attestations, possède la valeur concrète de « chose qui souille » et au sens moral de « souillure », aujourd'hui d'usage littéraire ; par métonymie, il désigne dès 1408, une femme dépravée, puis un individu vil, méprisable, d'où son emploi injurieux fréquent (1865) :

> « *Je vous préviens qu'il sera nécessaire de retrancher les ordures de Shakespeare, si vous voulez que l'Académie fasse imprimer l'ouvrage par son libraire.* » D'Alembert, *lettre à Voltaire*, 27 août 1776, in *Littré*

De « ravager », au sens figuré de *détruire* : « apporter (à qqn) de graves perturbations physiques ou morales », se forment l'adjectif et le nom féminin **ravageuse** ou **souris ravageuse** (1879), à la fois pour prostituée et fille facile.
Puis **poison**, qui a conservé le sens figuré de « chose pernicieuse (1544) », de là le langage populaire ou familier du XIXe s. lui a donné le sens de femme très désagréable, méchante (1789, en terme d'injure) et fille ou femme de mauvaise vie :

> *« Ce n'est pas une femme, c'est un poison. »*
> A. Vitu, XIXe s.

> *« Poison est aussi un sobriquet outrageant que l'on donne aux courtisanes les plus viles. »* Dhautel, 1808

Les femmes, toutes des putains

La prostituée est aussi la « fille », et, par synonymie toute désignation de la jeune fille ; le sémantisme principal est celui du mot « fille », allant de « jeune fille » en passant par « servante », puis à « fille débauchée » et enfin à prostituée.
Fille, en emploi absolu, apparaît en 1387, avec les variantes **fille publique** (XIXe s.), **fille des rues ; fille (femme) de vie** (1409), **fille perdue** (1606), « tombée » : expressions qui ne s'emploient plus ; de même que **fille de marbre**, **fille de plâtre**, **fille de nuit**, **fille d'allégresse**, **fille soumise** (aux contrôles, etc) ; par contre, la locution **fille de joie** (XVIIe s.), est restée vivante, le mot *joie* étant le substantif de « jouir » ; **fille d'amour**, a désigné une prostituée exploitée généralement par le tenancier ou la tenancière d'une maison de prostitution :

> *« Taisez-vous, vous sentez le vin et la fille. »*
> Béranger, *Le Troisième mari*, in *Littré*

> *« Cette ville de Paris qui n'est bonne que pour les messieurs du parlement, les filles de joie et l'Opéra-Comique. »*
> Voltaire, *lettre à Mme de Fontaine*, 19 avril 1760, in *Littré*

Le dérivé **fillasse**, est péjoratif au sens de « grosse fille sans grâce » (1587), puis devenu archaïque pour fille de mauvaise vie (XVIe s.). **Mignonne**, mot ancien, est d'abord attesté dans le sens de jeune fille, puis d'amante au XVe s., il s'est ensuite dégradé et a désigné une femme de mauvaise vie :

> *« Il voulait avoir une somme de dix mille livres tous les ans pour ses mignonnes. »*
> Tallemant des Réaux, XVIIe s.

Le terme **poupée** (1833), en emploi métaphorique du mot usuel est employé pour désigner une fille ou une femme facile et dans le langage argotique moderne, la femme du souteneur.
En emploi métaphorique, se forme **pouliche** d'abord pour belle jeune fille (1897), puis pour femme entretenue ou prostituée (1901). Le nom **garce**, féminin de *gars*, qui apparaît vers 1165 au sens péjoratif de jeune fille, de femme débauchée ou de prostituée, ne s'utilise plus au sens de jeune fille (usuel du XIIe au XVIe s.) que dans la région méditerranéenne: *une belle garce* ; on trouve **garcailler**, vieux terme qui signifiait courir les filles :

> *« Allons, la garce, haut la quille ! Mon vit est crânement drissé. »* A. Karr, XIXe s.

> *« Après il se mit tellement à garcailler qu'il alla avec des mignonnes dans son carrosse. »*
> T. des Réaux, XVIIe s.

On relève le mot **frangine** (1926), *sœur* en argot (féminin de frangin), qui désigne tour à tour une fille, une femme, une maîtresse et une prostituée ; en déformation argotique, apparaît récemment **frangipane**, dans le même sens :

> *« Pour ce qui est du sexe à piles de la frangine, y faudrait changer les piles ! »*
>
> F. Lasaygues, *Vache noire, hannetons et autres insectes*

On peut rapprocher le mot **sœur**, repris en argot vers 1861, pour femme et spécialement maîtresse, qui s'est ensuite appliqué aux prostituées, en 1867 (***nos sœurs du peuple*** : *filles de bordel*). Le terme **poule**, employé d'abord familièrement en s'adressant à une femme ou une fille, s'est dit pour prostituée, par allusion dépréciative de la femelle du coq, à partir de 1867 (variante, *poulette*) ; puis a désigné une maîtresse (1890), d'abord dans l'argot des souteneurs et vers 1900, une femme en général.
Le mot **cocotte**, « femme de mœurs légères », qui date de la fin du XVIIIe s., se greffe sur la valeur hypocoristique du terme comme nom enfantin de la poule ; il a produit les dérivés euphémiques **cocotterie** (1866) et **cocottisme** (1878), désignant le monde de la prostitution, ainsi que le verbe **cocotter** (1900), d'après « sentir la cocotte » : sentir fort, sentir le parfum fort et médiocre des femmes légères :

> *« Les cocottes peuvent se définir ainsi : les bohèmes du sentiment… les misérables de la galanterie… les prolétaires de l'amour. »* Les Cocottes, 1864

Sur le même thème se forme également **volaille**, fille de mauvaise vie (1879), d'où en argot, femme ; par une autre métaphore, en emploi péjoratif, faisant allusion au caquet de la basse-cour, le mot s'est employé pour désigner un groupe de femmes ou de jeunes filles (1848) ; puis le nom féminin **poniffe**, issu de l'ancien français, *poneuse*, « pondeuse », qui a d'abord désigné péjorativement une femme (1785), puis dans le langage argotique une prostituée (1846) :

> *« Des grues comme la fille à Gamel se bourrent d'huîtres et se collent des dentelles sur la peau ! Et pourtant elle est laide, cette volaille-là. »*
> J. Moineaux, XIXᵉ s.

Le mot **rombière**, issu d'un radical onomatopéique *rom* évoquant le « grognement », avant d'être attesté en argot pour fille publique, a désigné une bourgeoise d'âge mûr, et par extension, se dit de nos jours, d'une femme vieille et laide (1925) ; en 1965, il prend le sens familier d'épouse, maîtresse ; on relève chez San Antonio, **rombiasse** :

> *« Les bars du petit port commencent à se remplir de leur clientèle dominicale, quelques retraités, des dockers, des minots, des rombières [...]. »*
> Ph. Carrese, *Filet garni*

> *« Tu me dis ton secret, et on vous embastille, ta rombiasse et toi, ou tu refuses de parler, et alors c'est mémère qui va avoir droit à la séance de pressing. »* San Antonio, *Tarte à la crème story*

Connasse, issu de *con* et du suff. -asse, à l'origine « vagin » (1610), se disait en emploi péjoratif, à l'adresse d'une femme idiote, imbécile (1810), terme actuellement en vigueur (voir à *sexe femme*) : **quelle connasse !** ; le mot désigne en 1849, une prostituée marginale ou inexperte.

On relève encore **créature**, attesté à partir du XVIIᵉ s., pour femme galante, mais d'abord au sens de femme, sens dévalorisé par ses acceptations érotiques ; **moukère** ou **mouquère**, à l'origine, le mot est employé pour désigner une femme maghrébine (1830), de manière condescendante ou méprisante, dans le contexte colonial, puis en argot, dès 1878, il s'est employé au sens large de femme, maîtresse, puis prostituée.
Le terme vieilli **gaupe**, issu du bavarois *walpe*, « femme sotte », apparaît vers 1401, en terme d'injure et de

mépris, pour femme malpropre, vieille femme désagréable ou prostituée :

> *« Jour de Dieu ! Je saurai vous frotter les oreilles ;*
> *Marchons, gaupe, marchons. »* Molière, *Tartuffe* (I, 1)

Morue (1849), désigne une femme de mauvaise vie, sans autre explication que la métaphore animale appliquée à des noms de poissons (*maquereau*, *barbeau*... : différents noms du souteneur) avant de devenir un terme très injurieux adressé à une femme, sans contenu précis.
Les termes féminins **largue** (1827) ou **larque** (1841), désignant une prostituée, sont issus du largonji de *marque*, au sens ancien de « prostituée » (1457-1460), par allusion à la marque distinctive qui permettait de reconnaître les prostituées au Moyen Âge ; ces mots se sont aussi employés pour désigner la femme ou la maîtresse du souteneur (1821) :

> *« Le macque, qui joue ici un rôle plus actif que le barbillon, ne quitte sa largue ni jour ni nuit. »*
> Canler, *Mémoires*

On trouve le féminin **gisquette**, en 1925, désignant argotiquement une jeune fille de mauvaises mœurs, une prostituée puis une maîtresse, en 1928 ; on a donné pour origine (peu probable) à ce mot, le nom du préfet de police Gisquet, qui ordonna de mettre en carte les prostituées ; *gisquette*, s'est employé familièrement vers 1945, pour jeune fille ou jeune femme en général.

Gigolette (1864), féminin de *gigolo*, « amant de cœur », s'est employé pour jeune fille facile et délurée ; puis apparaissent les noms féminins **loumi** ou **lloumi** (1915), d'origine gitane, ils désignent à la fois la prostituée et la femme (syn. *garce*).

Le nom féminin **greluche**, dérivé régressif de *greluchon*, « amant de cœur d'une femme entretenue par un autre

homme (1725) », prend le sens de femme de mœurs légères, vers 1930 et par extension, désigne dans le langage moderne, une jeune femme sotte, une fille ou une épouse (1953) ; le dérivé **greluchette** (1857), apparaît avec les mêmes valeurs.
La lorette, (mot d'après Roqueplan, 1841), illustre la fille entretenue qui habite le quartier avoisinant l'église Notre-Dame-de-Lorette, près de Pigalle :

> *« Sa conduite lui semble la plus naturelle du monde ; elle trouve tout simple d'avoir une collection d'Arthurs et de tromper des protecteurs à crâne beurre frais, à gilet blanc. Elle les regarde comme une espèce faite pour solder les factures imaginaires et les lettres de change fantastiques : c'est ainsi qu'elle vit, insouciante, pleine de foi dans sa beauté […] »* Th. Gautier, 1845

> *« Phryné, riche du bien de plus de vingt amants, et le cou ruisselant d'or et de diamants, s'irrite à tout propos du luxe des lorettes, et demande un décret qui borne leurs toilettes. »*
> A. Barbier, *La Revue des deux mondes*, mai 1865, in *Littré*

On peut ajouter le nom féminin **vestale**, (chez les Romains, prêtresse de Vesta, consacrée à la virginité) qui s'est dit au figuré, et souvent en emploi littéraire ou comique pour « femme d'une parfaite chasteté » (1680) ; par une antiphrase courante dans ce domaine, **vestale du Marais**, puis **vestale**, s'est employé pour prostituée en 1746 ; on a dit aussi **antivestale** (XVIIIe s.), ces valeurs ont disparu au XIXe siècle :

> *« Quel feu profane, quel autel*
> *Desservent ces vierges fatales ?*
> *De quel dieu païen et mortel*
> *Sont-elles les blondes vestales ? »* A. Delvau, XIXe s.

D'autres termes relèvent de l'image de la fille de campagne ou de la servante, comme le nom féminin **gouge** (milieu du XVe s.), aujourd'hui sorti d'usage, dont le sens original est celui de servante, fille, fille facile et femme débauchée, sous l'influence peut-être de *gouce*, *gousse*, « chienne ».

En abréviation populaire du prénom Catherine, nom d'une sainte, vierge et martyre, se forme **catin**, dès 1547, au sens péjoratif de femme de mauvaises mœurs, prostituée ; l'évolution s'expliquerait par une assimilation entre la fille de campagne ou la servante, à laquelle ce nom était donné ; on trouve les variantes : **cathau**, vers 1890 et **catiche** (1900) :

> « *Puisqu'elle est de si grande qualité, pourquoi s'est-elle fait catin ?* » Mme de Sévigné, *Correspondances*

Le terme ancien **jeanneton**, diminutif du prénom *Jeannette*, s'applique depuis J. de La Fontaine (1669, *janneton*) à une fille de moyenne vertu, mais a d'abord désigné une servante ; on trouve aussi **margot** ou le diminutif **margoton** (vieux mots) :

> « *J'ai peu d'estime pour l'argot ;*
> *Mais au besoin je le tolère*
> *Si je rencontre une margot*
> *Je la regarde sans colère.* » Ph. Dauriac, XIXe s.

Enfin **nana**, qui correspondrait probablement au diminutif du prénom Anne ou Anna ; il a été popularisé par l'héroïne du roman de Zola, « Nana » (1880) : d'abord argotique au sens de femme, concubine d'un souteneur, et prostituée (1949), **nana** est devenu d'usage familier au sens général de compagne, maîtresse, fille ou femme (syn. : *pépée*).

Quelques métaphores sont représentées par des termes peu nombreux, voire isolés comme le nom féminin **horizontale**, qui s'est dit en argot, à partir de 1883, par analogie de position pour désigner la prostituée (mot sorti d'usage) ; on trouve **philosophie horizontale**, pour prostitution, également désuet ; **respectueuse**, attesté en argot en 1947, a désigné une prostituée, par allusion à la pièce de J.-P. Sartre, « La Putain respectueuse », le terme est très vite sorti d'usage ; **baigneuse** (1960), dont l'emploi pour prostituée s'expliquerait probablement de *baigne-dans-le-beurre*, sobriquet du maquereau.

La prostituée est aussi celle qui mène une vie de débauche, qui aime faire la fête, qui « **fait la noce** », expression apparue dès 1900, en emploi élargi du mot *noce*, « grande fête, réjouissance », d'où se forment les valeurs de débauche et de prostitution ; la langue populaire ayant d'ailleurs adopté (fin XIVe s.) un sens du latin dans *faire les noces*, « faire l'amour » ; on trouve **nocer** (1836), se livrer à la débauche et **nocerie** (1836), pour débauche ; puis les mots **noceuse** (au masc. *noceur*) et **femme** ou **fille de noce** (1895), pour prostituée :

> *« Quel chicaneur… Il y en a qui prennent du bromure. D'autres vont à l'alcool. D'autres fréquentent l'opium et son auguste famille. Et d'autres font la noce. »* P. Valéry, *Œuvres*, tome II

> *« Ce sont là nos dignes femelles !*
> *Ô mes frères ! Ce sont nos sœurs,*
> *Et l'on nous méprise autant qu'elles :*
> *Aux noceuses vont les noceurs. »*
> Parnasse satyrique, XIXe s.

Le nom féminin archaïque **ribaude** (1175), issu de l'ancien verbe *riber*, « se livrer à la débauche », s'est employé pour femme de mauvaise vie ; on trouve *ribaud* en ancien et moyen français, en terme d'injure général appliqué à un débauché, un méchant, un scélérat, voire un simple vagabond ; le français a eu également le nom **ribaudie** (1180), pour débauche, **ribauder**, pour coïter, ainsi que le verbe **ribler** (1424), se livrer à la débauche ; ces termes aujourd'hui sortis d'usage sont vivants par les évocations historiques du Moyen Âge :

> *« Ce vers-ci, dit Panurge, n'est pas à votre avantage. Il marque que votre femme sera une ribaude et vous, par conséquent, cocu. »*
> Rabelais, *Pantagruel*, tome II

> *« Ce gentil Dieu qu'on appelle Mercure, Dieu des fripons, des ribleurs et ribauds. »*
> Chaulieu, *lettre à l'abbé Courtin*, in *Littré*

Drôlesse (av. 1530), issu du sens ancien de *drôle*, « bon vivant, débauché » a vieilli avec son sens péjoratif de femme dévergondée, fille galante. Puis les termes **demi-vertu** ou **demi-vierge** (fin XIXe s.), se sont formés d'après **demi-castor** (1784), pour femme galante, femme de moyenne vertu, lui même dérivé de **castor**, dans l'argot des libertins (1695), **demi-mondaine** :

> *« Et ces demi-vertus à panache*
> *Tendres à cent écus par mois. »* É. Debraux, XIXe s.

À partir des valeurs de fourberie, d'escroquerie, la prostituée est encore la **coquine**, terme apparu dès 1611, d'après *coquin* au sens de « truand, libertin », qui possède, plus que le masculin, une connotation d'« enjôleuse », désignant aussi une femme ou un homme débauché, de là se forme **coquinerie**, au sens moderne de « malice, fourberie », avec des connotations de libertinage érotique ; on peut rapprocher l'expression marseillaise, toujours en vigueur **coquinasse**, pour allumeuse ou en terme péjoratif, prostituée :

> *« Nous sommes liés le baron et moi par nos coquines. »* H. de Balzac, XIXe s.

On relève aussi le terme ancien **gueuse**, emprunté certainement au moyen néerlandais *guit*, « coquin, fripon», et qui désigne dès 1454, une femme de mauvaise vie, d'où l'expression **courir la gueuse** (1808), se débaucher; le nom féminin **gueuserie**, s'est employé pour qualifier une action vile (1808):

> *«La querelle [du fils aîné du chevalier de Quélus] était venue pour du cabaret et des gueuses.»*
> Saint-Simon, *Mémoires*, in *Littré*

D'autres métaphores sont fondées sur des termes désignant l'acte sexuel comme le mot ancien **aimeuse**, d'après *aimer*, synonyme euphémique de «foutre»; **rivette** (1829), s'explique à partir de *river*, «posséder sexuellement une femme» (également à la forme masculine pour prostitué):

> *«Folâtres ou rêveuses*
> *Nous charmons*
> *Nous sommes les aimeuses:*
> *Aimons!»* E. Imbert, XIXe s.

Puis le mot vieilli **torpille**, qui désigne un poisson voisin des raies dont la décharge électrique peut engourdir l'homme, s'est dit dans l'argot du XIXe s. d'une prostituée; dès 1838 chez Balzac, *la Torpille* est le surnom d'Esther Gobseck, la courtisane; En 1879, apparaît **limande**, issu sans doute du verbe érotique *limer*.

La fille publique est aussi une «fille des rues», une fille «du trottoir», lieux où la prostituée ambulance exerce sa profession; de là apparaissent les noms féminins **radeuse** (1898) et **radasse** (1913), tous deux issus de *rade*, «rue, trottoir»; **radasse** est utilisé aussi comme terme d'injure:

> *«[...] Je lui montre simplement le canon de mon flingue dans une gestuelle qui signifie clairement: Grouilles-toi d'ouvrir, radasse!»*
> Ph. Carrese, *Graine de courge*

Le mot **traînée**, est un des sémantismes les plus anciens et les plus courants pour désigner la prostituée (1488) ; il est issu du sens métaphorique familier, lié à une acceptation du verbe *traîner*, « aller sans but » :

> « *Comment capture-t-on les petites sirènes ?*
> *Comme les gros poissons, on les pêche à la traîne !*
> *Et suivant le dicton que chantaient nos aînés :*
> *Les petites sirènes sont toutes des traînées.* »
> Cl.-Ch. Depousier, *Les Vers c'est satyrique*, tome I

Issu de *taper*, posséder sexuellement (probablement croisé avec *pine*), apparaît la locution argotique, **faire le tapin** (1837), définissant l'activité de la prostituée ; puis par métonymie, le mot **tapin** (1926), nom masculin, a désigné une prostituée. *Faire le tapin*, c'est aussi **tapiner** (1920) ; le nom féminin **tapineuse**, s'est employé pour prostituée en 1926 :

> « ‹*Quelle drôle d'idée de faire du stop en pleine nuit sur la route de Gignac. Tu tapines ?*›
> *Contrariée, Félix marque un temps avant de marmonner sèchement :*
> ‹*Non.*
> – *Sois pas agressive chérie. C'est pas un drame, de tapiner [...].*› » Ph. Carrese, *Le Bal des cagoles*

Vers 1881, apparaît le terme ancien **tapeuse**, pour prostituée, qui s'explique aussi à partir de *taper*. On trouve la locution **femme de trottoir**, dès 1861 et en emploi moderne du mot **faire le trottoir**, c'est se prostituer ; autrefois, l'expression *cette fille est sur le trottoir*, signifiait : elle est bonne à marier, elle attend un mari.
Son synonyme **arpenteuse**, pour prostituée, attesté en 1952, est issu du verbe *arpenter*, « parcourir à grands pas », sens courant dans la langue classique ; de là se forme dans le langage contemporain **arpenter (le bitume)**, forme élégante de *faire le trottoir* ; on trouve les variantes argotiques modernes **piler le bitume**, **polir**,

faire le bitume et l'expression **louer cinquante mètres de bitume**, où *bitume* remplace ici «trottoir»; plus ancien est le verbe **bitumer** (1867), se prostituer, ainsi que **bitumeuse** (1898) et **mademoiselle du bitume** (1881), pour prostituée.

De la même origine, on a **batteuse d'asphalte** (1907), où *asphalte* remplace « bitume et trottoir » ; l'expression est dérivée de **faire l'asphalte** ou **être sur l'asphalte** (1866), se livrer à la prostitution; **marcheuse** (1800), par allusion à « battre le pavé », est à rapprocher de **patineuse**, prostituée qui parcourt la rue, le trottoir.
Le nom masculin **turf**, de l'anglais *turf*, « champ de course » est passé en argot avec le sens figuré de voie publique où se pratique le racolage (1864) ; de là **faire le turf** (1926), se prostituer, puis par métonymie, **un turf**, à partir de 1935, désigne une prostituée ; le terme **turfeuse**, également pour prostituée est apparu juste avant (1926) :

> *« Il avait une fiancée charmante qui s'expliquait sur le turf pour que cézig n'aille pas s'esquinter les pognes sur des travaux rebutants. »*
> A. Boudard, *Le Café du pauvre*

Le mot **persil** (1840), dans les expressions argotiques **aller au persil, faire son persil**, désignant l'activité de la prostituée, est d'origine obscure ; peut-être viendrait-elle du provençal, selon Larchey, où le mot aurait signifié « argent » ; variantes : **travailler dans le persil, faucher le persil, faire son persil ;** de ces locutions se forment **persilleuse** (1862), pour prostituée et à la même date **persiller**, pour racoler (sorti d'usage) :

> *« Et tout ça vient fair' son persil, / Au bois d'Boulogne. »* A. Bruant, *Dans la rue*

On relève de nombreuses locutions métaphoriques, qui illustrent la prostituée autour de différentes valeurs :

belle de nuit, appartient, avec **belle-de-jour**, à la nomenclature populaire des plantes, d'où par métaphore le premier (1776), et, par symétrie, l'autre désignent des prostituées travaillant de nuit ou de jour; **dame blanche** (1847) et **dame du lac** (1866); **pont d'Avignon** (1867), à cause de la grande fréquentation du lieu, de même que **mademoiselle du Pont-Neuf** (1907), *Pont-Neuf*, était déjà employé pour «prostituée», aux XVIIe et XVIIIe s.; en argot moderne se forme **petite dame**, expression de patronne de bordel pour désigner ses pensionnaires:

> «*Je suis la patronne de ce bazar, la mère de dix-huit petites dames...*» Lemercier de Neuville, XIXe s.

On trouve encore **chignon émancipé** (1883), qui désigne également le pubis féminin, **marchande d'amour** (1939), **matelas ambulant** (1878), termes plus du tout usités. En argot moderne apparaît **sac à bites**, pour prostituée et **sac à sperme**, attesté pour fille facile, avec la variante **multiprise** qui se dit d'une femme toujours prête à aller avec n'importe quel mâle; puis **fusil à trois coups** (1928) ou **à trois trous** (1960), désigne une prostituée acceptant de travailler avec les trois ouvertures de son corps (buccale, vaginale, anale).

On relève anciennement pour fille publique complaisante, la locution **cul de bonne volonté**, en emploi métonymique de *cul* et dans le même sens, **citoyenne du pays du tendre**:

> «*La bande des vieilles attendait l'autre fournée avec une grande dévotion et l'importunait avec mille instances, en alléguant que c'est une chose intolérable dans la nature, quand manque la beauté à un cul de bonne volonté.*» Rabelais, *Pantagruel*, tome II

> «*Ce sont des citoyennes du pays du Tendre, ce pays où nous sommes bien forcés de faire de temps en temps quelques excursions.*» A. Delvau, XIXe s.

Plus récentes sont les locutions **boîte à jouissance**, **boîte à vérole** (1912), *vérole* est attesté chez Rabelais en 1532, pour « syphilis » ; et **boîte à rougeole** (1894), qui s'employait pour désigner une prostituée atteinte d'une maladie vénérienne, tout comme **éponge à mercure**, daté du XVIIIe s.
Issu du verbe *croquer*, par le sens figuré de « manger à belles dents », chargé d'une valeur érotique, on relève **croqueuse** ou **femme qui en croque** (1948), pour prostituée ; dans le langage moderne **une croqueuse de santé**, est une femme insatiable en amour, on peut l'assimiler à la **croqueuse d'hommes** ; on trouve dans le même sens, **voleuse de santé** (1882).
On relève chez San Antonio, les créations **videuse de roustons**, femme portée sur le sexe et par extension, prostituée et dans le même sens **dénoyauteuse de burnes** :

> *« Beau châssis, pouliche de race. Une dénoyauteuse de burnes patentée. Comment qu'elle doit lui faire gicler la cervelle, au cher maître ! »*
>
> San Antonio, *Baisses la pression, tu me les gonfles !*

Les composés **petit métier** (1982), peut-être par allusion à *femme de métier*, qui s'est employé pour femme de mauvaise vie, dès 1170 et **pain frais** (1889), désignent une femme du milieu, de même que le nom féminin **polka** (1960).

D'autres expressions sont fondées sur des métaphores animales, telles que **crevette** (1866), l'argot l'a appliqué à une jeune femme galante de luxe, par allusion au personnage de la *Môme Crevette*, dans « la Dame de chez Maxim's » de Feydeau ; mais on peut rappeler qu'à l'origine, *crevette* est le féminin burlesque de *crevé*, jeune homme efféminé, qui mène une vie dissipée :

> *« Ces michetonneuses sont l'équivalent des crevettes, biches, cascadeuses d'autrefois qu'on englobait sous le terme générique de ‹femmes entretenues›. »*
> J. Alexandre, *L'Argot de la prostitution*

Langouste ou **langoustine** (1936), prostituée et maîtresse, d'après *sauterelle*, ancienne appellation de la langouste, qu'on rencontre jusqu'au XVIIe s.
Sauterelle, est attesté dès 1791, par jeu sur *sauter* au sens sexuel, que l'on trouve au sens péjoratif de « fille, femme », dès le XXe s. On relève aussi **sauterelle d'édredon**, pour prostituée, *l'édredon* étant le lieu des rapports sexuels ; puis se forme **caille**, mot ancien, par allusion au symbole d'ardeur amoureuse de cet oiseau ; **tortue** et **veau** (1840), apparaissent en argot pour jeune prostituée peu active, en emploi péjoratif du mot désignant dans notre culture, un animal paresseux et lent (mots sortis d'usage).

Singesse, d'après les valeurs correspondantes de *singe*, le mot s'est d'abord employé pour fille laide, puis en argot pour prostituée (1878) et patronne (1896) ; **guenon**, désigne une femme laide, dès 1640, puis par extension, une femme de mauvaise vie (1686) ; le dérivé **guenuche** (petite guenon), a pris à la fin du XVIIe s., les acceptations figurées de *guenon* :

> *« Le temps où les femmes m'allumaient si facilement que la première guenon venue qui me mettait dessus me f'sait faire bâton pendant quinze jours. »*
> Lemercier de Neuville, XIXe s.

On trouve encore **pintade** (1918), d'après le même mot qui a développé un sens figuré péjoratif de « femme sotte et vaniteuse », en relation avec **grue** qui prend très tôt le sens de prostituée (dès 1415), par allusion à la station prolongée sur les trottoirs, de là se forme la locution **faire le pied de grue** (1608), attendre les clients debout sur le trottoir:

> *« Une grue? Une femme du monde? Jolie en tout cas! Qu'est-ce qu'elle fichait, seule, un jour pareil, et à cette heure? »* V. Margueritte, *La Garçonne*

Biche: le sens argotique, puis familier de femme galante, attesté en 1637, se répand au XXe s. où il concurrence le mot *lorette* avant de décliner; en argot moderne il prend le sens de fille d'une maison de prostitution qui ne trouve pas de client; **bicherie** (1863), s'est employé dans la seconde moitié du XIXe s. pour désigner collectivement le monde des femmes entretenues, *le demi-monde* (1789); on trouve aussi **haute bicherie** (1821), le dessus du panier de la galanterie, d'où **être de la haute**, est attesté dans le même sens:

> *« Une biche – il faut bien se servir de cette désignation, puisqu'elle a conquis son droit de cité dans le dictionnaire de la vie parisienne – se trouvait cet été à Bade. »* Le *Figaro*, 1858

> *« Ce salon – qui n'est pas autre chose qu'un marché – est hanté de la Haute-Bicherie parisienne: musardines, précatelanières, biches, lorettes, filles de marbre et autres gourgandines élégantes… »*
> A. Delvau, XIXe s.

On relève **lièvre** (vers 1987), d'après la qualité d'énergie reconnue à l'animal, qui se dit d'une fille qu'aucun souteneur ne peut conserver, puis le mot a désigné péjorativement une femme; puis **puce**, en argot moderne; **louve**, vieux mot, traduit du latin *lupa*, attesté en français dès 1265, dont le sens figuré de prostituée a précédé celui de «femelle du loup»; il s'est éteint dans la seconde moitié du XVIIIe s., mais l'emprunt *lupanar*, d'usage littéraire pour «lieu de débauche, maison de prostitution» en garde le témoignage:

« Sachant bien que fortune est ainsi qu'une louve Qui sans choix s'abandonne au plus laid qu'elle trouve. » Régnier, XVIIe s.

La femme laide et méchante

Dès l'ancien français (1195-1200), le nom féminin **chienne** prend un sens figuré fortement péjoratif, appliqué à une femme avec une référence de réprobation sexuelle, d'où sa valeur de femme paillarde au XVIIIe s. ; on a dit **chiennerie** (1460) pour comportement dégradant, souvent sexuel. On peut citer le mot **truie**, « femelle du verrat », employé par comparaison ou métaphore injurieuse, à propos d'une femme avec l'idée de forte corpulence (1675), de saleté et de vie débauchée (par la même évolution que *cochon* et *porc* à propos des hommes) ; **vache**, dès 1492, est employé au sens de femme ou mère, puis par un double sémantisme, se développe vers 1680, l'idée de la grossièreté et celui de la mollesse, de la lourdeur, d'où la valeur de femme trop grosse (1694) et de personne lâche, paresseuse (v. 1865) ; le mot désigne une prostituée, vers 1740, mais déjà, **faire la vache**, se disait en 1640, pour se prostituer :

« Avoue, Zidore, que ta fifine est une bonne vache et une vache à lait encore. » Lireux, XIXe s.

En 1880, d'abord à la forme adjective **vache** se dit d'un individu ou d'un comportement inspiré par la méchanceté, l'hostilité, d'après l'apparition d'une autre valeur familière, attribuée à l'animal, celle de la méchanceté ; peu après le mot apparaît en nom, dans le même sens et s'emploie aussi en terme d'injure.

De ces valeurs négatives se forment les termes **peau de vache**, dans le même sens et **en vache**, méchamment ;

puis issu de *coup de pied en vache*, « en traître », se rattache l'usage argotique familier de **vache** (1879), agent de police, gendarme, d'où le juron anarchiste **mort aux vaches !**
L'idée de méchanceté se retrouve au figuré dans le nom féminin **vacherie**, d'abord pour veulerie (1867), puis le mot s'est employé pour maison de prostitution en 1884, et a désigné ensuite une action ou parole méchante (1872) ; autre dérivé de *vache*, l'adjectif **vachard**, qui apparaît d'abord pour paresseux, resquilleur, ensuite au sens moderne de dur, sévère (1953) ; l'adverbe **vachement** (1930), au sens premier de méchamment, est passé dans l'usage familier avec la valeur de « beaucoup, très ».

Avec la même évolution que *vache*, **chameau**, s'emploie (ainsi que **dromadaire**) dès le début du XIXe s., d'abord au sens de « putain », par métaphore de la (vieille) monture, puis avec la valeur de personne hargneuse, par allusion au symbole de méchanceté qu'il évoque depuis le milieu du XIXe s. ; le mot constitue également une insulte à l'égard d'une femme à partir de 1828 :

> « *L'autre dit que sa gorge a l'air d'un mou de veau,*
> *Et toutes sont d'accord que ce n'est qu'un chameau.* » Louis Protat, XIXe s.

On peut encore citer **carne**, terme vulgaire qui désignait « la mauvaise viande », apocope de *carnage*, « chair », qui en 1842, s'est dit pour prostituée puis pour mauvais cheval en 1867 ; le mot est aujourd'hui employé pour injurier de préférence une femme :

> « ‹ *Putain, Marie-Madeleine... Marthe, acide, ne rate pas l'occasion.*
> *– Lui dis pas ça, à Marie-Madeleine, tu vas lui rappeler des souvenirs.* ›
> *Marie-Madeleine réplique sur le champ en ricanant :*

‹ Et alors, vieille carne, pour moi c'est rien que des bons souvenirs. › » Ph. Carrese, *Le Successeur*

De même que **rosse**, désignant à l'origine un mauvais cheval, vieux et sans vigueur, s'est employé à la fin du XVe s., par métaphore à propos d'une femme vieille « usée au service des hommes », puis d'une personne sans valeur (1618), et de nos jours de quelqu'un de méchant.

La femme hors d'usage

D'autres dénominations métaphoriques apparaissent avec le sens de prostituée de dernière catégorie, qui ne rapportent pas, comme **pouffiasse**, dérivé de l'onomatopée *pouf*, peut-être sous l'influence de *pouffi*, « bouffi », désigne d'abord, la prostituée (1866), puis la fille vulgaire (1875) ; dans le langage contemporain, le mot sert de terme d'insulte, avec les idées fréquentes de grosseur et de vulgarité ; vers 1985-90, il est abrégé familièrement en **pouffe** ou **pouf** :

« Cette pouffiasse de Sophie n'avait qu'à pas draguer ton frère.
– Elle l'a jamais dragué, mon frère.
– Ti es trop con, Fati ! Et pour avoir ses doses à moitié prix, comment elle a fait, Sophie ? »
Ph. Carrese, *Le Bal des cagoles*

Grognasse (1883), issu du verbe *grogner*, « qui grogne » (d'où l'emploi péjoratif), suivi du suffixe *-asse*, désigne une femme laide et d'humeur acariâtre, puis en terme d'injure, une femme ou une fille.

Le nom féminin **vadrouille** (1867), à l'origine, « sorte d'écouvillon, formé de vieux chiffons pour nettoyer le pont d'un bateau», correspondrait sans doute à l'image constante en français populaire, qui assimile la femme de mauvaise vie à un vieux chiffon (*guenille*, *souillon*...), cet emploi a disparu au XXe siècle; à la même date, le mot illustre aussi l'action de **vadrouiller** (1881), c'est-à-dire courir les «filles» ou «traîner dans les rues», en parlant d'une prostituée; on relève aussi **vadrouillarde** (1878), attesté également pour prostituée de bas étage; dans le langage argotique moderne **être en vadrouille** (1932), signifie courir les lieux de plaisir:

> *«Monsieur est en vadrouille, je lui réserve une réception qui ne sera pas piquée des vers.»*
> Ménestrier, XIXe s.

Avec la même notion péjorative, on relève les mots vieillis **torchon** (1877), employé d'abord pour «linge, habits sales, 1690», **souillon** (1867), étymologiquement le mot désigne un «chiffon de cuisine», mais aussi une femme malpropre, d'où le sens de prostituée de dernier ordre; **guenille**, d'abord «chiffon, loque (1611)», puis personne vieille, sale et mal habillée (1808), de là le sens de femme de mauvaise vie.
Le mot **pierreuse**, dérivé de *pierre*, attesté dès 1807, a désigné dans le langage argotique de la police, une prostituée travaillant parmi les matériaux des bâtiments en construction, puis par extension vers la fin du XIXe s., une prostituée de dernière catégorie:

> *«Les pierreuses vont dans les chantiers, dans les maisons en voie de construction, au milieu des pierres déposées sur la berge du canal ou de la Seine.»* Canler, *Mémoires*

Avec les mêmes valeurs, désignant la prostituée de bas étage, se forment les termes **camelote**, en 1866, sans doute d'après *camelote*, «marchandise bon marché et de piètre qualité (1800)», de là dérive **came** (1929), de « marchandise sans valeur », pour prostituée ; on relève anciennement **le monde camelote**, la basse prostitution ; **marchandise**, en emploi péjoratif pour prostituée, apparaît dès 1640 (*bonne marchandise*), dans l'usage ancien, le mot désignait le commerce lui-même. Puis toujours avec le sens de prostituée de dernière catégorie, **dossière** (1836), la *dossière* est un terme de bourrellerie ; plus récent, le nom féminin **pallaque** (1975), d'origine inconnue, de même que **goyau** ou **goyo** (1895) ; **roulure**, attesté en 1775, est apparu, en relation avec le sens figuré péjoratif de *rouler* « aller çà et là », pour femme vile et prostituée (dans le langage moderne, le mot reste vivant en terme d'injure agressive).

Certaines expressions désignent la prostituée âgée ou hors d'usage comme : **bifteck à corbeau** (1907), **(vieille) peau** (1845) ou **peau de chien**, **de chat** (1866), désignant parallèlement une vieille femme ; plus anciens sont les termes **vieille lanterne**, **vieille médaille** et **vieux bas de buffet**, pour vieille prostituée à la retraite :

> *« Un prêt' qui disait la messe à deux vieilles femmes, deux vieux bas de buffet, qu'écoutaient. »*
> H. Monnier, XIXe s.

La travailleuse

On trouve aussi quelques dénominations métaphoriques comme : **gagneuse** (1873), de *gagner*, désignant la prostituée qui multiplie les clients et l'argent ; à rapprocher du nom féminin **travailleuse** (1841), dérivé de **travail**, attesté anciennement pour prostitution :

> *« Au nom de dieu, dedans le tête-à-tête*
> *À ton flâneur donne de l'agrément*

Dans le travail, rappelle-toi Jeannette
Que t'es pas là pour ton amusement. »
L. Festeau, XIXe s.

Le mot **turbineuse** (1957), prostituée active, est issu de **turbiner**, « se livrer à la prostitution », d'après probablement le sens premier du verbe : « travailler dur » ; il produit le déverbal **turbin (faire le turbin)**, d'abord pour « travail pénible », puis argotiquement pour prostitution (v. 1860).
D'autres métaphores illustrent la prostituée qui rapporte : **gâcheuse** (1866), de *gâcher*, mot argotique ancien au sens de « travailler » ; **gagne-pain** (1890) et son équivalent **casse-croûte**, en 1928 ; **moulin** (1935) et son dérivé **mouliner** (1973), se livrer à la prostitution.

Le mot **marmite**, issu de la locution *faire bouillir la marmite* (1622), « faire vivre la famille », apparaît en argot vers 1841, servant à désigner par métonymie la prostituée qui fait vivre le souteneur ; plus ou moins grassement, la prostituée fait vivre son homme : de là se forment des locutions pittoresques, la qualifiant en fonction de ses performances : **marmite de cuivre, de fonte, de fer, de carton, de terre**... à l'inverse une **marmite cassée, fêlée** ou **qui fuit**, est une prostituée qui ne rapporte plus d'argent.
Par jeu de mots sur *marmite*, se forme **casserole**, en 1882 ; **bifteck**, apparaît à la fin du XIXe siècle : la prostituée gagnant « le bifteck » de son souteneur ; puis toujours avec la même valeur, on trouve le féminin **ménesse**, daté de 1841, altération de *ménestre*, sorte de potage, par la même métaphore que *marmite* dans le sens : « elle fait manger l'homme, le souteneur » ; **boulangère** (1899), s'explique aussi à partir de «gagner le pain» du souteneur :

« *Une fois un coup fait sous la direction du toucheur, l'assommeur donne aussi sa douille à sa Ménèsse.* » Claudes, *Mémoires*

On relève encore **flibocheuse** (1987), d'origine incertaine, désignant la prostituée âpre au gain; **bisness** (**biseness**), de l'anglo-américain *business*, « affaires » (1895), s'emploie à la même date, pour désigner la prostitution; de là **faire le bisness**, racoler; en 1921, les termes désignent une prostituée; par extension **femme de biseness** et **bisnesseuse** (1926), sont apparus pour prostituée, aujourd'hui sortis d'usage.

D'autres termes illustrent la prostituée occasionnelle, comme le nom féminin **pétasse** (1881), de *péteux*, avec le suff. péjoratif -asse, qui désigne en même temps une femme ordinaire, grossière; en verlan moderne, **taspé**:

> *« Des klaxons virulents mettent fin à toute explication entre la pétasse blonde et le pauvre minot, assis à ses pieds. Elle se retourne et fait un bras d'honneur à la file de voiture, regarde son pare-choc et son phare puis hausse les épaules et remonte dans la Saab.* » Ph. Carrese, *Trois jours d'Engatse*

Plus récent, est le mot **autobus** (1975), d'origine obscure; **montgolfière** (1975), désigne la femme qui se prostitue par goût, l'allusion repose sur la notion de chaleur (la montgolfière étant un aérostat à air chaud); puis apparaît **ponette** (1977), d'après « poney femelle », désignant une jeune prostituée occasionnelle; dans le même sens, le nom masculin **trottin**, (avant 1937), issu du verbe *trotter*.
Le nom féminin **michetonneuse**, pour prostituée apparaît vers 1920, issu de **michetonner** (1898), « lever des clients »:

> *« Ma fille bosse à Nanterre comme bonne sœur dans un foyer de michetonneuses repenties.* »
> D. Pennac, *La Fée carabine*

Michetonner, est dérivé du nom masculin **micheton** (1810), « amant payant », dans l'argot des filles, puis dans l'usage populaire, désigne un homme qu'on peut facilement gruger (1915) ; le mot s'explique à partir de **miché** ou **michet**, forme populaire du prénom Michel, qui s'est employé avec les mêmes valeurs, dès 1764, d'où **faire un miché** (1789), racoler un client, ces termes ont vieilli :

> *« Un jour, par hasard, il tombe sur son premier micheton qui déclenche chez lui une boulimie de sexe rémunérateur. »*
> *Libération*, 17 janvier 1985

De l'adjectif *insoumis*, apparaît le terme **insoumise** (1841), qui se disait (jusqu'en 1946) d'une prostituée (surtout occasionnelle) qui ne soumettait pas aux mesures de contrôle ; inversement la locution vieillie **fille soumise** (1835), désignait la prostituée « en carte », c'est-à-dire soumise à un contrôle administratif et sanitaire, obligatoire jusqu'en 1964.

Toujours avec les mêmes valeurs métaphoriques « d'apparitions inégales et capricieuses », se forment les locutions **étoile filante** (1977) et **fin de mois**.
Il existe de nombreux termes qui illustrent la prostituée dans ses différentes figures ou spécialisations : **dérobeuse** (1950), selon Colin et Mével (dictionnaire de l'argot) désigne la prostituée qui essaie d'échapper au milieu ; le mot est issu de *dérober*, dans le langage de la prostitution : « ne pas honorer ses devoirs envers son souteneur en quittant le métier (J. Cordelier) ».
Cavette (1926), d'après *cave*, mot d'argot qui a d'abord désigné le niais, l'imbécile, puis l'« homme qui n'est pas du milieu », traduit au féminin une femme qui n'est pas du milieu. **Béguineuse** (1935), issu de *béguin*, mot argotique « être amoureux de », se dit d'une prostituée capable de s'amouracher :

> *« Elle sera aussitôt taxée de boudin [...] par ses consœurs et remise au pas par son mac qui n'apprécie guère les béguineuses. »*
>
> J. Alexandre, *L'Argot de la prostitution*

On rencontre son synonyme **boudin**, en 1890, qui trouverait son origine sur une métaphore alimentaire ou probablement sur un rapprochement avec *bourrin* (selon le dictionnaire historique de la langue française) ; le mot désigne aussi péjorativement (dès 1977), une fille, femme ou maîtresse et s'emploie de nos jours, plus particulièrement pour « fille mal faite, petite et grosse » : **un boudin**, abrégé en **boude** (1975) (syn. : *saucisse*).
Bourrin, de son premier sens « âne », puis « mauvais cheval », dans l'argot militaire, le mot désigne d'abord une fille disgracieuse et sans charme (syn. *boudin*), puis par métaphore, une femme ou un homme portés sur les plaisirs sexuels (1909), à rapprocher de *bourre*, *bourrer* dans son sens sexuel ; de là, se forme **bourriner** (1959), avoir des rapports sexuels actifs.

La **ménagère** (1898), racole en faisant ses courses ; l'**échassière** (1977), travaille dans un bar (du haut de son tabouret) ; le **taxi** (1919), désigne ironiquement celle qui négocie ses charmes, l'**amazone** (1957), la **voiturière** (1980) et la **caravelle** (1977), œuvrent dans leurs voitures.
Par opposition, apparaissent des termes qui désignent la prostituée « travaillant » à pied : **piétonnière** (1980), **baladeuse** (1852), **rouleuse** (1866) ou **roulante** (1975). En emploi expressif **fenêtrière**, apparaît dès 1867, désignant la prostituée qui sollicite ses clients à sa fenêtre (avant d'être closes, les « maisons » avaient fenêtres sur rue) ; on peut citer la variante **étagère**, d'après *étage*, en ancien français, attesté en 1902, le mot illustre aussi les allées et venues de la prostituée à l'intérieur de l'hôtel de passe. Plus récent le nom féminin **bucolique**

(1975), issu du nom donné à « un poème chantant l'amour de la campagne », pour prostituée qui travaille dans la nature ; et **wagonnière**, mot ancien, désignant la fille qui racole dans les trains :

> *« Les boulonnaises qui faisaient la verdure au bois de Boulogne ont été remplacées par d'autres bucoliques qui regardent la feuille à l'envers et font le grand écart dans les fourrés. »*
> J. Alexandre, *L'Argot de la prostitution*

Merlette (1902), d'après le féminin de *merlan*, « proxénète », se dit de celle qui attire le client pour une autre ; en emploi contemporain se forme **cocotte-minute**, pour prostituée alliant « quantité et rapidité » :

> *« Certes il existe bien dans certains quartiers populaires des taules d'abattage où les filles, les cocottes-minute, s'essuient jusqu'à soixante clients chacune par jour. »* J. Alexandre, *L'Argot de la prostitution*

Dans le même sens apparaît le mot **abatteuse** (1953), d'après l'argot **abattage** (1928), « commerce galant rapide à prix fixe et de tarif modeste » ; le féminin **braguette** (1977), illustre par métonymie, la prostituée rapide en besogne ; la **pontonnière** (1836), se dit de celle qui racole près des ponts :

> *« Les pontonnières fréquentent le dessous des ponts, et quelquefois le dessus, lorsqu'il n'y passe que très peu de monde. Toutes ces filles sont des voleuses. »*
> Canler, *Mémoires*

En valeur métaphorique de celle qui pratique le métier à domicile, apparaît le mot **tricoteuse**, en 1975 ; **chandelle** (1957), désigne la prostituée besognant dans un espace restreint ; le terme **galérienne** (1987), issu de « galerie », désigne une prostituée qui racole aux abords des galeries marchandes (selon J. Alexandre). Le nom ancien **barbotteuse**, attesté en 1776, d'après *barbotter*, « voler, dérober », désignait la prostituée en maraude ou celle capable de voler son client (G. Esnault) ; on peut citer son synonyme **entauleuse**, (**entôleuse**) (début du XXe s.), issu du verbe **entôler** (1901), « voler un client en parlant d'une prostituée ». En argot ancien, on trouve **rutière** (1836), issu de *rue*, avec une valeur distincte de *fille des rues*, désignant la prostituée qui vole sa clientèle.

Avec les valeurs de « chose cachée et d'infériorité », apparaît le nom masculin **dessous**, qui a d'abord désigné l'amant de cœur d'une prostituée à l'insu de son souteneur (1841) ensuite une prostituée qui entretient un souteneur dans le dos de sa « femme officielle » (G. Esnault).

Toujours dans l'argot du milieu, on trouve dans un sens similaire le nom masculin **doublard** (1828), issu de *double* et du suffixe péjoratif *-ard*, désignant la seconde femme d'un souteneur. Variantes : **doublarde** (1939), **doublure** (1925). Le terme **doubleuse** (1901), d'après *doubler*, « tromper », désigne une prostituée travaillant en double avec une autre (G. Esnault) ; **coucheuse** (1925), du verbe *coucher*, « se mettre au lit », désigne la prostituée qui réside dans une maison close (G. Esnault).
On trouve dès 1867, le mot **allumeuse**, du verbe *allumer*, au sens « d'exciter les désirs de » (début XVIIe s., Malherbe), s'appliquant d'abord à une racoleuse, prostituée ou entraîneuse et en général, une femme qui « allume », excite les hommes (1891, chez Huysmans).

Le composé **femme de quart**, désigne la prostituée de permanence la nuit, dans une maison close (J. Alexandre, 1987), la métaphore est issue des expressions :

faire, battre son quart (1845) ou **être de quart** (1935). Selon G. Esnault, illustre la prostituée qui attend son client sur le trottoir :

> « *Lebrun attendait là que sa nouvelle maîtresse, la fille publique Augustine Aubourg, eût fini de battre son quart pour rentrer à la maison et compter la recette avec son homme.* » Claude, *Mémoires*

Le mot **colis**, apparaît dès 1881, d'après le sens figuré de « personne encombrante », désignant une prostituée inexpérimentée que le souteneur livre à une maison de prostitution (G. Esnault) ; **briquette**, s'emploie en 1960, pour prostituée novice et **faux poids** (1953), pour prostituée mineure (G. Esnault). On peut encore citer l'expression **fille, femme en carte** (1834) : *encartée*, c'est-à-dire inscrite sur les registres de la police qui leur délivrait une carte pour les contrôler.

D'autres désignations sont encore spécifiques : on dispose de **shampooineuse** (1986, Pagan), issu de *shampooing*, dans son sens sexuel, illustrant la prostituée spécialisée dans les fellations ; de même que **pipeuse** (1957), du verbe *piper*, « pratiquer (sur quelqu'un) une fellation », **pompeuse** (1946, Plaisir des Dieux), de « pomper le nœud » et le féminin **incendiaire** (1975), que l'on peut rapprocher de *pompier*, pour fellation :

> « *Mme Fourina, belle enfant ? lui demandais-je.*
> *– Mme Fourina, la pompeuse de nœuds. C'est au quatrième.* »
>
> Anonyme, *Le Plaisir des Dieux*

En argot moderne on trouve la locution **blanchisseuse de tuyaux de pine**, pour fellatrice, qui s'est employé anciennement pour femme galante.

LE RACOLAGE

Plusieurs verbes illustrent précisément l'action de racoler ou de se prostituer comme **se défendre** (1920), issu de « se débrouiller habilement dans qqch », dans l'argot des prostituées ; **en usiner** (1960, Le Breton), d'après *usiner*, « travailler dur » ; **en concasser** (1982), par jeu de mots sur *con* ; **en écraser** (1928), **(en) émietter**, apparu en 1969 (Le Breton), puis **émietteuse**, pour prostituée (Le Breton).

Se livrer à la prostitution c'est aussi : **en écosser** (1960, Le Breton) ; **en arracher** (1987, J. Alexandre), avec la valeur « en soutenant un effort pénible » :

> « *Mais de ces femmes qui en arrachent et en concassent, toutes ne font pas le bizeness dans les rues.* » J. Alexandre, *L'Argot de la prostitution*

On trouve encore **en faire**, datant de la fin du XIXe s. (Esnault), **en moudre** (1946, Esnault), d'après *moudre* « produire un travail quasi mécanique » ; **en vendre** (1975, Le Breton), où *vendre*, signifie dès le XIIIe s., « céder un avantage, un service en faisant payer », à partir de cette valeur se forment **vendre sa char** (chair), vers 1265, se prostituer et dans le même sens **se vendre** (XIVe s.), puis **vendre ses faveurs, ses charmes** que l'on peut rapprocher de **vivre de ses charmes**, euphémisme pour se prostituer :

> « *[…] c'est la rengaine*
> *des sirènes de l'ombre*
> *des pauvres reines de la nuit*
> *à Londres comme ailleurs*
> *ailleurs comme à Paris*
> *Elles vivent de leurs charmes*
> *Pourquoi en faire un drame*
> *De quoi veux-tu qu'elles vivent ces pauvres petites souris.* » J. Prévert, *Histoires*

Travailler (1867), employé dans son sens absolu, apparaît ici avec l'idée de travail professionnel dans un contexte d'illégalité. On trouve la locution **être sur le sable**, d'abord en argot de la marine (1725), « être sans argent », par comparaison avec le bateau qui s'échoue sur le sable, puis « être dans la misère, faute de femme », dans le vocabulaire des souteneurs (1827) puis en 1975, se prostituer. On relève la locution **aller** ou **être aux asperges** (1960), se prostituer, où le pénis est ici désigné métaphoriquement par le mot *asperge*.
Aller à la relance (1929, Esnault), racoler, de *relancer*, attesté en vénerie ; plus anciennes sont les locutions **aller au gratin**, d'après l'argot *gratin*, « travail » et **faire** ou **aller le messière**, racoler un client, de l'italien *messere*, « monsieur ». On peut citer encore **faire la peau** (1946, *Le Plaisir des Dieux*), se prostituer, de *peau*, « tissu vivant qui recouvre le corps des hommes » ; **faire la verdure** (1977), en emploi euphémique de *verdure*, se prostituer dans la nature :

> *« Tu veux fair' la peau, un métier de grenouille*
> *Et me remplacer par d'autres amants. »*
> Anonyme, *Le Plaisir des Dieux*

Battre l'antif, l'antifle (1885), faire le trottoir, l'expression argotique, signifiait vers 1721, « marcher » ; **trimarder** (1883), dans le même sens (à peu près sorti d'usage), est issu de *trimard*, en argot ancien « route du vagabond » ; on trouve la variante **faire le trimard** (1867) ; **faire le boulevard** et plus récemment en formation argotique tronquée : **faire les boules** (1905) ; puis se forme **faire le rade** (début du XXe s.), **faire la rue, le coin** ou **le coinsto**, (coin, en argot), d'après l'image de la racoleuse qui se tient au coin de la rue, et en locution argotique récente **aller voir le général pavé** ; on trouve aussi **faire le raccroc** (1957), d'après **raccrocher** (1798), racoler, de là se forme pour racoleuse **raccrocheuse**, en 1867 (Delvau) :

« À la lueur d'un bec de gaz flambant au-dessus de sa nuque, je distinguai le geste d'invite d'une fille qui raccrochait. » G. Courteline, *Boubouroche*

Issus du verbe *trotter*, « aller ça et là, marcher vite », se forment **trottinage** (1883), pour racolage et **trottiner**, attesté en 1900, pour racoler ; les noms féminins **trotteuse** (1885) et **trottineuse** (1960), sont attestés pour racoleuse.

On relève aussi **faire la retape** (1795), désignant la prostituée qui se promène sur la voie publique pour y trouver des clients, d'après le sens argotique ancien de *retape*, « rencontrer qqn » ; son dérivé **retapeuse**, apparaît en 1867, pour prostituée :

« Ce sont les jeunes retapeuses qui font la gloire de Paris. » A. Glatigny, XIXe s.

À partir de la fin du XIXe s., le mot **truc** fait partie des désignations d'une chose ou d'une personne qu'on ne veut pas nommer et s'emploie notamment par euphémisme pour prostitution, d'où **faire le truc** (1876), se livrer à la prostitution, **truquer** (1890) se prostituer et **truqueuse** (1883), racoleuse, ces emplois ont vieilli ; on relève encore **faire des trucs** (fin XIXe), pour « posture, caresse à l'écart de la tradition sexuelle ».

« J'm'ai mis avec un' petit' grue
Qui truquait le soir à dada. »
A. Bruant, *Dans la rue, Chansons et monologues*

On trouve la locution argotique très courue **mettre sur le tas** (1872), développant l'idée accessoire de « sur le terrain », qui signifie obliger à se prostituer ; en 1899, **faire le tas**, signifie racoler, puis dans le même sens, l'expression contemporaine **faire le taf**, d'origine obscure. Par allusion au lieu de rassemblement des filles, qui racolaient au Palais Royal, on trouve l'expression ancienne **faire son Palais Royal** :

> *« De tous les coins de Paris, une fille de joie accourait faire son Palais-Royal.* » H. de Balzac, XIXe s.

En 1936 (Céline), se forme **ruban**, désignant la prostitution, d'où **faire le ruban**, se prostituer et **mettre sur le ruban**, se dit du proxénète qui prostitue une fille (syn. *mettre sur le trottoir, le pavé*), l'allusion repose sur le mot *ruban*, au figuré: l'apparence que présente une voie vue de loin sur une longueur importante (av. 1841), repris en argot moderne avec le sens concret de « trottoir ».

On trouve le verbe **monter** (1883), dans le langage du milieu, faire monter un client en chambre pour s'en occuper ; inversement **descendre**, attesté à la même date, c'est « aller faire la rue », dans l'argot des prostituées :

> *« Va t'êt' onze heures, j' descends pus... Nous allons nous coucher, dis, veux-tu.* »
> H. Monnier, XIXe s.

En emploi métaphorique avec l'idée de «faire sortir, mettre en mouvement un animal à la chasse», se forme dès 1776, lever une femme, la séduire, puis **lever un client** (1835), racoler.

On peut ajouter le mot **passe** (1829), déverbal de *passer*, le mot renvoie à l'étreinte rapide accordée par une prostituée à un client « qui ne fait que passer » ; puis se forme **passe bourgeoise** (1894), faisant référence à la femme mariée qui vend ses faveurs ; en diminutif argotique de *passe*, on relève le nom féminin **pastiquette** (1952, Esnault), pour passe ultra rapide.

LE PROSTITUÉ

Le mot *prostitué* a d'abord désigné un homme vénal, débauché et, de nos jours, un homme généralement homosexuel, faisant commerce de son corps (v. 1930). À l'inverse de la prostituée, le prostitué mâle a très peu de désignations, la plupart communes aux deux sexes, comme **michetonneur**, d'abord au féminin, puis au masculin, à partir de 1980 ; le mot est issu de *michetonner*, (1898) « lever des clients », dans l'argot des prostituées, dérivé lui-même de **miché**, d'après le sobriquet péjoratif du prénom Michel, « homme qui se laisse duper », désignant dans le milieu des proxénètes et des prostituées, le client d'une fille (1764) ; au XIXe s. il a eu le sens très différent de souteneur, peut-être par extension d'une valeur plus normale, « homme qui entretient une femme ».

Tapineur (1980), issu de *tapin*, plus courant au féminin, désigne un homme qui se livre à la prostitution. Le féminin **rivette**, issu de *river* au sens érotique, a désigné tout d'abord une prostituée (1829), puis un prostitué en 1836, de même que le mot **travailleur** (1932), d'abord employé pour prostituée en 1841 :

> *« Pour satisfaire leur penchant, ces individus s'adressent de préférence à la jeunesse. Aussi, les chanteurs s'attachent-ils plus particulièrement aux rivettes, qu'ils exploitent presque toujours avec succès. »* Canler, *Mémoires*

Truqueur, issu de *faire le truc*, « se livrer à la prostitution », attesté en 1883, désigne le prostitué procédant au chantage aux mœurs, (*truqueuse*, apparaît à la même date). On relève le nom féminin **nourrice** (1883), en emploi métaphorique.
Par métonymie, on trouve le mot **castor** en 1975, dans le langage des policiers (Arnal), désignant le prostitué ; un **castor** est aussi un homme d'une grande vigueur

sexuelle (1970). **Reine**, attesté en 1847 (Esnault), désigne un prostitué, généralement efféminé. La locution **sueur d'oignon** (1971), de *oignon*, « anus », s'emploie pour prostitution masculine.

LE SOUTENEUR ET L'HOMME

Il était naturel d'ajouter dans ce chapitre, les dénominations attribuées au souteneur, dont le mot s'est spécialisé en 1743, pour désigner celui qui vit de la prostitution d'une ou de plusieurs filles publiques, donnant l'apparence de les protéger, de les « soutenir ». En argot, s'est développée toute une série synonymique d'après un jeu de mots sur le double sens figuré de *maquereau*, ce poisson, selon la légende, ayant pour rôle de rapprocher les harengs mâles des harengs femelles qu'il accompagne durant leurs migrations; l'origine de **maquereau**, désignant le tenancier d'une maison close, puis celui qui vit de l'argent des prostituées, pourrait être issue du moyen néerlandais *makelare*, « courtier, intermédiaire », de *makaln*, « trafiquer », attesté vers 1270; le mot est devenu vulgaire comme la série des synonymes (*barbeau*, *brochet*, *hareng*...) par rapport au mot savant *proxénète* (1762-1779) et à *souteneur*, usuel et plus neutre :

> *« Don Quichotte, en blouse blanche et pantalon de velours, de toutes les Dulcinées publiques ; l'homme qui se fait payer par les filles qu'il baise sous prétexte de les défendre – contre les moulins à vent. »*
> A. Delvau, XIXe s.

> *« L'on ne peut accuser une femme d'adultère, si son mari ne s'en plaint, ou qu'il en soit le maquereau. »*
> A. Loysel, *Institutes coutumières*, in *Littré*

> *« J'ai croisé une dernière fois le regard défait de son client qui a dû me prendre pour un proxénète un peu énervé, et lui ai crié un ‹ Appliques-toi, Papy ! › qu'il n'a sûrement pas entendu. »* Ph. Carrese, *Filet garni*

Maquereau est aussi un terme d'injure vague, quelquefois avec la valeur d'entremetteur» (v. 1700). En aphérèse et transcription suggestive de *maquereau*, apparaît le nom masculin **croc** (1987) ; en 1835, se forme l'abréviation argotique **mac** ou **maq** (**macque**), s'appliquant surtout au type social :

> *« Le métier de mac autrefois n'était guère exercé que par des voleurs et des mouchards... maintenant les prêtresses de Vénus Callipyge ont pour amants des jeunes gens de famille. »* Vidocq, *Mémoires* 1837

Le mot *mac*, s'est répandu dans l'usage familier et a produit **maquer** (1883), prostituer quelqu'un, et au figuré **se maquer, être maqué** (1898), se marier, être en concubinage ou au figuré, être inséparable :

> *« Sur les campus américains, dans les universités françaises, on se maque plus jeune. »*
> *Libération*, 26 avril 1984

En diminutif de *maquereau*, on trouve les termes masculins **maquereautin** ou **macrotin**, dès 1867, désignant un proxénète de dernière catégorie. En sont dérivés les mots **maquereautage** (1867, Delvau), procédés et manœuvres du proxénète, **maquereautique** (1907, Esnault), se rapportant au proxénète et **maquereauter** (1867), vivre du proxénétisme. On trouve la combinaison burlesque **proxémaq** (1926, Esnault), pour tenancier de maison close, terme aujourd'hui vieilli.

Par référence au sens argotique de *maquereau*, se forme **barbeau**, en 1866, de poisson « à barbillons »,

s'employant en argot pour souteneur (on trouve le mot peu avant sous la variante graphique de *barbot*).
En variantes diminutives apparaissent les termes **barbe** (1885), apocope de *barbeau*, puis **barbiset** (1885), **barbichon** (1928), **barbillon** (1835), petit *barbeau* sans autorité et récemment, le terme argotique **barbiquet** (1952), jeune souteneur, d'après *biquet*, petit de la bique.
Bizet (1953), aphérèse de *barbiset*, désigne un petit souteneur médiocre; et toujours en images constantes du poisson pour désigner le souteneur, on relève plus récemment **merlan** (1977). Plus ancien **brochet** (1867), par allusion à la voracité de ce poisson (mot aujourd'hui supplanté par *maquereau*) et les variantes **broche** (1883), forme apocopée de *brochet*, **brocheton** (1883), pour jeune souteneur et **brochemann**, (1901, Bruant).

Dans le langage contemporain, apparaît le mot **hareng**, employé depuis le début du XXe s., par assimilation à *maquereau*. D'après *hareng saur*, « hareng salé et fumé », on trouve les formes elliptiques **sauré** ou **sauret** (1952), pour petit maquereau; **goujon** (1881, Rigaud), de « petit poisson d'eau douce », d'où le signifié de jeune souteneur.

Par analogie avec la couleur du poisson maquereau, se forment pour souteneur, les termes **dos vert** (1773), **dos d'azur** (1864), ou **dos** en 1876, qui est une ellipse des précédents:

> *« Je ne suis pas un miché, je suis un dos d'azur. »*
> Lemercier de Neuville, XIXe s.

Le mot vieilli **dauphin** (1866), s'explique par un calembour sur « dos fin »; de là se forme la variante **daufier** (1901, Bruant), plus du tout usitée:

> *« J'suis foutu si j'ai la tremblote,*
> *J'suis pus daufier, j'suis pas dauphin. »*
> A. Bruant, *Dans la Rue, Chansons et monologues*

La locution métaphorique **poisson d'avril**, apparue dès 1466, dans le sens d'entremetteur, « personne chargée de porter les lettres d'amour de son maître (le printemps étant propice aux amours illégitimes) », a désigné un souteneur, en 1509, d'après un jeu de mots sur le double sens de *maquereau* et parce qu'avril est la saison favorable de la pêche au maquereau ; le sens de souteneur est repris dans **poisson**, employé seul, à partir de 1827 :

> « *Poisson d'avril [...], Albert Cousin observe que de son temps on appelait en France poisson d'avril, celui qui fait le métier infâme de débaucher les personnes du sexe, parce que le poisson, dont il porte le nom chez le bas peuple, est excellent à manger dans ce mois-là.* » Tuet, *Matinées senonaises*

En emploi moderne, on trouve la locution **avoir des nageoires**, être proxénète. En suffixation argotique de *poisson*, se forme le nom masculin **poiscaille**, désignant d'abord le poisson, puis le proxénète en 1957, avec les variantes **pescal** ou **pescale.**

Le terme **poisse**, de sa valeur première voleur ou voyou (1800), s'est employé pour souteneur, dès la fin du XIXe s., probablement dérivé de *poisser*, « enduire de poix » : le souteneur étant qqn auquel il est difficile d'échapper... (variante *poissard*, 1531), mais on invoque aussi l'influence de *poisson*.
On trouve la locution **un** ou **le poisse Dudule** (1915), qui se dit pour une catégorie de proxénètes sans envergure, le nom propre, *dudule* a désigné en 1913, le type même du niais.

En emploi argotique apparaît le mot **singe**, d'abord avec la valeur de patron (1836), puis de proxénète en 1896 (*singesse*, pour patronne et prostituée).
Le souteneur, c'est aussi l'**homme**, terme apparu en ce sens vers 1883, puis le mot s'est dit de l'amant attitré

d'une prostituée (1904) ; on dit aussi **bonhomme**, dans l'usage moderne et familier :

> « *Leur premier amant, leur homme, celui qui les battait et qu'elles regrettent toujours, a été un camarade d'atelier.* » A. Delvau, XIXe s.

On peut ajouter la locution argotique **vrai de vrai** (1924), pour homme du milieu, d'après la valeur de *vrai*, « homme sûr ». On relève encore **mec** (1870) et son diminutif **mecton**, qui sont des formes de l'argot *mac* ; **beau mec**, apparaît en 1969, pour homme du milieu ; **mec de la guiche** (1881), en emploi vieilli, s'est dit pour proxénète, *guiche* a désigné le monde des souteneurs en 1876, ceux-ci portant des favoris taillés « à la guiche » (selon Esnault, d'après le nom du marquis de la Guiche qui aurait lancé cette mode).

En emplois péjoratifs de certains prénoms, se justifient plusieurs termes argotiques illustrant le proxénète, mais aussi le mari, l'amant ou l'homme en général, comme par exemple **Arthur**, « homme à prétentions galantes », chez Delvau, **Jules** ou son diminutif populaire **Julot**, qui s'est employé d'abord pour proxénète (1910), puis pour amant ou mari (1947) et a désigné un homme en général, vers 1984 ; on trouve la locution plaisante, **Julot casse-croûte**, pour amant d'une prostituée ; **Alphonse**, en 1860 (Rigaud), fut popularisé ensuite par la pièce « Monsieur Alphonse », d'Alexandre Dumas fils :

> « *Ton époux était idolâtre,*
> *Ne craignant ni diable ni Dieu…*
> *Et de plus, c'était un Alphonse.*
> *– Ah ! fi, Madame.* » R. Ponchon, *La Muse gaillarde*

Le nom masculin **matz**, sobriquet du prénom Mathias, est attesté d'abord pour proxénète en 1907, puis désigne un homme en général (1952) et un mari

(1960) ; puis **Prosper**, en 1946. On trouve le vieux mot **greluchon** (1725), employé pour désigner l'amant de cœur d'une femme entretenue par un autre homme, d'après le nom d'un saint imaginaire du Berry, censé guérir la stérilité (par jeu sur *grelot*, testicule) ; au XXe s., le mot s'est dit pour jeune homme insignifiant :

> *« Au XIXe s., voir Balzac, le greluchon est l'amant de cœur d'une pute ou d'une demi-mondaine. »*
> *Le Canard enchaîné*, 23 mars 1988

Certaines désignations relèvent d'autres figures : **marlou**, d'origine incertaine, le terme employé comme adjectif et nom, réalise l'idée de « filou, rusé » ; entre autres « homme de ressources », il a désigné le souteneur, parallèlement à sa variante *marlousier* (1827), aujourd'hui disparu, et par une extension de nature injurieuse, **marlou** désigne l'amant ou le concubin (1897) ; en suffixation argotique de *marlou*, on trouve les mots vieillis **marloupin** (1876) ou **marloupier** (1883), relatifs au souteneur :

> *« La plus sublime de ses positions est celle de marlou. »* F. Soulié, XIXe s.

En apocope de *marlou*, se forme le masculin, **marle**, d'abord pour « homme à la fois fort et malin », avec une connotation de virilité (1884), puis pour proxénète dès 1969.
On peut rapprocher **coquin**, qui après avoir désigné au Moyen Âge, un gueux, passe dès le XVIe s. aux sens modernes de « enclin à la sexualité », puis « espiègle et malicieux », et enfin en valeur hypocoristique désigne en argot moderne le souteneur ou encore l'amoureux, l'amant de cœur (1921, Esnault).

Gigolpince (1925), maquereau élégant, le mot est une substitution de suffixe argotique de **gigolo** (1850),

« amant de cœur d'une fille facile (*gigolette*) » ou « jeune amant entretenu par une femme » (1901) :

> *« Geneviève a bien essayé d'autres gigolos. Aucun n'est arrivé à lui faire oublier Ludovic. Un jour, elle a même eu l'idée saugrenue de s'en payer trois à la fois. Pas beaucoup mieux... »*
> Ph. Carrese, *Le Bal des cagoles*

On peut rapprocher **matou**, dont les connotations correspondent à l'idée du « chat mâle actif », d'où l'emploi métaphorique de homme ardent en amour (1835) et en argot ancien, homme qui entretient une femme ou se laisse entretenir :

> *« Allons mon gros matou, grimpe-moi d'autor et d'achar... »* Lemercier de Neuville, XIXe s.

On peut citer le terme archaïque **ruffian (rufien)**, qui a désigné à la fin du XIVe s., un souteneur et un débauché, puis le mot a évolué en « aventurier intrépide, homme hardi et sans scrupules » ; de nos jours, son image est plutôt positive et correspond à « bandit au grand cœur » :

> *« César savait combien vaut l'aune de ces choses, car il avait été un fort grand rufien. »*
> Brantôme, XVIe s.

D'autres termes pour proxénète sont isolés et d'un emploi plutôt rare comme : **batteur** (1928), de « battre le pavé » ; **déchard** (1889), de *dèche*, « misère » ; **frottin** (1851), dérivé de *frotter*, dans son emploi sensualisé ; puis en argot ancien **paramour** (v. 1880, Macé), issu de *paraimer*, « aimer fort ».

On relève anciennement, le mot **mercure**, d'après *Mercure*, « messager des dieux de l'Olympe », qui était employé vers 1581 dans le langage galant au sens d'entremetteur, messager d'amour, puis le mot a pris la valeur de proxénète.

Certaines expressions métaphoriques se forment en emploi péjoratif comme **marchand de femmes, de plaisir** ou **de viande**, en 1881 (Esnault), de là **vivre de sa viande** (1888), en langage imagé du milieu, pour proxénétisme ; on trouve plus récemment **marchand de barbaque** (*viande*, en argot) ou **marchand de fleurs** (1957), homme faisant le commerce de la traite des blanches.
Le proxénète est aussi appelé **mangeur de blanc** (1828, Vidocq), d'après l'argot *blanc*, « monnaie d'argent » :

> *« Je parie que c'est après Caffin que tu cherches. Bon débarras, je t'assure, un mangeur de blanc. »*
> F. Vidocq, *Mémoires*

On peut ajouter l'expression ancienne **ami du prince**, désignant plus particulièrement un entremetteur :

> *« Il eut l'emploi qui certes n'est pas mince*
> *Et qu'à la cour où tout se peint en beau*
> *Nous appelons être l'ami du prince. »*
> Voltaire, XVIIIe s.

LES MAISONS CLOSES

L'idée de « lieu de prostitution » est d'abord apparue en 1532, avec le mot **lupanar**, mot latin d'usage littéraire, qui signifie « repaire de louves », attesté depuis Rabelais pour maison de prostitution. Au XIXe siècle, se forment plusieurs dénominations : d'abord *maison publique* en 1821, *maison de prostitution* en 1824, *maison* (*hôtel*) *de passe*, en 1829, *maison de tolérance*, en 1840 et enfin *maison close* (1899). Le mot *maison*, s'est employé en abrègement euphémique de maison de prostitution (ou maison close) dès 1883 :

> « [...] *C'est qu'ils se bousculaient pour venir voir la chose*
> *Qu'on avait enfermée dans une maison close.*
> *Les clients s'inquiétaient qu'elle ne parlât pas !*
> *Ce sont les fellations qui ont cassé sa voix.* »
> Cl.-Ch. Depousier, *Les Vers c'est satyrique*, tome I

La désignation la plus ancienne, et à valeur triviale, est sans aucun doute le nom masculin **bordel**, apparu dès 1200, dérivé de *borde*, « petite maison, cabane » ; l'emploi spécialisé de « lieu de prostitution », vient du fait que les prostituées, en particulier dans les ports, ne pouvaient exercer leur commerce qu'à l'écart, dans des bordes qui formaient un quartier réservé :

> « *L'on envoye la conscience au bordel, et l'on tient sa contenance en règle ; tout cela est monstrueux, et ne se trouve rien de semblable aux bestes.* »
> Charron, *De la Sagesse*, in *Littré*

Alors que le sens de « maison de prostitution » devient trivial, des valeurs figurées de *bordel* apparaissent dès le XVIIe siècle, comme **bordel ambulant**, qui s'est dit à propos d'un fiacre, puis d'une prostituée qui va d'un endroit à un autre. Le mot désigne en français moderne un grand désordre, un lieu sale (1880) ; **foutre le bordel**, c'est faire régner le désordre (syn. : *foutre la merde*).
À partir de 1936, il est employé pour « situation obscure, compliquée » ; par extension **et tout le bordel** (1949), signifie « et tout le reste » :

> « [...] *Il y eut un grand silence interrompu par les sirènes des pompiers... Et depuis, elle est comme hypnotisée, là, au milieu de tout ce bordel.* »
> Ph. Carrese, *Trois jours d'Engatse*

Le mot sert à la composition de différents jurons : **bordel de Dieu, bordel de merde, bordel à cul** ou alors comme exclamatif, **bordel !** (comparable à *putain*) :

« C'est pas possible de se laisser endoffer comme ça ! Faut réagir, bordel de merde ! »
Le Nouvel Observateur, 26 septembre 1981

Ses dérivés sont nombreux : le nom ancien **bordelier**, daté de 1204, désigne tout d'abord un débauché qui hante les lieux de débauche, puis par extension vers 1274, s'est dit pour un tenancier de maison close ; le féminin **bordelière** (1200-1210), a désigné une prostituée, de même que **bordelle**, dans le français d'Afrique ; **bordéliser** (1934), « mettre du désordre dans » ; l'adjectif **bordélique** (av. 1970), sorti d'usage au sens de « relatif au bordel », et procède de nos jours, lui aussi, au sens familier de « désordre » :

« Cette barricade bordélique bloque irrémédiablement la circulation. Un pâté de maisons plus haut, c'est une panique noire. » Ph. Carrese, *Le Successeur*

D'autres termes sont liés à l'image de la « petite maison », le plus souvent mal famée, malpropre, isolée. On peut citer **boxon** (1858), issu de l'anglais populaire *boxon* (1811), « cabinet particulier de taverne », le mot a été ensuite introduit au sens de « cabaret » ; il s'emploie également comme juron, dans le langage populaire moderne, et par la même extension que *bordel*, signifie au figuré, « désordre, fouillis » ; on relève les dérivés archaïques **boxonner**, fréquenter les bordels et **boxonneur**, coureur de bordels ; son synonyme **boxif**, est plus récent (1977).
De même que **foutoir**, mot daté de 1857, issu de *foutre*, dans son sens sexuel, désigne une maison close et par extension, dans le langage moderne, au propre et au figuré, un grand désordre (syn. : *bordel*, *boxon*) :

« Avant la guerre, existait dans le quartier Saint-Paul, rue de Fourcy, je crois, le plus étonnant des lieux publics, un bordel pour clochards. Ce foutoir maintenant disparu [...] était composé de deux

pièces, le Sénat où le tarif était uniformément de dix francs, et la Chambre des Députés où il variait selon l'humeur et la qualité autour de quinze. »
J.-P. Clébert, *Paris insolite*

L'abréviation argotique **clandé** (1948), de *clandestin*, est appliquée à une maison close clandestine ou à un tripot clandestin ; on relève aussi pour maison close, la métaphore **poulailler** (1867), par allusion à l'abri où logent les « *poules* : prostituées ».
Le nom masculin **claque**, attesté en argot pour maison de tolérance en 1883, d'où maison de jeu (1886), serait issu de *claquer*, « dépenser de l'argent » et de *claqueur*, souteneur (1828), ainsi que de *claque-dent*, qui s'est dit anciennement pour maison de jeu (1880) ; on trouve son dérivé **clacqueton** (1946, *Le Plaisir des Dieux*) ; **tête à claque** apparaît en 1975 (Arnal), dans le langage de la police, le mot désignait un individu qui s'introduisait la nuit dans les maisons closes.

Le terme **boui-boui** (1977), pour maison de prostitution, est d'origine incertaine, peut-être issu, selon P. Guiraud, de *bouisse*, « fille de bas étage, (1800) » ou encore d'après un redoublement « expressif du mot argotique *bouis* (1807), « cloaque » : bordel ; par extension, le mot s'emploie encore en parlant d'un petit bal mal famé ou d'une maison médiocre. On peut citer aussi les mots **cabane**, de « petite construction rudimentaire », il est passé en argot à maison de tolérance (1925), rejoignant la valeur étymologique de *bordel* ; **casbah** (1916), issu de l'arabe maghrébin *qasaba*, « forteresse », repris dans le langage populaire avec le sens de « maison, baraque », puis dans l'argot des soldats celui de maison close (1916), spécialement « pièce où l'on choisit les filles (1929) », ces valeurs ont disparu ; **taule** (1894), par extension du mot qui désigne d'abord en argot puis familièrement tout local où on vit, dort, etc.

Bercail, repris en argot moderne, désigne la pièce où les femmes de maison se réunissent en attendant le choix des clients, d'après *bercail*, attesté d'abord pour bétail, puis pour bergerie « lieu où on enferme les moutons » ; **bazar** (1841), d'après le populaire *bazar*, « maison mal tenue, en désordre » ; **bobinard** (1900), le mot est l'un des noms argotiques puis familier de la maison de tolérance, probablement par comparaison avec un cabaret de second ordre, bruyant et mal famé, et par la même métaphore que *bordel*, il est employé pour grand désordre (1953) ; il est abrégé dans le même sens en **bob** (1935), **bobino** (1936) et **bobi** (1977) ; **bouic** (1898) ou **bouis** (1807), mots issus du bressan *boui*, « local des oies et des canards ». Le nom masculin **pouf**, d'origine onomatopéique, apparaît pour maison de prostitution vers 1930, puis se forme **pouffiasbourg**, lieu fréquenté par les prostituées :

> *« Jamais, en France, les bordels n'ont été mieux tenus qu'en leur présence [...] Ils appelaient cela un ‹pouf›. Au ‹One›, pour eux, Marcel était Papa Pouf et moi Maman Pouf. »* F. Jamet, *One two two*

D'après la forme de *boucan*, « cabane où l'on fait fumer de la viande », se rattache sans doute le terme ancien **boucan**, à « petites maisons rustiques faisant office de mauvais lieu », d'où la désignation de maison close (XVIIIe s.) ; puis le sens du mot passe de lieu de débauche à « vacarme » (1797) (mêmes sens figurés que *bordel*, etc.) ; le féminin **boucanière**, était employé pour prostituée au XVIIIe s. :

> *« C'est un lieu de débauche, de même que bordel, à la réserve que les boucans sont de petites rues écartées du grand monde, dans une maison de mauvaise apparence... »* J.-P. Leroux, XVIIIe s.

Le terme **bocard** (1821), issu de *boucard*, « boutique », s'est aussi employé vers 1975, pour désordre, pagaille ;

on trouve **boc**, apocope de *bocard* et la variante **bocan**, pour maison close :

> « *Le meilleur bocan du Marais / Deviens presque une solitude.* » Cyrano de Bergerac, XVIIe s.

Bousin ou **bouzin**, introduit par l'argot des marins, a désigné une maison de prostitution et un cabaret mal famé (1794), puis par une évolution métonymique analogue à ses synonymes *bordel*, *boucan*, etc., il est passé au sens moderne de « tapage, tumulte », en 1801 ; on relève aussi le nom masculin **bric** (1890), d'origine incertaine, peut-être du slang américain *brig*, « prison » ; **chabanais** (1820, Esnault), par allusion à un lupanar parisien très populaire, situé rue Chabanais ; en 1852, le mot prend les valeurs de lieu bruyant.
On trouve encore **trucsin** (1867, Delvau), dérivé de *truc* « prostitution » ; en emploi argotique métaphorique, apparaît **volière** (1953), « espace fermé pour que les oiseaux puissent y voler », les « filles » étant appelées de noms d'oiseaux (*poule*, *grue*, etc.).

On relève toute une série de locutions expressives, la plupart vieillies, telles que **carreaux brouillés** (1872), les maisons closes étaient dans l'obligation d'avoir les carreaux des fenêtres dépolies ; **abbaye des s'offre-à-tous** (1866, Delvau), **boîte à vérole** (1912), par allusion au nom appliqué à la syphilis ; **académie d'amour** :

> « *Allons-nous à l'Académie ce soir ?*
> *Non, je ne suis pas en queue.* » J. Le Vallois, XIXe s.

On trouve encore **gros numéro** (1872) ou **maison à gros numéro**, les maisons publiques portaient souvent un gros numéro qui servait à les désigner ; **magasin de fesses** (1953), **magasin de blanc** (1987, J. Alexandre), issu de *blanc*, « sperme » et aussi « argent » :

> « *Il fermait son porte-monnaie, qui s'ouvrait volontiers, avant de passer le seuil de la maison au gros*

numéro, mais qu'il refermait sans se désemplir, une fois ses désirs satisfaits». Claude, *Mémoires*

D'autres termes sont plus spécifiques, comme **maison de charre** (1927, Esnault), d'après *charre*, «bluff», en argot, qui désigne une maison close dont les «filles» étaient sensées être des femmes raffinées, femmes de la haute société; **maison à parties** (1828, Vidocq), maison close clandestine; **maison d'abattage** (1928), où la quantité des clients altère la qualité du commerce. On peut ajouter le terme **petite maison**, apparu pour désigner au siècle dernier, notamment à Paris, le lieu particulier de rencontre des grands seigneurs et des gros financiers:

«Mener des femmes de nom
À sa petite maison,
Voilà les belles manières.» Collé, XVIIIe s.

LES TENANCIÈRES DE MAISONS CLOSES

Les patronnes de maisons closes ont aussi leurs désignations. Cette fonction indispensable dans la prostitution est illustrée par de nombreux termes, souvent argotiques. On dispose en effet de **maquerelle**, dont la forme a été refaite sur *maquereau*, et qui apparaît vers 1270, dans le sens d'entremetteuse; ce n'est que plus tard qu'apparaît le composé **mère maquerelle** (1957), pour patronne de maison close:

«À propos, répondit Panurge, je crois que le nom de maquerelle en est extrait [de l'île des Macréons], car le maquerellage ne convient qu'aux vieilles.» Rabelais, *Pantagruel*, tome II

«Olga éclate d'un rire de débile, récupère les billets entre ses seins fripés et, grande classe, les glisse dans

sa culotte. C'est son coffre, une place forte inviolable. La mère maquerelle s'approche du lit installé au fond de la pièce entre deux paravents. »
Ph. Carrese, *Le Bal des cagoles*

Par apocope et resuffixation de *maquerelle*, on trouve les noms féminins **macquecé** ou **maxé** (1835), d'abord pour entremetteuse puis tenancière de maison close en 1957 ; de même que le féminin **maqua**, apocope de *maquarelle*, de l'ancien provençal *macarela* (XVe s.), dans le même sens, a désigné dès 1784, une entremetteuse et par extension, une tenancière de bordel, notamment dans les locutions **maman maca** ou **mère maqua** (1885).

Sous-maîtresse (1868), désigne la maquerelle dirigeant son établissement, contrôlée par son proxénète ; on trouve les synonymes **sous-maq** (1928) puis **sous-mac** (1960), **sous-maqsé** (1960) ou **sous-maxé** (1888), issus de *sous* et de *mac*, « proxénète ».
Les variantes désignant la *sous-maîtresse* de bordel sont nombreuses ; en noms féminins : **sous-vache** (1888), plus récent **sous-broche**, d'après *brochet*, « maquereau », **sous-verge**, dans son sens figuré de « subordonné » (1881) et son synonyme **sous-balloches**.

Matrone, désigne en français, une femme d'âge mûr, de caractère grave et depuis le début du XVIIIe s., le mot est employé satiriquement pour « maquerelle » ; l'usage courant est péjoratif et met l'accent sur l'idée de femme d'un certain âge, corpulente et vulgaire (1835) ; on trouve **daronne**, en argot moderne, pour patronne de bordel, d'après *daronne*, « mère », mais le mot est plus courant à la forme masculine *daron* (tenancier de maison close) ; puis à la forme argotique de « patronne », se forme **latrone**.
En emploi ironique du terme de politesse, apparaît en 1836, le mot **madame**, s'appliquant en français classique aux femmes nobles titrées ; plus récemment **(la)**

marquise (1928), la patronne de bordel, dont le terme a désigné une femme, une maîtresse, vers 1628 :

> « *Ce sont nos petits bénéfices, à nous, pauvres filles... Madame nous prend tout et ne nous donne rien...* » Lemercier de Neuville, XIXe s.

> « *Les Marquises (c'était ainsi que les Errants nommaient leurs femmes) étaient chargées d'examiner la position, les alentours.* » Claude, *Mémoires*

En emploi métaphorique **ogresse**, s'est employé en argot, en 1842, pour désigner la tenancière d'une maison close ou d'un établissement mal famé, puis le mot s'est employé vers 1866, pour proxénète femme (terme plus rare).

Abbesse ou **mère abbesse**, se forme par allusion au sens « religieuse dirigeant un monastère de femme », qui s'est dit au figuré pour tenancière de bordel, en 1812, sens aujourd'hui disparu :

> « *Lorsque tu vas rentrer ton abesse en courroux*
> *Te recevra bien mal et te foutra des coups.* »
> L. Protat, XIXe s.

On trouve encore **taulier (ère)** ou **tôlier (ère)** (1901), d'après *taule*, patron ou patronne d'une maison close :

> « *Eh ! Manu rentre chez toi*
> *Y'a des larmes plein ta bière*
> *Le bistrot va fermer*
> *Pi tu gonfles la taulière.* » Renaud, *Le Temps des noyaux*

Le terme ancien **architricline**, pour patronne de bordel, d'après le grec *architriclinos*, « président de banquet » :

> « *En ce moment on entra, c'était l'architricline, suivie de quatre figures si comiques...* »
> A. de Nerciat, XVIIIe s.

On relève quelques locutions imagées, devenues archaïques, comme **marchande de chair humaine** (1912), tenancière de bordel; en terme vieilli **fourgueuse de poules** (1901, Bruant), pour entremetteuse, est issu de *fourguer*, « vendre, placer une marchandise » et *poules*, « filles » ; dans le même sens, on a **mère d'occasion** (1867) ou **d'occase** (1878).
À partir du XVIIe s., la locution **conciliatrice des volontés**, apparaît pour entremetteuse, *faire sa volonté*, s'est dit anciennement pour coïter :

> « *Sa principale profession était d'être conciliatrice des volontés.* » Scarron, XVIIe s.

Seconde partie

L'EXCRÉMENTIEL

VI
LA DÉFÉCATION

Les termes qui évoquent l'excrément solide sont tabous, compte tenu des interdits auxquels ils se rattachent, notamment autour des nombreux mots de fonctionnalité aux connotations tour à tour scatologiques et érotiques.

LE POSTÉRIEUR

Le « derrière humain » est désigné par le vieux mot populaire **cul**, apparu vers 1179 (Roman de Renart) et issu du latin *culus*, de même sens :

> *« Depuis la nuque du col jusqu'au cul. »*
> Voltaire, *Candide*

> *« Passant près d'une belle, je m'écriais tout haut :*
> *‹ Ici-bas je n'ai vu de spectacle aussi beau. ›*
> *Répondant du tac au tac, elle dit : ‹ Moi non plus ! ›*
> *Je précisais alors : ‹ Je parlais de ton cul ! › »*
> Ph. Morice, *Les Vers c'est satyrique*, tome I

Cul est devenu vulgaire ou tabou à partir de la seconde moitié du XVIIe siècle, du reste les innombrables dérivés, locutions ou composés très honnêtes lors de leur formation attestent encore aujourd'hui le caractère tardif des interdits ; on trouve toute une série de locutions familières, entre autres **avoir le cul pesant**, dès le XIIIe siècle, être un lourdaud, (**faire**

le) cul de plomb (1636, Oudin), pour homme sédentaire, **cul blanc** (1704, *in* Trévoux), mercier ambulant, **cul de poix**, cordonnier, **cul à fauteuil** (1861), académicien, **cul terreux** (1866, Delvau), paysan et plus récemment **cul béni** (1933), synonyme de bigot :

> « *[…] c'est que je me trouve dans une tout autre position ; tu sais quel cul de plomb fait mon père, oui vraiment car tous les jours je lui disais : Quand irons-nous aux Andelys ? C'était toujours pour le samedi prochain […].* »
>
> G. Flaubert, *Correspondance*, 1re série

> « Zut : *Pauvre injure libératrice des culs-bénits et autres indécrottables bourgeois qui n'ont jamais osé lancer le fameux* MERDE *libérateur !* »
>
> Pierre Perret, *Citations*

De même qu'on a dit plaisamment **bout de cul**, pour petit homme gros et trapu, et **bas-du-cul** (1828, Vidocq), en adjectif et nom, pour petit, court sur jambes, apocopé en **bas-duc** (1957) ; on trouve la variante **bas-de-plafond** (1867, Delvau) :

> « *Ce n'est pas comme ce criquet, ajouta-t-il en désignant Clément, qui était le plus petit des agents de ma brigade […].*
> *– Ne t'y fie pas, répliquais-je, c'est possible, quelquefois, ces bas-du-cul, c'est tout nerfs.* »
>
> F. Vidocq, *Mémoires*

Les emplois de *cul* au sens métonymique de « personne » ne présentent pas tous le même degré de vulgarité : un **cul**, s'est dit en 1863, d'un individu méprisable et plus récemment **cul** (1936, Céline), employé comme nom ou adjectif, se dit pour (une personne) naïve, stupide.

On peut rapprocher la qualification péjorative **cucul**, **cucu** (XXe s.), employé comme adjectif, au sens de

niais, un peu ridicule ; en renforcement plaisant *cucul* est suivi par *la praline, la fraise…*
Le mot est aussi employé en 1903, pour illustrer le sexe, en tant qu'activité physique ou encore la pornographie (1949, Sartre) : **le cul** (variante, *la fesse*) :

> *« Là, avec un carburant nucléaire, vas-t'en faire comprendre aux atomes que tu aimerais bien qu'ils s'arrêtent de niquer les uns avec les autres ! C'est des obsédés du cul, les atomes. Surtout le plutonium. »* Ph. Carrese, *Le Successeur*

> *« La B.D. adulte flirte langoureusement avec la S.F., le polar et le cul. »*
> *Le Nouvel Observateur*, 29 novembre 1984

L'ambiguïté de *cul* – anus, fesses et sodomie, mais aussi coït – font du mot une source très productive en expressions, on peut citer la locution ancienne, mais toujours vivante, **coup de pied au cul, dans le cul**, qui exprime un geste de mépris agressif, avec ici, le geste transférant la sodomie :

> *« Pour moi, j'ai pratiqué toujours cette leçon dans ma petite philosophie ; et je ne suis jamais revenu au logis, que je ne me sois tenu prêt à la colère de mes maîtres, aux réprimandes, aux injures, aux coups de pieds au cul, aux bastonnades, aux étrivières ; et ce qui a manqué à m'arriver, j'en ai rendu grâce à mon bon destin. »*
> Molière, *Les Fourberies de Scapin*, acte II, scène VIII

L'expression se conjugue souvent avec les verbes **flanquer, donner, mettre, un (des) coup(s) de pied au cul**, concurrencés par **mettre, foutre son pied au (dans le) cul de…** ou encore **se donner des coups de pieds au cul**, ne pas se ménager. On peut citer l'équivalent atténué de l'époque: **tenir au cul et aux chausses**, en 1612, (*chausses* : culottes) traiter sans ménagement, avec ici l'idée de harceler sans répit en suivant de près :

> *« J'ay déjà ruiné sept gros paysans et quatre familles bourgeoises, et il y a trois gentilshommes que je tiens au cul et aux chausses. Si Dieu me fait la grâce de vivre, je les veux faire aller à l'hospital. »*
>
> Furetière, *Le Roman bourgeois*, in *Littré*

On peut rapprocher la locution **botter le cul à...** concrètement, « donner des coups de pied au derrière » et au figuré, traiter avec mépris. On rencontre la très ancienne expression **l'avoir dans le cul** (*in* Scarron), manquer de chance, être dupé : locution transparente à l'époque, même si aujourd'hui l'évocation de la sodomie apparaît évidente, tant au niveau de l'objet sexuel que du sexe de la femme ; sa forme moderne atténuée est *l'avoir*, suivi de différents noms comme *l'avoir dans l'os, dans le dos*... (*os* et *dos*, sont attestés pour « anus ») :

> *« Dans l'cul, dans l'cul,*
> *Ils auront la victoire.*
> *Ils ont perdu*
> *Tout' espéranc' de gloire*
> *[...] Ils l'ont dans l'cul, dans l'cul. »*
>
> Chant de prisonniers 1940-1945

Par contre, **avoir le cul bordé de nouilles, de spaghettis** (1977), c'est être chanceux, renforcement plaisant de **avoir du cul** (1960), avoir de la chance (*du bol, du pot*...), cela renvoie aux expressions où le pronom représente le postérieur comme : **l'avoir en or** (1926, Esnault), **l'avoir doré** (1928, Esnault) ou encore **l'avoir large**, attesté en 1915 (Esnault) :

> *« Josiane, sinistre, l'œil en berne, déclare :*
> *– C'est toujours les mêmes qui ont du cul ! »*
>
> Ph. Carrese, *Filet garni*

On relève les variantes **avoir le cul verni**, daté de 1914, **avoir de la fistule** (1928, Esnault), en emploi métaphorique d'un terme de médecine.

La locution **avoir quelqu'un dans le cul** ou **au cul**, c'est l'avoir à ses trousses, c'est-à-dire être poursuivi par lui ; de la même manière **envoyer**, **mettre** ou **foutre qqch (qqn) au cul de qqn**, c'est envoyer quelqu'un après lui, à ses trousses :

> *« Il lui doit trois cents francs ; s'il ne paye pas je lui fourre un huissier au cul, carrément. »*
> Flaubert, *Correspondance*

Par ailleurs, **avoir au cul**, **dans le cul** ou **se mettre (se foutre) qqch au cul**, est attesté en 1878 (Rigaud), dans le sens de mépriser royalement ; en emploi contemporain le mépris extrême se traduit par la formule: **tu peux te le mettre, (foutre) au cul**, « cela ne m'intéresse absolument pas », on constate ici, que d'abord, *cette chose, je me la mets au cul*, ensuite on passe à *tu peux te la mettre au cul*, la métaphore scatologique première devient alors une allusion à la sodomisation :

> *« Ma foi, ces maudits bouffons [les musiciens italiens] avec leur Servante maîtresse, leur Tracollo, nous en ont donnés rudement dans le cul. »*
> Diderot, *Le Neveu de Rameau*

> *« Eh bien, au revoir, dit-elle.*
> *– Non. Pas au revoir ; ton affection, tu peux te la mettre au cul. Je vais changer de boîte et je ne te reverrai plus de ma vie. »* S. de Beauvoir, *Les Belles images*

Puis dans un sens différent **se mettre (se foutre) qqch. sur le cul**, c'est mettre quelque chose pour se vêtir, mais l'expression est surtout employée au négatif, dans des phrases comme : *je n'ai plus rien à me foutre sur le cul.* En 1878, apparaît l'expression **montrer son cul**, qui traduit deux valeurs, d'abord érotique, avec le sens de « se montrer nu », puis méprisante dans le sens « d'être vaincu ou de faire faillite » :

> *« L'Allemagne montre son cul. »*
> P. Claudel, *La Guerre de Trente Ans*

On peut rapprocher **(être) à cul** (Rigaud), attesté à la même date, pour être ruiné ou bien dans une situation où l'on ne peut reculer (lexicalisé en *acculer*). En locution adjective se forme dès 1749, **de mon cul**, signifiant nul, misérable (syn. : *de mes fesses, de mes deux*) ; **comme mon (un) cul**, est employé au sens de très mal : *faire quelque chose comme un cul.*

D'autres termes formés avec *cul* servent aussi à traduire la peur, souvent désignée par des manifestations physiques liées aux productions excrémentielles comme **avoir la trouille au cul** (1900), d'après *trouille*, attesté dès 1889 pour « colique » et « gros pet » en moyen français ; dans le même sens, mais plus anciens on a **avoir le cul bouché d'un grain de millet** (1740) ou **d'un confetti** et **on lui boucherait le cul d'un grain de millet**, « il a peur ».
Dans le langage contemporain **(en) tomber sur le cul**, c'est être stupéfait, ahuri (par conséquent contraint de s'asseoir !), et si la situation d'étonnement se prolonge, on **(en) reste sur le cul**.

Dans son sens érotique, se forme dès 1536 **avoir le feu au cul** ou **avoir le cul chaud**, pour « **être en chaleur** (XVIe s.) », autre expression qui signifie être en état d'excitation sexuelle, par allusion au rut des mammifères ; de nos jours, **avoir le feu au cul**, c'est aimer le sexe, surtout en parlant d'une femme (variante : *avoir le feu au derrière, aux fesses*), la locution signifie aussi, au figuré : être pressé ou filer très vite (comme si, concrètement on avait le « feu au cul ») : **avoir le feu au cul, au derrière, quelque part** :

« Ma femme est, soit dit en passant, d'un naturel concupiscent qui l'incite à se coucher nu sous le premier venu… Mais m'est-il permis, soyons sincèr', d'en parler au café-concert sans dire qu'elle a, suraigu, le feu au cul ? » G. Brassens, *Poèmes et chansons*

« […] Puis il partit combattre
Mironton mironton mirontaine
Laissant dans son château
La belle toute en sanglots
D'avoir le cul si chaud »
Malbrough s'en va-t-en guerre, Chansons gaillardes de Colette Renard

On peut rapprocher la locution ancienne **le cul lui démange**, être excitée en parlant d'une femme, le mot **démangeaison**, dans sa restriction érotique prend le sens de « forte envie », au moins depuis le XVIIe s., et est attesté à la même époque pour ardeur amoureuse :

« Ah ! je n'y tiens plus !… le cul me démange
Qu'on m'aille chercher l'Auvergnat du coin,
Car je veux sentir le vit de cet ange
Enfoncer mon con comme avec un coin. »
Parnasse satyrique, XIXe s.

« Pour garder certaine toison,
On a beau faire sentinelle ;
C'est temps perdu, lorsqu'un belle
Y sent grande démangeaison. »
J. de La Fontaine, *Contes et nouvelles en vers*

On trouve des expressions formées avec « casser », verbe exprimant l'effet du coup, qui sert d'ailleurs de support à de nombreuses expressions avec un substantif pour complément comme ici **casser le cul à qqn** (1890), l'importuner vivement, avec la métaphore évidente de la sodomisation, lexicalisé en **casse-cul** (*casse-couille…*).

Et dans le sens de s'activer énergiquement pour trouver une solution, on dit **se casser le cul**, avec les variantes **se décarcasser le trou du cul, se dévisser le trou de balle** (1901, Bruant), **se démancher le cul**:

> «*J'ai passé trente-deux ans à me casser le cul pour arrêter des voyous.*» Actuel, novembre 1984

Dans un autre style et plus ancien, on relève **dandiner du cul comme un sonneur de cloches** (1750, Le Roux), se démener; on peut rapprocher l'expression archaïque **aller de cul et de tête** (XVIe-XIXe s.), déployer toute son énergie et sous une forme proverbiale: **il (elle) y va du cul et de la tête comme une corneille qui abat des noix**, se disait d'une personne qui s'agite, par allusion à l'agitation désordonnée de l'oiseau.
En 1977 (Caradec), se forme l'expression **y a pas à tortiller (du cul pour chier droit dans une bouteille)**, qui signifie «il faut se décider», mais la forme *il n'y a pas à tortiller du cul* apparaît d'abord en 1792. Elle peut être abrégée en: **y a pas à tortiller** (1756, Enckell) ou plus court encore, **y a pas!**

Certaines locutions sont maintenant vieillies: **à cul ouvert** (avec des verbes comme *saluer, remercier*...), signifie en se courbant avec platitude; **lever le cul** (1611, *in* Cotgrave), s'en aller (actuelle dans certains usages régionaux); l'ancien français disait d'une manière plus cocasse **prendre son cul par l'oreille** (XIIIe s.), se mettre à courir; **se lever le cul devant**, c'est se lever de mauvaise humeur (l'idée est: à l'envers, de façon anormale); **avoir le cul rond et faire des étrons carrés**, se disait pour faire des choses étonnantes:

> «*Si j'estois obligé de dire mon sentiment des œuvres de ce bon malade [Scarron] je dirois sauf vostre respect qu'il fet des merveilles, car il a le*

cul rond et fet les estrons carrés, pardonnés à ma liberté. »

N. Poussin, *Correspondance, lettre à Chantelou*, 4 février 1647

En emploi rabaissant des verbes usuels **baiser le cul (à** ou **de) qqn**, attesté en 1694 (Th. Corneille), c'est s'avilir en flattant bassement quelqu'un, et dans le même sens en usage plus moderne, on dit **lécher le cul de qqn** (1794) :

« *[...] ces jours-ci, pour un liard, je baiserais le cul de la petite Hus.*
MOI. – *Hé, mais l'ami, elle est blanche, jolie, jeune, douce, potelée, et c'est un acte d'humilité auquel un plus délicat que vous pourrait quelquefois s'abaisser.*
LUI. – *Entendons-nous : c'est qu'il y a baiser le cul au simple, et baiser le cul au figuré. Demandez au gros Bergier, qui baise le cul de Mme de la Marque au simple et au figuré.* » Diderot, *Le Neveu de Rameau*

Le dérivé **lèche-cul** (1833, Baudelaire), en adjectif et nom, équivaut à *lèche-botte* (1901) ; le synonyme **karcher**, attesté en argot moderne est sans doute une allusion à la marque d'appareils de nettoyage.
On relève dans le langage populaire toute une série d'expressions usuelles plus ou moins vulgaires: **se geler (se peler) le cul**, avoir froid, **faire cul sec** ou **boire cul sec** et elliptiquement **cul sec !**, boire d'un seul coup le contenu d'un verre de manière à assécher le fond, **pousser au cul**, pousser par derrière ou suivre de très près, **le cul entre deux chaises**, traduisant une situation d'indécision, d'incertitude ; **bouche en cul de poule** (1660), qui s'arrondit et se resserre en faisant une petite moue :

« *Le chapeau à la main et aux lèvres un sourire en cul de poule le monsieur décoré s'avançait vers la jeune fille aux muguets.* » A. Allais, *Contes et chroniques*

En avoir plein le cul ou **ras le cul** (1974), c'est être excédé, en avoir assez, synonyme de *en avoir plein le dos* ou *ras le bol.*
En interjection négative et méprisante, se forment **mon cul!** ou **(et) mon cul c'est du poulet**! (1949), exprimant le refus.

Être cul et chemise (1878, Rigaud), être inséparables, très liés (en parlant de deux personnes), l'allusion repose sur la proximité du corps et du vêtement:

> *«[...] avec Langlois, en tout bien tout honneur, ils s'entendaient comme cul et chemise.»*
> J. Giono, *Un Roi sans divertissement*

Péter plus haut que son cul (1640, Oudin), avoir un comportement prétentieux, des prétentions excessives (voir plus bas, à *pet*).
Issu d'un emploi militaire, se forme **tirer au cul** (1883, Esnault), paresser, se servir de prétextes pour refuser le travail, avec le verbe *tirer*, dans le sens de «aller vers l'arrière, s'enfuir», d'où **tire-au-cul** (1887, Esnault), en adj. et nom, dans le même sens:

> *«Ah! tu tires au cul, mon salaud, tu ne veux pas en foutre un coup, tu veux nous laisser crever tous à c'te nuit pendant que tu resteras au chaud [...].»*
> G. Courteline, *Les Gaîtés de l'escadron*

On trouve aussi l'expression plaisante **parle à mon cul, ma tête est malade**, je ne veux pas t'écouter, tu m'agaces; **avoir la tête dans le cul**, c'est être complètement abruti, très fatigué. Par analogie, se forme **rire comme un cul** (1866, Delvau), sans ouvrir la bouche; on peut rapprocher **se taper le cul par terre** (1880, Chautard) ou **au plafond** (1930, Esnault), rire bruyamment, surtout dans la locution *c'est à se taper le cul par terre* (c'est tellement ridicule, que *c'est à se taper...*):

« On avait apporté les guitar's avec nous
Car, devant la musique, il tombait à genoux.
Excepté toutefois les marches militaires
Qu'il écoutait en se tapant le cul par terre. »
G. Brassens, *Poème et chansons*

Le composé **pince-cul** (1867, Delvau) ou **pince-fesse** (1931), issu du « fait de pincer les fesses à qqn, par provocation érotique » désigne familièrement une surprise-partie ou une réception où les invités se tiennent mal ; le terme s'emploie aussi de façon plus générale pour soirée dansante (1977, Caradec) :

« Ce bal inouï que l'argot téméraire de ses habitués avait surnommé le pince... » P. Féval, XIXe s.

On trouve les syntagmes **faux cul** ou **faux derche** (début XXe s.), en emploi péjoratif envers une personne déloyale, hypocrite ; dans le même sens, **double cul** a trouvé sa place dans l'argot des cités.

Toujours dérivé de *cul*, en emploi dévalorisant, un **torche-cul** (1694) est, par allusion au « papier essuyant les excréments », un journal ou un écrit méprisable (le mot figure déjà chez Rabelais) ou un texte mal rédigé :

« Sa passion sans bornes pour le petit bel esprit, l'importance qu'elle donnait, soit en bien, soit en mal, aux moindres torche-culs. »
J.-J. Rousseau, *Les Confessions* (XI)

On rencontre le composé **peigne-cul** (fin XVIIIe), qui désigne un individu mesquin, grossier, ennuyeux ou inculte, et les synonymes **peigne-derche** (Sandry-Carrère), **peigne-chose** (1957) et **peigne-zizi** (1961), chez San Antonio :

« Vous êtes un homme comme les autres, avec les mêmes instincts, les mêmes manies, les mêmes pauvretés que le premier peigne-zizi stoppé dans la rue. » San Antonio, *Du Mouron à se faire*

Le postérieur et la sexualité

D'autres dénominations du postérieur réfèrent également à la sexualité ou à des images scatologiques, comme **fiaque** ou **fiacre** (fin XIXe s., Sainéan), mots argotiques anciens, qui s'expliquent à partir de fiaquer, « déféquer » ; on trouve l'expression archaïque **remiser son fiacre**, « ranger ses fesses », avec diverses implications ; puis avec les mêmes variantes que *cul*, on relève **se grouiller le fiaque** et **en avoir plein le fiacre** (1902, Esnault).
Le nom masculin vieilli **foiron** (1837), issu de **foire** (1165), « diarrhée », mot sorti d'usage, a formé la locution contemporaine **avoir le foiron flottant** (Caradec), remuer le derrière en marchant.

Dérivé directement de *moutarde*, au sens d'excrément, se forme **moutardier** en 1847.
Le postérieur c'est aussi le **pétard** (1847), d'après le sens initial de *péter* ; **pétrus** (1926, Esnault), et **pétoulet** (1936, Esnault), en resuffixation hypocoristique.
On trouve aussi **pétrousquin** (1866, Delvau), dérivé de *pétard* et son synonyme **troussequin** en 1859 (Esnault), en emploi métonymique du terme d'hippologie « arcade postérieure relevée de l'arçon de la selle » ; puis **trousse**, plus ancien, désignant aussi le postérieur ; on trouve **avoir aux trousses, être aux trousses de qqn** (v. 1500), suivre de près, poursuivre :

« Sarah sourit, s'approche et écarte avec joie
Les lèvres de la trousse. Ainsi les vieux Hébreux
Nommaient l'endroit charmant qui les rendaient heureux. » A. de Musset, XIXe s.

On relève anciennement le mot **orgue**, sans doute par allusion avec l'instrument à « vent » :

> *« Quand on veut désigner chez une forte dame, cette partie du corps sur laquelle on s'assied, on dit très bien : cette dame a un bel orgue. »*
> A. Humbert, XIXe s.

En emploi métaphorique, **trognon**, euphémisme pour *cul* est attesté au début du XXe, siècle, avec des expressions telles que **jusqu'au trognon**, jusqu'au bout, complètement, (employé avec les verbes : *se faire avoir, être possédé*).

De même que le nom féminin argotique **dossière** (1926), pour postérieur et anus est dérivé du vieux mot **dos** (XVIe s.), en emploi euphémique pour *cul*.

D'autres désignations sont aussi des métaphores liées à la forme, comme **coco** (1847), d'après « noix de coco », **ballon** et **mappemonde**, vers 1820 ; **lune**, avant 1871, qui a aussi désigné un visage joufflu, et **pleine-lune**, pour postérieur volumineux :

> *« S'amusant de la plus belle mappemonde imaginable, il attend la fin de l'heureux anéantissement de Célestine. »* A. de Nerciat, XVIIIe s.

> *« Remettant sa culotte elle m'offrit alors*
> *Une éclipse de lune dont je frémis encore. »*
> Ph. Morice, *Les Vers c'est satyrique*, tome I

Puis **joufflu**, d'abord employé en parlant d'une personne aux joues rebondies, fournit plaisamment une désignation argotique du derrière : **le joufflu**, de même qu'on a le **gros joufflu** (1881, Rigaud) ; les métaphores anciennes **joues, gros visage** ou encore **visage sans nez**, puis **gras** (1930), ont aussi servi à désigner un postérieur charnu :

« V'là que je me retourne et que je lui fais voir mon gros visage. » R. de La Bretonne, XVIIIe s.

Médaillon en 1803, diminutif de *médaille*, au sens d'anus (1640) ; **bol** (1872, Esnault), comme d'autres noms de récipients a pris en argot le sens de « cul, anus », réalisé dans les locutions familières de sens figuré **avoir du bol** (v. 1945), de la chance, ou **manquer de bol ; ne pas se casser le bol**, ne pas faire d'efforts ; **se magner le bol**, se dépêcher ; **(en avoir) ras le bol ;** le nom masculin **vase**, qui apparaît en 1926 (Esnault), correspond à cette série métaphorique sur *anus* et *bol* : **avoir du vase, l'avoir au vase**... :

« La main bien plaquée au vase, il la catapulte à l'intérieur la môme Ducordon. »
A. Simonin, *Du Mouron pour les petits oiseaux*

La métaphore qui fait du *pot*, « récipient », le cul, est très banale, on la relève dans l'argot des ouvriers en 1896, puis se spécialise plus tard pour anus (1920), formant la locution **pot au noir** :

« Les femmes sont craintives parce que leur pot étant déjà fendu, au moindre bruit elles craignent qu'on ne le leur vienne casser. » Tabarin, XVIIe s.

« Moi, dit l'un, j'ai donné droit dans le pot au noir. » Les Deux rats, XVIIIe s.

On relève toute une série d'emplois où **pot** (comme *cul*, *bol*, *vase*) a la valeur de chance : **avoir du pot, manquer de pot, coup de pot ;** puis dans le sens d'être excédé **en avoir plein (ras) le pot** (1896), et **se casser le pot**, faire de grands efforts.

En 1975, se forment les locutions **rire du pot** (Arnal), avoir un beau fessier et **avoir le pot près des talons**, être petit de taille. On trouve la création, **pot d'échappement**, chez San Antonio, pour anus:

> *«Sans beurre, y'a pas mèche! soliloque-t-il. Pour que mam'selle Fraülein va prendre du fion, faut graisser la turbine, sinon c'est son pot d'échappement qui déclare forfait!»*
>
> San Antonio, *Baisses la pression, tu me les gonfles!*

En javanais de *pot*, se forme **pavot** (1896), pour postérieur, de là en argot moderne **défoncer le pavot**, sodomiser; dérivé de *pot*, **popotin**, apparaît familièrement en 1917; par calembour sur *pot*, on trouve **potiron** (1803, Aubert), mot vieilli en emploi métaphorique et péjoratif du légume qui porte le même nom.

Par allusion à la «raie des fesses», on trouve les mots **tirelire** en 1867 (Delvau) et **fendu**, en 1982 (Siniac); en emplois métaphoriques on peut citer les termes **faubourg** (1879, Huysmans), **pays-bas** (1867, Delvau), dont le sens premier est *vulve*, le terme vieilli **vasistas** (1888, Villatte), avec l'idée «d'ouverture», puis **placard** (1909, Esnault):

> *«Sans s'casser l'faubourg / Faisant gaffe aux bourres / Il récoltait des pacsons.»*
>
> B. Vian, *Textes et chansons*

Le terme vieilli, **waterloo**, daté de 1879 (Hyusmans), apparaît en emploi banalisé du nom propre.
À la forme humoristique, on rencontre le nom **valseur** (1928, Esnault), qui s'emploie par analogie de mouvement, pour fesses (au pluriel pour *testicules*); de même que **gagne-pain** (1878, Esnault) et la métaphore **réchaud** (1971), chez San Antonio pour postérieur féminin, de là **avoir le feu au réchaud**, être portée sur le sexe, en parlant d'une femme:

> *« Une femme dotée d'un appétit sexuel de ce calibre, c'est pas le guide des belles manières qui lui refroidit le réchaud ! »*
>
> San Antonio, *Bosphore et fais reluire*

On relève le terme ancien **artiche** (1894), d'abord en argot pour « porte-monnaie », puis « argent » : **botter l'artiche ;** puis la métaphore vieillie **tabatière** (1867, Delvau), d'où **ouvrir la tabatière**, lâcher un pet. **Tafanard**, se forme vers 1940 (Cellard et Rey), de l'argot provençal, *taffanari*, de même sens, que l'on peut rapprocher de **tapanard**, pour fesses et anus.

Quelques termes argotiques sont d'origines obscures comme **prose**, apparu dès 1800 ou **proze** (1953) ; en sont dérivés : **prosinard** (1953, Esnault) ou **prozinard** (1957, Sandry-Carrère) :

> *« [...] Jamais les sœurs qui font le tas*
> *Ne pourront chier des mecs comme ceux dont tu causes*
> *Autant pisser du pive ou dégraisser son prose*
> *D'un colombin doré reniflant les lilas. »*
>
> R. Desnos, *À Pierrot les grandes feuilles sur le fait des dieux verts*

Baigneur (1977, Caradec), le mot apparaît d'abord pour vulve ; à la même date se forment les locutions **l'avoir dans le baigneur**, être trompé, **se casser le baigneur**, être soucieux, inquiet ; **baba** (1932), d'origine peu claire, désignant initialement le sexe de la femme, puis le postérieur ; le « baba », gâteau de forme ronde et massive a pu évoquer l'image du postérieur, comme il a évoqué la représentation de la paysanne emmitouflée dans ses vêtements (1677-1766) ; sur le modèle de *baigneur*, **l'avoir dans le baba**, c'est être stupidement trompé, roulé.

On trouve encore le mot **train** (1881), par ellipse de la dénomination familière du derrière humain, **l'arrière-**

train (1827), qui a donné lieu à quelques locutions argotiques récentes, rapidement tombées dans l'usage familier comme : **filer le train à qqn**, le suivre ; **se manier le train** (*se manier le cul*, etc.), se dépêcher ; **botter le train** (*botter le cul…*).

On relève l'onomatopée **pouf**, (fin XIXe, Cellard et Rey), issu de « tournure vestimentaire faisant bouffer la jupe d'une femme par derrière », qui a également pris le sens de maison close vers 1930.

Le postérieur est aussi **le père fouettard** ou simplement **le fouettard**, attesté en 1935 (Esnault), de *fouetter* et du suffixe péjoratif *-ard*, avec l'idée de « l'endroit fouetté » ou qui « fouette » (qui sent mauvais) ; au figuré **l'avoir** ou **se le faire mettre dans le fouettard**, être dupé, se faire vaincre :

> *« Sauveur lui avait jeté sa fausse panthère sur les épaules, et ils lui avaient fait descendre l'escalier à coups de pompes dans le fouettard. »*
>
> A. Bastiani, *Le Pain des Jules*

On peut encore citer des locutions métaphoriques argotiques, formées pour la plupart sur des analogies de fonctions : **pont arrière** (1977, Caradec), **salle de danse**, vieux mot (1881, Rigaud), **moulin à vent** (1866, Delvau), **machine à moulures** (1878, Rigaud), **moule à merde**, terme ancien ; **panier à** ou **aux crottes** (1867, Delvau), le mot **panier** est aussi employé pour derrière, d'où **remuer** ou **secouer son panier à crottes**, danser ; en 1957, se forme la locution **mettre la main au panier**, c'est-à-dire s'aventurer à toucher les fesses d'une femme :

> *« D'un moule à merde il fait un moule à pine (vagin) / Et bat le beurre au milieu d'un étron. »*
>
> Chanson anonyme, XIXe s.

> *« Il aperçut la mâtine, dix minutes plus tard, qui filait vite vers le bas de la rue, en secouant son panier aux crottes. »* É. Zola, *L'Assommoir*

On peut ajouter à toute cette série, le mot **derrière**, attesté depuis 1230 qui s'emploie familièrement en parlant du postérieur de l'homme, et de par sa généralité, fournit un euphémisme usuel par rapport à *cul* avec de nombreux emplois en locutions moins grossières qu'avec *cul*: *coup de pied au derrière*, *avoir le feu au derrière*, etc.
Par apocope et resuffixation de *derrière*, apparaît le mot argotique **derche** (1906, Esnault): **faux-derche**, *faux cul*; avec les variantes **derr** (1890), **derj** (1906) et **derjo** (1928, Esnault).
Ses synonymes **dargeot** (1971) ou **dargif**, sont des resuffixations argotiques:

> *« L'œuf qu'on laisse dans le nid pour suggérer le dargeot des poules. »* San Antonio, *La Sexualité*

LES FESSES

Le mot **fesse** (v. 1200), est issu du latin populaire *fissa*, pluriel de *fissum*, « fente », pris comme un féminin. Il s'utilise dans des locutions pour la plupart argotiques, où il est en concurrence avec *derrière* et le plus souvent avec *cul*, dont il n'est qu'un pâle synonyme.
Il entre dans les expressions plus ou moins vulgaires: **de mes fesses** (1905, Bruant), synonyme de *de mon cul*, *de mes deux*, etc.; **en avoir plein (ras) les fesses ; s'en battre les fesses** (1648, in *Scarron*), s'en moquer; **serrer les fesses** (1877, Zola), et **avoir chaud aux fesses** (1743), avoir peur. **Coup de pied aux fesses (donner, mettre...)**, où l'image de la sodomie est plus évidente dans la langue classique, qui emploie **appliquer, donner le pied entre ses fesses**:

> *« Voulez-vous lui faire baisser le ton ? Élevez-le, montrez-lui votre canne ou appliquez votre pied entre ses fesses. »*
> Diderot, *Le Neveu de Rameau*

On relève en version moderne **n'y aller que d'une fesse** (1974), c'est-à-dire, avec beaucoup d'hésitation, mais l'expression est apparue dès 1611, dans le sens de faire quelque chose sans envie, sans énergie :

> *« Les idiotes qui ne vont au plaisir que d'une fesse. »*
> G. Dormann, *Le Bateau du courrier*

> *« Quand il fait chaud [qu'on se bat] en quelque lieu, si le chef n'y va [...] le reste ne va que d'une fesse, et gronde [proteste] qu'on les envoie à la mort. »*
> Montluc, *Commentaires*, in *Huguet*

Fesse tendue, s'est employé au XVIe s., pour paillard, par allusion à la sodomie ; **fils de quatre fesses**, s'employait anciennement en terme d'injure ; **pincer les fesses, se pincer les fesses**, (se) faire des caresses intimes :

> *« C'est la guerre, dehors le tocsin sonne. Tout le monde court, tout le monde s'embrasse, on boit, on se pince les fesses, on fait des jeunes pour la prochaine. »* Prévert, *Paroles*

La fesse a d'abord désigné (1881, Rigaud), la femme, d'un point de vue érotique puis a servi à illustrer le sexe, en tant qu'activité physique ; on dit **courir la fesse** ; on trouve l'expression **de fesse**, en 1975, dans le sens de pornographique : **histoire de fesses**, anecdote où il est question d'amour physique :

> *« [...] Et puis, regardons les choses en face, vos histoires de fesses ne regardent que votre cul. »*
> Ph. Morice, *Les Vers c'est satyrique*, tome I

En injures méprisantes se forment **fesse d'huître** (1939), **de rat, peau de fesse, peau de noix,** etc.

Les désignations métaphoriques pour *fesses* ne manquent pas, on trouve **gigot**, en 1866 (Delvau), pour grosses fesses; **miches** (1875, Esnault), nom féminin argotique, d'après le sens moderne de gros pain rond, qui a produit les locutions familières **avoir les miches, les miches à zéro**, avoir très peur, et **les miches qui font bravo** (1957), qui s'entrechoquent sous l'effet de la peur.
Brioches (1939), après avoir désigné au singulier un ventre proéminent, le mot s'est dit pour des fesses de femme, en particulier; **petits pains** attesté en 1977; **meules** (1957); **sœurs** ou **deux sœurs** (1660), mais d'abord cuisses en 1596; **frottes** (1887, Esnault), **jumelles** (1881, Rigaud), **nèfles** (1881, Huysmans); **noix** en 1947, puis **mouilles** (1926), et **mouillettes** en 1982, d'où **avoir les mouillettes**, avoir peur, hésiter.

> *« Elle refait la tête, remue ses marmites, montre son dos boudeur, fesses bien rondes, un peu lourdes. Pas des petites noix de pédé, comme c'est la mode. »*
> A. Demouzon, *Château-des-Rentiers*

L'ANUS

La plupart des désignations de l'anus s'appuient sur l'image du trou et de la forme arrondie. Du reste, le mot **trou**, ainsi que le composé **trou du cul**, s'est dit pour *anus*, dès 1530, suivis d'autres dénominations plus ou moins vieillies comme **trou qui pète, trou qui pue** (milieu du XXe s.); ou bien relèvent de métaphores telles que **trou de balle**, désignation plaisante qui apparaît en 1861 dans l'argot militaire, d'après le nom de la blessure infligée par « balle » ou **trou d'ais** (1835,

Raspail), **trou de bise, trou de merde**, chez Rabelais (1534) ou encore **trou du souffleur**, en 1867 (Delvau):

> « *[...] Ces paroles dites, elle se retira en sa tanière, et, sur le perron de la porte, se retroussa, robe, cotte et chemise jusqu'aux aisselles et leur montra son cul. Panurge l'aperçut et dit à Épistémon: ‹Par le sambregoi de bois! voilà le trou de la sibylle!›* » Rabelais, *Pantagruel*, tome II

> « *Sartre avait adopté un énergique slogan: Science, c'est peau de balle. Morale, c'est trou de balle.* »
> S. de Beauvoir, *La Force de l'âge*

Trou-du-cul (1867, Delvau), de *trou du cul*, anus, s'emploie de nos jours, comme terme insultant et méprisant, sans contenu précis ou encore désigne un imbécile, parfois abrégé en **trouduc** (1953):

> « *Ça arrange bien les journalistes que les trous-du-cul comme moi soient là pour balancer des choses qu'ils ne peuvent pas dire.* »
> Balavoine, in *Libération*, 24 octobre 1983

> « *Le gitan descend sa vitre et sort la tête pour engueuler monsieur service après-vente. ‹Dégage de là, trou-du-cul. Tu vois pas que tu me bloques?›* » Ph. Carrese, *Le Bal des cagoles*

On rencontre la locution adverbiale **jusqu'à la saint trou du cul**, jamais, le « saint » burlesquement nommé exprime l'indétermination.
De *trou du cul*, se forment les dérivés **trouducuterie** (1912, Villatte), pour bêtise, **trouducuter** (1977), posséder sexuellement et **trouduculier (ère)** (1963, Boudard), pour pornographique.

Troufignon ou **troufion**, anus (v. 1610), sont compris au XVIIIe s. comme altération de *trou mignon*; la variante **troufignard**, apparaît en 1872; puis **troufe**, plus récemment.

Les mots **fignard** (1847), **figne** (1881) ou **fignon** (1898) font également partie des nombreuses variantes de *troufignon*:

> « *Il écouta la vieille et lui laissa tout dire,*
> *Pencha son front rêveur, puis avec un sourire,*
> *Lui foutit sa botte au fignard.* » Dumoulin, XIXe s.

De même que les signifiés **fouignedé** ou **fouindé** (1947), **fouinedé** (1975), **fouinedarès** (1939), puis **fignarès** (1935), **fignedé** (1883), **fignedarès** (1891), **fignoton** (1894), **fignolet** (1905), et le mot **fion** (1880), le seul de la série d'usage actuel, attesté à la fois pour postérieur et anus:

> « *[...] Le feu qui tombe du ciel, les bestioles cannibales à cornes, des bienheureux qui volent avec des plumes dans le fion...* » Ph. Carrese, *Le Successeur*

On relève les locutions **se casser le fion** (*le cul, le bol,* etc.), faire de gros efforts et **avoir du fion** (*du cul, du bol...*), de la chance:

> « *Ça fait des lustres qu'il se casse le fion à faire un canard potable.* » *Libération*, 20 janvier 1984

Le terme **trèfle** (1828, Vidocq), désignant à la fois l'anus et le postérieur est formé sur la métaphore liée à la noirceur de la carte à jouer et en même temps sur le trou, représenté par le trèfle architectural; on rencontre aussi **as de trèfle** en 1850 (T. Gautier), pour anus:

> « *Je sais bien que quand je m'ai senti les verts au dos, le treffe me faisait trente-et-un [j'avais peur].* »
> F. Vidocq, *Mémoires*

De même que **as de pique**, au sens argotique d'anus (1881), est issu de l'image de la carte à jouer (l'as de pique), par analogie de forme entre la figure des cartes et le croupion d'une volaille ; la valeur de « personnage stupide ou ridicule et mal bâti » est déjà péjorative chez Molière. Le mot **rond**, attesté en 1884, évoquant la forme arrondie de l'anus, a d'abord désigné le postérieur en 1807.

La métaphore **rondelle**, apparaît pour anus en 1884 (Chautard), de là se forme **se magner la rondelle** (1957), se dépêcher, sur le même modèle que se *magner le cul, le train*, etc.

L'anus est aussi appelé **ami fidèle**, en argot moderne, **rival**, mot ancien, ce dernier étant le rival du vagin :

> *« On dit que mon rival aurait des autels au-delà des Alpes. »* Diderot, XVIIIe s.

D'autres désignations métaphoriques réfèrent à des objets ronds ou avec trou, comme **cercle**, mot ancien ; **boutonnière** (1847, Esnault), qui a d'abord désigné la vulve ; **capsule** en 1982 (Perret), **pièce de dix sous** (1866), **pièce de dix ronds** (1957) ; **dix**, daté de 1902, ellipse pour *pièce de dix sous ;* **dixième** (1902, Esnault), qui a d'abord désigné par métonymie une « pièce de dix sous », et **disco** (1902), altération de *dixième* ; **pastille** dès 1890, d'abord pièce de dix sous ; **anneau** (1955), d'abord anus puis par extension, postérieur :

> *« Le petit monsieur de devant s'est fait caraméliser (sodomiser) la pastille. »*
> San Antonio, *Bosphore et fais reluire*

On trouve également **bague** (cercle avec trou) en 1876 et son dérivé **bagouse (bagouze)**, en 1952 ; **l'avoir dans la bagouse** (Le Breton), se dit pour être dupé (*l'avoir dans le cul*, etc.). Puis la variante **chevalière**, en argot moderne ; puis **œuf**, daté de 1884, est formé sur une métonymie et une métaphore, *l'œuf* désignant l'endroit où les poules pondent ; en emploi récent **zéro**, toujours par analogie de forme :

> *« Après le baba je tournai la page et fis le tringlomane dans le zéro. »* D'après Lacassagne, XXe s.

D'autres désignations métaphoriques évoquent plus ou moins la forme de l'anus comme **oignon**, attesté en 1890 et juste avant **oignon brûlé** (1883), puis apparaissent les variantes **oigne** ou **ogne** en 1926, forme apocopée de *oignon* ; et la formation **ognasse**, chez San Antonio ; **l'avoir dans l'oigne** ou **se le faire mettre dans l'oigne**, c'est être trahi, subir un échec honteux. *Oignon* est entré dans les locutions populaires **aux petits oignons** (milieu XIXe s.), qui s'emploie pour « bien fait, parfait », par analogie avec un mets finement préparé ; **occupe-toi de tes oignons, c'est pas tes oignons !** (1948), mêle-toi de ce qui te regarde !, l'expression dissimule le sens d'anus (*occupe-toi de tes fesses*) :

> *« Arrivé à son étage, le second, il avait d'ailleurs réussi à se persuader que la psychologie de Pradonet, c'était pas ses oignons, non plus que celle de son hôtesse. »* R. Queneau, *Pierrot mon ami*

Proche *d'oignon*, on relève la désignation récente **échalote** (1953), pour anus ; puis **bocal**, vers 1882, à la fois pour postérieur et anus, parfois abrégé en *boc*, qui s'est employé au figuré au sens de chance (syn. *pot*, *vase*) ; par métaphore de l'objet creux, se forme **dé** (1907), d'abord pour vagin en 1901, issu de *dé à coudre*, « petit étui creux qui protège le doigt qui pousse l'aiguille » ; le terme **dé à coudre**, pour anus est plus récent (1977, Caradec).

Par allusion à l'aspect, l'anus est aussi appelé en argot le **plissé.** Puis le **sonore** (1977), d'après l'adj. *sonore* « qui rend des sons » ; le **sifflard** (1901, Bruant), en terme vieilli ; le **chouette** (1927), en emploi substantivé de l'adjectif argotique, « beau, agréable », qui a désigné le postérieur puis l'anus; son synonyme entré dans le langage familier est le nom masculin, **marrant** (1977), d'après l'argot, « amusant »; en emploi métaphorique, se forme le composé **point noir**, en 1977.

On trouve le mot **os**, pour anus (d'abord pénis), notamment dans les locutions **l'avoir dans l'os** (1946), subir un échec, être trahi, qui est l'une des multiples réalisations métaphoriques de « être possédé » (*l'avoir dans le cul, le baba...*), où ici, le mot se substitut à *cul*, par l'intermédiaire de l'os sacrum; **jusqu'à l'os** (1936), est employé pour complètement; en déformation argotique de os, se forme le nom féminin **oseille**:

> *« C'est râpé, les enfants! Vous l'aurez dans l'os! Mémé a toujours parlé grossièrement, mais clairement.* » C. Veillot, *Le Pique-Bourrique*

Plusieurs dénominations de l'anus sont étroitement liées à la sodomie (voir *acte sexuel*), plus particulièrement homosexuelle qui entrent dans quelques locutions référant à l'homosexualité passive et active (voir *homosexualité*) comme par exemple **chouette**, déjà cité, **rosette** apparu en 1864, diminutif de *rose*, (du nom de la fleur) et **rose des vents** (1866, Delvau), anus dans le langage homosexuel, issu d'une double métaphore (*vents*: pets); on peut rapprocher le mot **œillet** (1977), diminutif de **œil de bronze** qui apparaît pour sphincter anal en 1953, d'après l'équivalence œil-anus, que l'on retrouve implicitement dans les locutions *s'en battre l'œil, se fourrer le doigt dans l'œil...*:

> *« Laurette... dérobe lestement la boutonnière et, d'un temps, fait trouver à l'engin, dans l'œillet son véritable calibre.* » A. de Nerciat, XVIIIe s.

> *« Les joyeux appellent encore ‹œil de bronze› ce que l'on nomme aussi la ‹pastille›, ‹la rondelle›, ‹l'oignon›, ‹le derch›, ‹le derjeau›, ‹la lune›, ‹son panier à crottes›.* » J. Genet, *Pompes funèbres*

On trouve aussi **motte**, d'abord pour « toison pubienne » (1806), puis anus en 1957 ; **petit**, daté de 1878, en emploi euphémique de l'adjectif et **mignonnet**, de « petit et mignon » :

> « *Les douze coups de minuit, / Dans le petit tu les as bien pris.* » Chanson paillarde

Jaquette (1928, Esnault), se forme pour anus, par allusion au mot ancien, désignant un vêtement masculin ajusté sur le buste et fendu dans le dos, d'où sont dérivées quelques expressions sur l'homosexualité passive ; on relève le composé **terre jaune**, pour anus en 1985, mais la métaphore a d'abord désigné péjorativement l'excrément humain, puis la sodomie ; plus ancien, le terme **soupirail merdique** :

> « *Vous devez mettre votre tête entre mes fesses et approcher votre nez du soupirail merdique.* »
> Tabarin, XVIIe s.

D'autres dénominations métaphoriques sont formées sur la fonction de l'anus : **coupe-cigare** (1982, Perret), de *cigare*, « étron », **turbine à chocolat** ou **turbine**, daté de 1953.

Évoquant l'idée d'ouverture « par derrière », l'anus est aussi appelé **entrée des artistes** (1878), **entrée de service** (1975, Le Breton), **entrée des fourbisseurs**, attesté chez San Antonio ; **porte de service** (1987), plus anciens **porte de derrière, fenêtre de derrière** et **lucarne**, avec l'idée d'ouverture restreinte ; **petit guichet** (1938), *guichet* s'est dit d'un passage étroit, et avec la même valeur **couloir à** ou **aux lentilles** (1960, Le Breton) et **tiroir aux lentilles** (1953) :

> « *Si par cas fortuit elles veulent ouvrir la porte de derrière, elles serrent les lèvres.* » Tabarin, XVIIe s.

On relève anciennement **arrière-boutique, arrière-charmes** et **arrière-vénus** :

« À l'instant cette demoiselle, ouvrant son arrière-boutique, laissa aller un vent. » D'Ouville, XVIIIe s.

« Il me vint un capricieux désir d'apprendre d'Alexis ce que peut éprouver une femme qui prête ses arrières-charmes. » A. De Nerciat, XVIIIe s.

« Craignant que je ne l'accuse d'avoir voulu user de l'arrière Vénus. » Brantôme, XVIe s.

LES FLATULENCES

On peut commencer ce chapitre par le mot **pet** (vers 1179), du latin *peditum*, déverbal de *péter*, qui porte dans les dictionnaires la mention « vulgaire » et dont la définition est : « gaz intestinal s'échappant de l'anus avec bruit. »
Le mot transmet un interdit social assez puissant, très employé chez les satiriques, il donne lieu en emploi figuré à une riche phraséologie : *pet de nonne*, au sens de beignet, *pet à vingt ongles*, désignait un enfant, et le *petoun* (petit pet) en provençal, désigne le petit dernier…
On trouve chez Rabelais, **pet de boulanger**, et **pet de ménage**, pour pet foireux qui entraîne les excréments ; puis **pet de maçon** (1611, Cotgrave), dans le même sens :

« Thaumaste, de grand ahan, se leva, mais en se levant fit un gros pet de boulanger, car la merde vint après, et pissa un vinaigre bien fort, et il puait comme tous les diables. » Rabelais, *Gargantua Pantagruel*

« L'effort que je faisois en m'estendant ainsi, a donné la sortie à un furieux pet de masson qui les

> *a tous estonnez. Mon Dieu, il n'est pas mort, ç'a dist ma femme, le voilà qui pette [...].»*
> Ch. Sorel, *Histoire comique de Francion*

Pet a exprimé très tôt (v. 1205), l'idée figurée de peu d'importance, valeur réactivée dans le langage argotique puis familier avec la locution moderne, **ça ne vaut pas un pet** (1887) ou **ça ne vaut pas un pet de lapin** (1896), cela ne vaut rien ou encore elliptiquement **pas un pet**, s'emploie pour rien du tout.

L'expression **on tirerait plutôt un pet à un âne mort**, «la chose est impossible», prolonge la forme classique *tirer un pet d'un âne mort,* (in *Furetière*) d'abord employé pour qualifier une avarice sordide, le complément étant *qu'un sou de sa bourse;* dans Rabelais, (1564), la locution a le sens plus général de «tenter l'impossible»:

> *«Je vis un jeune souffleur de métaux, qui tirait artificiellement des pets d'un âne mort et en vendait l'aune cinq sous.»* Rabelais, *Pantagruel* tome II

Par analogie **pet** exprime dès 1580, un bruit sec et violent, d'où par extension, se dit d'une manifestation plus ou moins bruyante de mécontentement, de là **faire du pet** (1835, Raspail), **aller au pet** (1847) ou **porter le pet** (1949), faire scandale, porter plainte, protester bruyamment, d'où par extension **faire le pet** (1830), faire le guet:

> *«En voilà du pet pour une pipe! Tenez, voulez-vous la fumer? Je vous la prête avec plaisir.»*
> G. Courteline, *Boubouroche*

De même, **pet,** traduit avec les mêmes valeurs, le danger (1835), notamment dans l'interjection **(y a du)**

pet !, attention ! Et avec un sens contraire, **pas de pet**, pas de danger, pas de problème :

> *« Lucien se redresse et fait face : ‹ Mais non, Zé', ça reste en famille. ›*
> *Bouboule confirme : ‹ Pas de pet, Zé' ! Il a raison, tonton. On l'a dit à dégun. › »*
> Ph. Carrese, *Graine de courge*

Le mot s'emploie aussi dans le langage moderne en formule injurieuse et métonymique : **face de pet**, équivalant à *face de cul* :

> *« Infaillible... tais-toi... tu me fais marrer... face de pet... »* J. Prévert, *Paroles*

On relève vers 1867 (Delvau), **lâcher qqn comme un pet**, l'abandonner rapidement, à rapprocher de l'expression **comme un pet sur une toile cirée, sur une tringle**, attesté en 1977, (avec des verbes comme *filer*, *partir*, etc.), signifiant, très vite, précipitamment.

Dérivé de *pet*, le verbe **péter**, apparaît en 1380, au sens concret de « émettre un ou plusieurs pets » ; il est resté vulgaire ou familier, donnant lieu à une série de locutions métaphoriques telles que **(vouloir) péter plus haut que son cul** ou **qu'on a le derrière** (1640, Oudin), être prétentieux ; ou tenter d'obtenir ce qu'on n'est pas en situation d'avoir :

> *« Comment, vous pétez, Panurge ?*
> *– Je ne pète pas, disait-il, madame ; mais j'accorde au contrepoint de la musique que vous sonnez du nez. »* Rabelais, *Gargantua Pantagruel*

> *« Conscient de son infériorité sociale, il n'osait lever les yeux sur elle : il ne voulait pas péter plus haut qu'il n'avait le derrière, ni se risquer dans une aventure larmoyante comme on en voit au ciné ou dans les feuilletons lorsque des gars dépérissent pour*

l'amour d'une inaccessible, qu'à la fin on veut faire croire qu'ils épousent. » R. Queneau, *Pierrot mon ami*

Puis **péter dans la soie**, daté de 1878 (Rigaud), mener une vie luxueuse ou chercher à épater son entourage. **Il faut que ça pète ou que ça casse, ou que ça dise pourquoi**, attestée en 1881, la locution exprime l'intention ferme de faire céder ce qui résiste, en d'autres termes, il faut en finir :

« *Quand je prends une chose à cœur, moi, il faut que ça pète ou que ça craque.* »
J. Giono, *Un de Baumugnes*

Au XVIe s. le verbe prend par analogie les sens figurés de « craquer, d'exploser, d'éclater », emploi resté vivant dans quelques locutions comme **péter dans la main** (fin XVIIe s., in *Saint-Simon*), échouer brusquement, puis l'homonymie **péter dans la main de qqn** (1862, Larchey), qui se disait pour « être d'une familiarité déplacée » ; **péter dans la graisse, dans sa peau** (fin XIXe s., Huysmans), être très gras : « éclater » ; **faire péter les boutons de braguette** (1977), exciter un homme ; **péter de santé** (1797), déborder d'entrain, de vitalité, **péter le feu** (1930, Morand) ou **péter des flammes** (1973), être en pleine forme, et **ça va péter des flammes**, ça va chauffer ! ; on trouve encore plaisamment, **il ne pétera plus** (1808), pour « il est mort. »

Avec les mêmes valeurs que *pet*, le verbe signifie aussi exprimer des reproches, crier (1895) ou porter plainte (1836) ; **péter sec** (1866), d'où le nom et adjectif **pète-sec** (1866), personne autoritaire au ton hargneux et cassant.
La péter (1585), expression archaïque, pour « avoir très faim », puis **péter la faim**, pour finalement **péter de faim** (1915).

Le verbe exprime aussi l'action de casser brusquement, de là à la forme pronominale, **se péter la gueule** (1977), avoir un accident ou encore se soûler et **péter la gueule à quelqu'un** (1970), lui « casser la figure. »

On relève quelques dérivés tels que **péteux (euse)**, issu de *pet*, d'abord employé pour « personne qui a l'habitude de péter », d'où la locution sortie d'usage **chasser qqn comme un péteux d'église** (1613), comme un indésirable ; puis par l'allusion au flux intestinal que peut déclencher la peur (*être foireux*…), **péteux**, en nom et adjectif, désigne à partir de 1790, un individu lâche, peureux ou encore se dit de quelqu'un de hautain, de prétentieux (1977).

Pétoche (1918, argot des Poilus), est issu de *péter*, au sens actuel de peur intense (var. *pétouille*, 1957), **pétochard** (1947, Vialar), se dit d'un poltron, d'un « péteux » et **pétocher**, à la forme contemporaine :

> *« Visiblement, ils pétochaient. C'est par frousse qu'ils sont allés chez les flics. »*
> *Le Nouvel Observateur*, 22 juin 1981

On peut ajouter **pétomane** (1898), formé plaisamment à propos d'un artiste de variétés capable de contrôler ses gaz intestinaux, attraction qui eut son heure de gloire vers 1900.

Autre désignation du pet, le nom masculin **louf** ou **louffe**, qui s'est répandu vers 1890, il est issu du franco-provençal ; puis **loufer (louffer)**, « péter » :

> *« Ce matin le Vieux a voulu me téléphoner. Ça tombait bien : j'avais justement besoin de loufer, j'ai mis l'écouteur devant mon dargif et j'y ai balancé le pet du siècle dans les trompes d'Eustache.*

> *Dedieu ! J'y ai foutu tout mon cœur, il a été si tant tellement violent que mon Éminence ressemble à une photo aérienne de la Beauce à l'époque des labours.* » San Antonio, *La Vie privée de Walter Klozett*

On peut citer aussi les termes métaphoriques **vent** (1680), euphémisme d'après **vent du cul**, qui s'est dit pour pet, dès la première moitié du XIIIe s. et qui n'avait pas en ancien français la vulgarité qu'on lui prêterait aujourd'hui ; on trouve **lâcher un vent** (1690), d'où **en lâcher une** (1808), puis **en lâcher un** (1867) ; au pluriel, le terme **gaz** désigne en 1825, les gaz accumulés dans le tube digestif **(avoir des gaz)** et sert d'euphémisme pseudo-savant pour pet, mot devenu familier dans le langage courant ; plus récemment apparaît **poltron** (1975, Arnal), d'origine obscure ; puis le nom féminin **vesse**, mot vieilli, formé dès le XVe s., pour gaz intestinal silencieux et malodorant (distingué de pet), déverbal de **vesser** :

> *« [...] mais la perfide vieille ventait et vessait, puant comme cent diables. Le jeune renard était bien mal à son aise, car il ne savait de quel côté se virer pour éviter le parfum des vesses de la vieille [...]. »*
> Rabelais, *Gargantua Pantagruel*

En argot moderne, apparaît **caisse**, pour flatulence : **lâcher, larguer une caisse ;** on trouve encore le nom féminin **prout**, onomatopée qui évoque de nos jours un bruit de pet (symbole de mépris), et s'emploie aussi comme interjection argotique injurieuse évoquant la sodomie (1850) : **prout !** ou **prout, ma chère !** (1953) :

> *« Siné lui a répondu, préférant ceux qui disent ‹Prout !› à ceux qui disent toujours non. »*
> *Libération*, 9 janvier 1981

Le féminin **proute** (1837), sorti d'usage, s'est dit au figuré d'une plainte (avec la même valeur figurée que *pet*), puis d'un pet en 1872 ; le dérivé **prouter**, d'abord au sens de se fâcher (1836, Vidocq), signifie dans la langue populaire moderne, lâcher bruyamment un pet ; par métonymie, se forme le nom féminin **perle**, d'abord appliqué à « ce que qqn peut produire de mieux », d'où par antiphrase populaire, à un pet (1894) ; **lâcher, laisser tomber une perle** (1896, Delesalle) ; puis en suffixation argotique de *perle*, apparaît **perlouse** en 1926 (Esnault) :

> *« Ej' viens d'entende un coup d'sifflet !...*
> *Mais non, c'est moi que j'lâche enn' perle. »*
>
> A. Bruant, *Dans la Rue, Chansons et monologues*

Quelques verbes sont employés isolément avec le sens d'émettre des flatulences comme **cloquer** (1878, Rigaud) ; **dégager** vers 1977, qui s'est employé au XIXe s. dans le langage de la chimie pour « libérer (une émanation) » ; puis plus spécialement dans le langage argotique moderne **praliner** et **flouzer** ou **flouser** :

> *« Je regardais ces lavedus, à mon alentour, la gueule ouverte, les gobilles comme mes poings, flousant dans leurs calbutes d'émotion intense. »*
>
> San Antonio, *Si « Queue d'Âne » m'était conté*

Certaines locutions acquièrent aussi une valeur métaphorique : **jouer de la trompette** (1881, Rigaud), **déchirer (de) la toile** (1878, Rigaud), **lâcher une fusée** (1975, Le Breton) ; **lâcher une Louise** (1960, Devaux), en abrègement du prénom *Marie-Louise*, d'origine obscure, désignant un pet :

> *« Il lâchait une bonne louise sonore de confection classique. »*
>
> P. Devaux, *Le Livre des darons sacrés*

LES EXCRÉMENTS

Les excréments sont désignés par un bon nombre de termes issus de mots de même sens, dont le plus courant est **merde**, attesté dès 1179, issu du latin *merda*, avec la même valeur. Bien que considéré comme vulgaire, malgré sa fréquence d'utilisation, **merde** en interjection, dès 1845, a longtemps servi à exprimer l'indignation, la colère, le mépris ou le refus et depuis le XXe siècle, il traduit aussi l'étonnement, l'admiration ou la surprise: **merde alors!** Il peut être aussi un souhait de bonne chance, dire à quelqu'un **merde!** c'est lui souhaiter bonne chance, notamment pour un examen. Le mot entre également dans la composition d'un certain nombre de jurons: **bordel de merde, putain de merde, Bon Dieu de merde!**:

> *« Merde: ce mot est une friandise. Seuls les crétins de haut vol ne l'utilisent jamais. Un mot qui se crie, qui se hurle, qui se susurre, se murmure, se savoure. C'est le mot qui console, dont on a besoin. »*
>
> Pierre Perret, *Citations*

Merde est parfois utilisé par euphémisme de bon ton dans **mercredi**, et dans les périphrases: **les cinq lettres** ou **le mot de Cambronne**, par allusion à une réplique du général de Napoléon aux Anglais qui le sommaient de se rendre; il est aussi remplacé par **caca** (1534), du latin *cacare*, en usage pseudo-enfantin plus ou moins marqué par la mode, qui a également pris au figuré le sens de chose méprisable, ordure, saleté; récemment des combinaisons plaisantes sont entrées dans l'usage comme **caca nerveux**, pour « petite crise de nerf ».

On distingue le mot **merde** dans plusieurs expressions métaphoriques d'emploi courant traduisant le mépris ou évoquant la notion de chose sans valeur, que l'on veut déprécier comme dans **ne pas se prendre pour une merde** (1959) ou **faire sa merde** (1878, Rigaud), se considérer comme un personnage important, prendre des airs supérieurs :

> « *Mais tu ne l'aimes pas. Avec moi tu veux faire ta merde. Voilà tout...* » L. Protat, XIXe s.

De même que **c'est de la merde, (être) une merde** (1867), se dit d'une personne ou d'une chose nulles, méprisables ; on trouve le composé **sous-merde** (1881, Rigaud), pour individu tout à fait incapable :

> « *La pauvre merde que je suis donne un violent coup de coude dans la barre de ferraille qui gardait le capot relevé.* » Ph. Carrese, *Filet garni*

De merde, se forme dès 1547, pour qualifier ce qu'on déprécie (synonyme de *à chier*) :

> « *Voilà de beaux rameurs de merde ! Il faut donc que le prix se perde ?* » Scarron, *Le Virgile travesti*, in *Littré*

Traîner quelqu'un dans la merde, c'est l'insulter, le rabaisser (1954), l'évocation de la souillure organique correspond à une volonté enragée de salir ; **avoir quelqu'un à la merde** (1948, Cendras), le dédaigner, l'insulter :

> « *Et comme je ne puis pas paraître à mon dépôt, en Arles, à cause des copains qui doivent m'avoir à la merde, je voudrais rejoindre le maquis.* »
> B. Cendrars, *Bourlinguer*

Le mot *merde* traduit aussi une situation désagréable ou difficile dans un certain nombre d'expressions métaphoriques d'emploi courant comme **être dans la merde (jusqu'au cou, jusqu'aux yeux, etc.)**, attesté dès la fin du XIIe siècle, l'expression reprend sous une forme plus énergique la métaphore de l'engluement dans une matière molle, exprimant l'impossibilité de sortir d'une situation peu enviable, inextricable :

> *« Gilbert ressort de la cabine, une gourde à la main et me fait face en hurlant :*
> *– Voilà de quoi il est mort, cet abruti, et moi, je suis dans la merde ! »* Ph. Carrese, *Filet garni*

On trouve encore **se mettre, se foutre dans la merde**, avec la variante, *tomber dans le caca*, **foutre quelqu'un dans la merde**, ou **laisser quelqu'un dans la merde** ; de même que **avoir la merde au cul**, c'est être dans une situation fâcheuse. Et soulignant la difficulté d'une entreprise, se forme récemment **c'est toute une merde pour…** suivi d'un verbe à l'infinitif. On dit aussi **une merde** (1987), pour désigner un événement peu important mais pouvant entraîner des conséquences plus ou moins graves.

Merde est synonyme de désordre, de désaccord dans les locutions métaphoriques **semer, mettre, foutre la (sa) merde** (1977) (*foutre le bordel*) ; **il y a de la merde après la rampe** (1957), se dit à propos d'un démêlé, d'une querelle importante :

> *« Après il y a eu des manifestations, ils ont commencé à foutre la merde, à casser les vitrines. Les ‹ bleus › sont arrivés, les C.R.S. quoi. »*
> *Libération*, 13 mars 1978

Un **paste-merde**, c'est un emmerdeur, dans le parler méridional :

> *« Le Royaume de la chantilly, tu fais absolument tout comme tu veux, mais tu viens plus me brancher, sois brave !*
> *– Mais j'ai un plan d'enfer, Titounet !*
> *– Lâche-moi ! Paste-merde ! »*
> Ph. Carrese, *Graine de courge*

On peut encore citer quelques locutions familières dont certaines sont maintenant vieillies : **avoir de la merde**

dans les yeux, ne rien voir ; **avoir chié les trois quarts de sa merde** (1878, Rigaud), l'expression était attribuée à une personne âgée et fatiguée ; **avoir un œil qui dit merde à l'autre**, loucher ; **plus blanc qu'une merde de laitier** (1966, Grancher), se dit de qqn à la figure blafarde.

Attestée dès la fin du XIIe s., et toujours usuelle, la locution proverbiale **plus on remue la merde et plus elle pue**, plus on approfondit les dessous d'une mauvaise affaire plus on risque d'y découvrir de vilains détails ; l'expression utilise la transposition traditionnelle de la salissure organique au domaine moral.
Le mot a donné lieu à plusieurs dérivés et composés, plus ou moins vulgaires dont certain sont attestés dès l'ancien français comme le nom féminin **merdaille**, dès 1223 qui a désigné une troupe de gens méprisables puis un enfant importun en 1643, et de nos jours se dit d'une situation compliquée ; **merdaillon** (1808), est assez usuel au sens injurieux de « petit merdeux » ou de personne méprisable (1880, Chautard) :

> *« Cronissez gonzes, gonzesses, merdeux, merdeuses, merdaillons et merdouillards ! »*
>
> P. Devaux, *Le Livre des darons sacrés*

L'adjectif et nom **merdeux (euse)** est l'une des formations les plus anciennes, datée de 1180 (Roman de Renart) au sens propre de « souillé de merde » et au figuré (XVIIIe s.), d'individu abject, méprisable, substantivé au sens de jeune enfant, généralement insupportable (1808) ou encore dans le sens de médiocre (1867) :

> *« Écoute, minot ! T'as pas dix-huit ans, tu me la joues pas mariolle, tu vas à l'école maintenant. Je veux plus te voir… Boulègue, merdeux ! »*
>
> Ph. Carrese, *Trois jours d'Engatse*

Un **bâton merdeux** (1867, Delvau), se dit d'une chose, situation ou personne peu fiable ou très déplaisante ; la forme développée est : *c'est un bâton merdeux, on ne sait par quel bout le prendre*.
On trouve les dérivés récents **merdeuserie** (1985), pour chose abjecte puis **merdeusement**, de façon abjecte, honteuse.

Merder, d'abord utilisé dans un sens concret (1596), a développé son sens moderne de « ne pas réussir » dans le contexte scolaire d'un examen (1909), avant d'être généralisé au sens d'échouer ou de ne pas marcher (vers 1950). En sont dérivés les verbes **merdoyer** (1957) ou **merdouiller** (1932, Céline), s'embrouiller ou s'engager dans des difficultés, des démarches maladroites.
Merdouille, déverbal de *merdouiller*, se dit d'une situation désagréable (1971) ou d'une chose nulle, sans intérêt (1966).

L'adjectif **merdique**, qui correspond aux sens figurés de *merde* et de certains dérivés, s'emploie pour mauvais, sans valeur (en particulier en parlant d'une chose) :

> *« [...] la proximité immédiate de la centrale atomique de Pierrelate ajoutée à la folle gaieté d'un paysage de garrigue dévasté par un incendie l'été dernier l'inciterait plutôt à se tirer rapidos de cet endroit merdique. »* Ph. Carrese, *Filet garni*

Le mot **merdier**, qui a désigné l'excrément en 1223, s'est dit au figuré à propos d'un lieu rempli d'immondices (XIVe s.) et de nos jours, illustre un grand désordre, une confusion inextricable.
En emploi métaphorique du verbe concret, au sens de « salir de merde », **emmerder**, attesté à la fin du XIVe siècle, est passé au sens figuré de mépriser ou de congédier qqn (1828), puis au sens d'ennuyer,

d'embêter, vers 1830 (devenu très usuel, il correspond à *faire chier*) :

> *« Ah ! tu m'emmerdes, à la fin !... vomit Madame d'une voix de lavoir... tu m'emmerdes !... Vas-t'en... »* O. Mirbeau, *Journal d'une femme de chambre*

En manière de défi (tenir pour négligeable), on dit par exemple : **je t'emmerde, je vous emmerde tous**. À la forme pronominale, **s'emmerder** (1839), c'est s'ennuyer et **ne pas s'emmerder**, daté de 1977, passé dans le langage courant, signifie avoir une attitude sans-gêne ou d'arrogance.
Le verbe a produit des mots d'un usage fréquent dans la langue familière, comme par exemple **emmerdement** (1839, Flaubert), gros ennui ou difficulté, abrégé en **emmerde** en 1972 (Boudard) :

> *« Vous croyez pas ?*
> *– Je crois pas quoi ?*
> *– Que les femmes, ça devrait jamais toucher au pognon.*
> *– J'en sais rien...*
> *– Eh oui, vous en savez rien, voilà ! C'est comme ça que commencent les emmerdes. »*
> Ph. Carrese, *Graine de courge*

Le nom **emmerdeur, euse** (1866), apparaît pour personne ennuyeuse, soit qui importune vivement, soit agaçante et tatillonne.
L'adjectif **emmerdant** (1834, Flaubert), s'emploie pour très ennuyeux, très embêtant : on dit pour renforcer l'expression **emmerdant comme la pluie**..., (*ennuyeux comme la pluie*, *in* Littré).
De *dé-* et de *merde*, le verbe pronominal **démerder (se)**, est attesté depuis 1900 au sens de se débrouiller, puis se tirer d'affaire (1916) ; en sont dérivés **démerdard** (1915), **démerdeur** (1957), **il se démerde, il est démerdeur, c'est un démerdard** :

> *« Seuls les démerdards, les types au courant savaient les dénicher [les premiers blue-jeans] dans quelques rares stocks américains de Lyon. »*
> *Libération*, 7 février 1978

On trouve le dérivé **démerde**, pour débrouillard (1936, Céline), d'où **système démerde**, d'après *système D*, système des débrouillards ; ingéniosité dans la solution à régler des petits problèmes.

Réputé moins grossier que *merde*, le mot **crotte** (fin XIIe s.), du francique *krotta*, après avoir désigné la fiente globuleuse de certains animaux, fournit aujourd'hui un synonyme familier d'excrément, en parlant des fèces de l'homme ; de là lui viennent ses emplois en interjection, de dépit ou d'impatience, **crotte de bique !** (*merde !*) ; et avec une valeur dépréciative, de choses insignifiantes, comme dans la locution **de la crotte de bique** (1934) :

> *« Une crotte révèle la présence d'un être vivant.*
> *L'étude des excréments en apprend long à son sujet.*
> *La merde, première expérience de l'Histoire. »*
> Roland Topor, *Citations*

Son sens second ancien, « boue des chemins », a produit des locutions figurées aujourd'hui disparues, du type **chier de petites crottes** (1866) ou **être dans la crotte**, vivre dans la misère, **se carrer**, **vivre dans la crotte** (1866, Delvau), mener une vie de débauche ; et toujours en expression vieillie, **ne pas chier de grosses crottes** (1866), se disait pour n'avoir rien mangé ou peu mangé. En 1947, se forme **avoir qqn à la crotte**, le détester.

On dispose aussi du mot ancien argotique **mousse**, dès 1570, issu sans doute du breton *mous*, « ordure », qui a produit **mousser** (1612), pour déféquer et dans le même sens, aujourd'hui vieillie, la locution **filer la mousse** (1827). Par extension **mousserie**, a été attesté pour latrines (1822) et **moussine** (1847), pour diarrhée. Au figuré, **se faire de la mousse** (1899, Esnault), se tourmenter, s'inquiéter :

> « *Eh ben, les poteaux, ricana Filochard, quéque vous en dites de celle-là ? Ça finit plutôt salement, la rigolade.*
> – *Quand on s'ferait d'la mousse, observa Croquignol, c'est pas ça qui nous avanc'rait bezef...* » L'*Épatant*, 1908

Dérivé de *mousse*, le nom féminin **mouscaille**, a désigné les excréments en 1836 et **mouscailler** pour déféquer (1867) ; le mot a formé la locution figurée, **être dans la mouscaille** ou simplement **mouscaille** (1880), dans une situation désagréable, avec une valeur de misère, de pauvreté (*être dans la merde, dans la mouise*).

Emmouscailler, vers 1883 (Esnault), d'après *mouscaille* est un euphémisme pour *emmerder*, dont on relève toute une série de dérivés récents sur le même modèle que ce dernier : **emmouscaillant**, **emmouscailleur**, **emmouscaillure** et **emmouscaillement**, resté rare, à la différence d'*emmerdement.*
Foire, du latin classique *foria*, « diarrhée » (1165), a formé le verbe **foirer** (1576), « déféquer », qui ne s'emploie plus qu'au figuré, avec le sens de rater ou de renoncer (1947) ; on rencontre la locution **foirer dans la** ou **les mains de qqn** (1954), manquer à une promesse, se défiler. Le nom féminin **foirade**, qui traduisait l'action de déféquer ou la diarrhée en 1793, prend aussi au figuré, le sens d'échec lamentable ou de dérobade, vers 1920.

De *foire* et de *foirer*, se forme dès 1388 l'adjectif et le nom **foireux(euse)**, « qui a la diarrhée » ou « qui est souillé d'excrément », acceptation sortie d'usage, par

contre le mot s'emploie encore aujourd'hui au figuré, pour peureux, lâche ou adjectivement pour sans valeur, qui échoue lamentablement (1872).
Le mot **caille**, pour excrément, attesté en 1906, est un déverbal de *cailler*, issu de *cacare* « chier ». Emprunté au provençal, *cagado*, « évacuation d'excréments », est issu du nom féminin **cacade** (1690), pour colique, mais on le trouve dès 1616-1620, sous la forme **cagade**, dans le même sens et au figuré, avec la valeur de situation embarrassante (1798) ou de maladresse (1960, Le Breton) :

> *« Des intellectuels épanouis sont commotionnés chaque fois qu'un poseur de bombes a la cacade devant la guillotine. »* *Actuel*, décembre 1981

On trouve encore le nom féminin **chiasse** (1578), pour diarrhée, issu de « chier », qui est demeuré aussi marqué comme trivial que le verbe ; il s'est employé pour désigner ce qu'il y a de plus vil, puis s'est dit d'une chose ou d'une personne détestables :

> *« [...] pendant que nous sommes la chiasse du genre humain. »* Voltaire, *lettre à d'Argental*, 4 avril 1762

On dit **foutre la chiasse** (1867, Delvau), effrayer ; on relève dans le même sens, chez San Antonio, **(avoir la) chiasse noire** ; L'adjectif **chiasseux (euse)** (1887, Chautard), « souillé d'excréments » a signifié par extension, très sale.
Le nom féminin **courante**, s'emploie pour diarrhée, (dès le début du XIVe s. Oudin), mais il s'agirait là d'une erreur de lecture pour *courance*, attesté en ce sens du XIIe au XVIe s., toujours est-il que le mot donne l'expression **danser la courante**, par allusion avec la danse qui à l'époque portait le même nom :

> *« Je prétextais de frénétiques courantes pour m'enfermer dans les gogues. »* *Actuel*, février 1981

> *« [...] chacun souffrant du mesme mal, et se trouvant honteux de lascher ses ordures dans la cour du Seigneur [...] tous ceux de la noce s'en retournèrent en leur logis l'un après l'autre, non pas sans recevoir gausseries de ceux qui les voioient danser d'autres courantes, que celle que j'avois jouées de mon rebec.* » Ch. Sorel, *Histoire comique de Francion*

On trouve l'expression figurée **se payer une courante** (1881, Delvau), partir à toute vitesse.
D'autres termes sont métaphoriques ou se justifient à partir de métaphores comme le nom féminin **mouise**, d'abord employé pour « soupe de mauvaise qualité », puis d'excréments en 1888, aujourd'hui sorti d'usage ; il apparaît aussi au sens de misère, pauvreté, dans **être dans la mouise** (1892, Verlaine), ou encore pour avoir de sérieux ennuis ; il s'emploie également pour mauvaise chance (1984, Knobelspiess).

Fondé à la fois sur la forme et la couleur apparaît **colombin**, daté de 1867, pour étron, qui s'explique à partir du mot *colombin*, créé dans le langage de la poterie et de la céramique « long rouleau de pâte molle servant à fabriquer certaines poteries sans employer le tour » ; **avoir, foutre les colombins** (1914, Esnault), avoir peur ou faire peur ; **pruneau** (1866, Delvau), d'après le nom du fruit.
On trouve aussi la métaphore **cigare**, en 1928, de là **avoir le cigare au bord des lèvres** (1946, Genet), avoir très envie de déféquer, locution à rapprocher d'une autre plus ancienne **avoir la taupe au bord du trou** :

> *« Je me déculotte vivement, et aveignant, [avisant] sur l'table un beau plateau d'argenterie plein de tartines beurrées et de croissants, j'y dépose un beau cigare japonais.* » M. Stéphane, *Ceux du trimard*

De même que **fumerons**, daté de 1901 (Bruant), au sens vieilli d'excréments, a d'abord désigné un

« morceau de charbon de bois insuffisamment carbonisé, qui jette encore de la fumée » ; au figuré **avoir les fumerons** (1926), avoir peur ; **rondin**, pour étron, issu de l'adjectif « rond », est apparu en 1800 (bandits d'Orgères), d'où l'expression vieillie **filer le rondin**, déféquer ; le mot **sentinelle**, s'emploie par comparaison pour « étron dressé ou isolé (comme une sentinelle) » : **poser une sentinelle** (1640), terme sorti d'usage. On peut encore citer le mot **marchandise** en 1881.

L'ACTION DE DÉFÉQUER

On rencontre une importante série de verbes ou de locutions verbales qui illustrent l'action de déféquer comme par exemple l'un des plus anciens, mais aussi le plus courant, **chier**, employé dès 1202, issu du latin *cacare*, dont la proscription des textes littéraires ne date que du refoulement du classicisme :

> *« Il pissait sur ses souliers, il chiait en sa chemise, il se mouchait à ses manches, il morvait dedans sa soupe, et patrouillait par tous lieux, et buvait en sa pantoufle, et se frottait ordinairement le ventre d'un panier. »* Rabelais, *Gargantua Pantagruel*

> *« Je t'aime comme on chie. »* Georges Bataille, *Citations*

La notion de déplaisir dans la défécation

Sa vulgarité l'a fait négliger des dictionnaires usuels, qui passent discrètement sur ses emplois figurés et les locutions métaphoriques qu'il a suscitées, aujourd'hui couramment utilisées telles que **chier**, **(faire) dans sa culotte** (1897) ou **dans son froc** (1949, Sartre), avoir

très peur, avec la variante **se chier dessus** (syn. : *pisser dans sa culotte, se pisser dessus*).
Chier dans la colle ou **dans le pot** (1947), s'emploie pour aller trop loin, exagérer ; **en chier** (1949), c'est subir une situation éprouvante, insupportable.
Faire chier (qqn) ou **chier dans les bottes de qqn** (1931, Chautard), c'est l'ennuyer, le contrarier fortement, métaphoriquement « couvrir d'excrément » (syn. : *emmerder*) ; mais dès 1646, on relève dans le même sens **chier dans le panier, dans la malle de qqn** (Villatte) ; à la forme proverbiale, Villatte relève : *il a chié dans mon panier jusqu'à l'anse*, « il a profité de moi tant qu'il a pu » :

> *« La conclusion de Léo Bocognano, producteur de variétés internationales, a été très claire : ‹Mi fasciu caca, pauvra cona!›. ‹Tu me fais chier...› encore, et dit d'un ton autoritaire, il n'y avait aucune alternative. »* Ph. Carrese, *Le Bal des cagoles*

> *« Chirac est emmerdé, c'est le moment de lui chier dans les bottes, tel est le réflexe de l'UDF », explique un proche du CDS.* *Libération*, 10 octobre 1986

> *« Nous fûmes contrainctes de desloger de nostre quartier, de peur qu'il ne nous y arrive quelque malencontre, car nous n'avions plus guère de soustien : nous avions chié dans la malle du Commissaire, parce qu'éstant venu un jour chez nous, pensant y avoir sa chalandise accoustumé, il y avoit bien trouvé à qui parler. »* Ch. Sorel, *Histoire comique de Francion*

Au pronominal **se faire chier**, attesté avant 1890, a pris la valeur de s'ennuyer (*s'emmerder*), renforcé parfois avec **comme un rat mort** (milieu du XXe s.) :

> *« Tu dois te faire chier, ici.*
> *– Tu parles, c'est pas marrant. Qu'est-ce que tu veux que je fasse ? Où c'est que j'irais ? »*
> J. Genet, *Querelle de Brest*

On trouve en injonction: **fais pas chier!** arrêtes de nous ennuyer! Une autre image aboutit au même sens avec **envoyer chier (qqn)**, dès 1649, se débarrasser énergiquement de (quelqu'un) ou l'injonction **vas chier**:

> *« J'ajoutais :*
> *– Ta beauté, que je rencontre en passant, me paye assez.*
> *[...] Il fit alors sur le mot beauté un geste énervé, brutal, qui le montrait ce qu'il était à mon égard, un geste qui m'a envoyé chier. »*
> J. Genet, *Miracle de la rose*

On dit aussi **une gueule à chier dessus** (1878), pour une « sale gueule », qui est à rapprocher de **chier à la gueule de qqn** ou **chier sur qqn** ou **qqch**, exprimant ici un profond mépris (variante: *faire caca sur qqn* ou *qqch*).
L'expression: **... à chier**, attestée en 1931, signifie très mauvais, insupportable: **il est à chier ce film**; déjà relevée dans le même sens en 1742 dans *à chier dessus*; de même que **c'est nul à chier** est récent (v. 1985).

Divers renforcements expressifs existent dans la langue populaire: **faire chier des gaufres, des gaufrettes** (1977) ou **des lames de rasoir à qqn** (1935), faire souffrir quelqu'un.
On trouve dans un autre sens **(en) faire chier** ou **chier une pendule (à qqn)** ou **un vélo, une machine à coudre**..., accorder trop d'importance à une chose insignifiante (*en faire un fromage*).

Sous une forme négative **ne pas se faire chier**, s'emploie pour ne pas se gêner, ne pas s'en faire; **y a pas à chier (faut que ça chie)**, daté de 1915, se dit pour: c'est sûr ou n'hésitons plus, faut y aller:

> *« Y' a pas à chier, on est bon. Si c'est pas demain qu'on passe à la casserole, c'est après-demain. »*
> J. Genet, *Pompes funèbres*

En 1915 (Esnault), se forme l'expression argotique, attestée dans l'armée, **ça chie pas**, c'est pas grave, pas important.
On trouve les expressions pittoresques : **on dirait qu'il a chié la colonne Vendôme** (1878, Rigaud), qui se dit d'un orgueilleux ; **chier du poivre** (XVIIIe s.), manquer à un engagement, à une promesse, et dans une autre définition, échapper à une poursuite (1878, Larchey) ; **ça chie** ou **ça va chier (des bulles...)**, ça va barder, il y a une bagarre dans l'air ; la locution est à rapprocher de **chier rondement** (XVIIIe s.), se décider très vite :

> *« [...] C'est notre filleule, mais du moment où ils en font une fleuriste, nous ne voulons plus entendre parler d'elle. Encore une roulure pour les boulevards... Elle leur chiera du poivre, avant six mois. »*
> É. Zola, *L'Assommoir*

Au participe passé et adjectivement **chié (ée)** prend le sens mélioratif de « réussi, remarquable » : **c'est bien chié**, peut-être en renouant avec le symbolisme traditionnellement favorable de l'excrément ; la formule est courante au XVIe s, elle est à rapprocher de *c'est bien chanté*, (Rabelais les emploie ensemble) :

> *« Quelle différence y a-t-il entre bouteille et flacon ?*
> *– Grande, car la bouteille est fermée avec un bouchon et le flacon avec une vis.*
> *– De belles !*
> *– Nos pères burent bien et vidèrent les pots !*
> *– C'est bien chié chanté. Buvons ! »*
> Rabelais, *Gargantua Pantagruel*

Dans le langage contemporain **chié**, s'emploie pour quelqu'un qui exagère, qui a un certain toupet : **il est**

chié ce type! et l'expression **tout chié** (1867), aujourd'hui sortie d'usage, s'employait pour « très ressemblant ».
Le nom féminin **chiée** (1834), prend le sens de grande quantité: **une chiée d'enfants**.

Dès le XVIe siècle, *chier* produit **chierie**, dont le sens propre, « défécation » a été supplanté par le sens figuré de « chose très ennuyeuse, contrariante ou contraignante » (*un emmerdement*); même sens pour l'adjectif **chiant, ante** (1929), « qui fait chier », avec la double valeur de lassant et pénible, qu'on peut rapprocher de **chiatique** (1901, Esnault):

> « *Mais cette chierie de révérences me fâche plus qu'un jeune diable: je voulais dire un jeûne double.* »
> Rabelais, *Pantagruel*, tome II

Il en est de même pour **chieur (euse)**, très peu employé au sens concret de « qui défèque fréquemment (XIXe s.) », par contre le mot s'est répandu comme dérivé du figuré *faire chier* pour personne ennuyeuse (*emmerdeur*) ou individu qui cherche des histoires:

> « *Les neuf millions de quadrupèdes chieurs, aboyeurs et mordeurs qui empoisonnent la vie des humains dans l'Hexagone.* »
> *Le Nouvel Observateur*, 13 février 1982

> « *Un vrai chieur ce mec; une teigne, un roquet, gonfleur et casse-couilles. Hé ho, vas pas me les brouter cent sept ans.* » *Actuel*, mars 1987

Chiard (1894, Virmaître), de *chier* avec le suffixe péjoratif *-ard*, est d'abord attesté comme adjectif (v. 1530, *peur chiarde*), puis le mot désigne un jeune enfant, puis qualifie une personne.
Autre nom de la défécation, le mot féminin **chiade**, qui est attesté au XIXe siècle, d'après le sens figuré de

« brimade » en 1835 dans l'argot de Saint-Cyr, de là vient **chiader**, à la même date, pour « travailler dur, préparer rigoureusement (un examen) », issu de *ça chie dur* : « l'affaire est poussée (Esnault) » ; puis se forme **chiade** (1863), déverbal pour « gros travail » dans le langage des écoles Centrale et Polytechnique et **chiadeur** (1878), gros travailleur ; l'adjectif **chiadé (ée)** s'est d'abord employé pour « difficile » (1929) : *un problème chiadé*, puis aussi « bien fait », avant de prendre le sens de « extraordinaire, admirable (1947) » ; il faut préciser que ce dernier est le seul de la série à être encore en usage :

> « *Une musique simple, heureuse, dansante, pas très chiadée.* » *Libération*, 11 janvier 1980

Le nom féminin **chiotte** (1885), dérivé de *chier*, s'emploie au pluriel pour cabinets d'aisances et dans l'usage courant en apostrophe injurieuse pour conspuer qqn (1901, Bruant) : **aux chiottes ! ;** au figuré le mot se dit pour ennui, désagrément (qui fait *chier*) : **quelle chiotte !**

On peut ajouter le nom masculin et féminin, **chien-lit**, composé de la forme verbale *chie*, de *en* et *lit* qui a eu en 1534, le sens propre de « celui qui chie au lit », et par extension a désigné un personnage de carnaval (1740) d'où au féminin, une « mascarade débridée », développant le sens moderne de « pagaille, désordre », popularisé par un mot historique du général de Gaulle à propos de mai 68 : « *la chienlit c'est de la merde* » :

> « *Les tenants de l'ordre n'aiment guère la merde. Ils éprouvent à son endroit une sorte de refus pathologique. Le général de Gaulle qualifiait les mouvements étudiants de 1968 du terme de chienlit.* »
> Roland Topor, *Citations*

On peut citer aussi le verbe **caguer** (1970), pour déféquer, issu de la forme méridionale de *chier*, du provençal *cagar*, lui-même issu du latin *cacare*, dans le même sens :

> « *Et, il est évident que chez les mammifères*
> *Quand ils ne caguent plus, leur trouduc se*
> *resserre.* »
>
> Cl.-Ch. Depousier, *Les Vers c'est satyrique*, tome I

On le retrouve au figuré avec la valeur d'échouer, de rater, de tourner mal (synonyme de *merder*) ou dans le sens de s'en moquer : **s'en caguer**, expression très employée dans le Midi ainsi que quelques autres comme **se caguer (dessus)**, avoir peur et **faire caguer**, qui correspond à *faire chier*, *emmerder*, en d'autres termes importuner vivement ; de là la formule injurieuse d'**aller caguer**, envoyer qqn au diable, **vas caguer !** :

> « *Tant que c'est des minots mal élevés qui t'injurient, tu peux te dire je m'en cague, mais quand ça commence à être des adultes responsables, tu peux commencer à te faire du souci...* »
>
> Ph. Carrese, *Trois jours d'Engatse*

On relève encore les verbes **tartir** (1827) ou **tarter** (1881, Esnault), du fourbesque *tartire* (argot italien, apparu au XVe s. en Toscane et en Vénétie), pour déféquer, suivis du nom féminin **tartissure** (1899, Nouguier), excrément.

Flaquer, est aussi attesté pour déféquer en 1835, et s'explique à partir de *flac*, onomatopée imitant le bruit d'un corps qui tombe dans l'eau ou à plat ; d'où **flaquader** (1876), resuffixé en **flagada !** : merde !, dans l'argot des Poilus (1917), puis repris dans le langage familier au sens de « mou, fatigué (1936) », **être flagada** ; plus récent est le verbe **déflaquer** (1957) :

> « *Ils pourront déflaquer au barbu conjugal,*
> *Le bide enflé leur régulière aura grand mal*

À vêler les lardons qui porteront leur blaze. »
R. Desnos, *Le Frère au pétard, La Revue Messages*

On peut encore citer les variantes, aujourd'hui vieillies : **fienter** (XIVe s.), **flasquer** ou **fiasquer** (1881, Rigaud) ; issus de *flaquer*, se forment les noms **flacdal** ou **flaquedalle**, en 1894 (Esnault) pour défécation, d'où la locution **aller à flacdal**, déféquer et la variante **aller chez Flacmann** (1977) ; on trouve aussi l'adjectif **flaquant** (1893, Esnault), pour « *emmerdant* » :

« *Les rois et les philosophes fientent, et les dames aussi.* » Montaigne, *Citations*

« *C'en est flaquant ! ben merde !... en v'là*
Un' marmit' qui fait sa soupière. »
A. Bruant, *Dans la Rue, Chansons et monologues*

D'autres verbes argotiques expriment davantage l'idée d'expulsion, comme par exemple **débloquer** (1910), puis **débourrer** dérivé de **débourrer sa pipe** (1881), attestée dans le même sens, vieille expression, en emploi métaphorique du verbe signifiant « débarrasser de sa bourre », c'est-à-dire « retirer le tabac du fourneau de la pipe » :

« *On ne tire pas sur un homme qui débourre : pas besoin de convention de La Haye pour expliquer la chose. C'est un interdit qui vient du fond des entrailles.* »
J. Perret, *Bande à part*

Puis **défarguer** (1835) ; **déponner** ou **déponer** (1848), de l'ancien français *poner*, « pondre » ; **découqueter** (1905, Chautard), d'origine obscure, puis **fuser**, daté de 1866 (Delvau), du latin *fundere*, « fondre ».

Avec l'idée de façonner

On rencontre aussi pour déféquer quelques locutions verbales pittoresques : **mouler** ou **couler un bronze** (1977, Caradec), métaphore du langage de la sculpture ; **déposer une pêche** (1866), puis **poser sa pêche**, en 1956 ; **perdre ses légumes**, attesté en 1962, chez Boudard. Ou encore **téléphoner au pape**, **à Hitler**, la métaphore **téléphone**, est attestée en 1912, au sens de « lieux d'aisance ».

On relève les expressions métonymiques : **faire ronfler Thomas, faire ronfler le bourrelet** (1867, Delvau), par allusion à l'idée de « bruit », locutions aujourd'hui vieillies de même que **pousser son rond** (1888), **pousser sa chique** (v. 1890, Bruant), **faire un tas** (1878, Rigaud), **déposer un kilo** (1866, Delvau) et **gâcher du gros** (1866, Delvau).

VII
LA MICTION

Les termes illustrant la miction sont d'abord très peu nombreux comparés à ceux de la défécation, moins tabous également, bien que la plupart des expressions comportent un terme référant au sexe.

On rencontre surtout des locutions verbales et des verbes en particulier, dont le plus familier est bien sûr **pisser**, apparu dès 1180, issu d'un latin populaire *pissiare*, « uriner », qui était réservé au langage médical, s'employant alors sans aucune vulgarité (tout comme *chier*) et n'est devenu vulgaire qu'au XIXe siècle, après le nettoyage du vocabulaire pratiqué à la fin de la période classique. En français moderne, il est souvent remplacé par la forme d'abord enfantine *faire pipi*, attesté en 1800, euphémisme remédiant à la vulgarisation du verbe :

> *« Je me souviens d'avoir une fois pissé dans la marmite d'une de nos voisines. »*
>
> J.-J. Rousseau, *Les Confessions* (I)

Depuis l'ancien français *pisser* traduit l'idée de mépris notamment dans les locutions **pisser sur qqn**, attesté vers 1200 et aujourd'hui dans le même sens **pisser au cul** (1878) et plus récemment **pisser à la raie de qqn** (1933).

On trouve à la fin du XVIIe s., la locution aujourd'hui vieillie **pisser sur la fosse de quelqu'un**, lui survivre : cette étrange expression est basée sur la valeur de

provocation et d'injure délibérée qu'impliquent généralement les métaphores mettant en jeu les fonctions naturelles comme expression du mépris suprême. Avant 1564 (Calvin), se forme **pisser au bénitier**, avec l'idée de provocation, dans le sens de commettre une action scandaleuse afin d'attirer l'attention sur soi.
Au XVIe siècle, apparaît la locution **pisser dedans ses brayes**, qui annonce **pisser de rire**, puis **en pisser dans sa culotte, dans son froc** (1957), avec la variante: *c'est à faire pipi dans sa culotte, par terre...* ; il en va de même pour l'adjectif **pissant**, d'usage familier au sens de très comique, « à pisser de rire ».
Parallèlement au premier sens **pisser dans son froc, dans sa culotte** ou simplement **se pisser dessus**, c'est aussi avoir peur, la peur est souvent désignée par une manifestation physique; on peut citer les variantes *mouiller son froc, sa culotte, chier dans son froc, sa culotte, se chier dessus...*

Mener les poules pisser (1587), signifiait s'occuper des moindres soucis d'un ménage, avant de servir à exprimer l'action de quitter un travail en invoquant une mauvaise raison.

À partir de la seconde moitié du XIXe siècle, certaines locutions figurées contrairement aux précédentes sont dès l'origine senties comme triviales ou très familières, c'est le cas de **pisser dans un violon** (1883), qui se dit d'une action, d'une démarche complètement inutile: *c'est comme si je pissais dans un violon*, personne ne m'écoute; on peut la rapprocher d'autres plus anciennes **pisser contre le vent** (1640), faire quelque chose dont les effets sont néfastes, l'expression fait référence au proverbe, *à pisser contre le vent, on mouille sa chemise*, puis **pisser contre le soleil**, chez Rabelais et **pisser contre le ciel**, chez Furetière, faire des efforts inutiles.

On trouve plus récemment **ça pisse pas loin** (1957), ça ne va pas très loin, la chose manque d'intérêt; **envoyer**

pisser, s'emploie déjà en 1867, pour chasser, éloigner qqn, de même que **laisser pisser**, ne pas se soucier de quelque chose, laisser tomber, par allusion à la métaphore du flot qui s'écoule naturellement.

Dans un sens très proche **laisser pisser le mérinos**, attesté en 1866, signifie laisser aller les choses, laisser faire :

> *« Cette guerre, elle a été arrangée par des gens qui savent ce qu'ils veulent pour durer une paye. S'il n'y avait pas un jeu là-dessous, pourquoi les Fritz se seraient arrêtés aux Pyrénées, au lieu de coincer Gilbraltar, ce qui foutait l'Angleterre sur le cul et terminait la bagarre en moins de deux ? Allez, ne te casse pas la tête, laisse pisser le mérinos et tire ton épingle du jeu. »* A. Sergent, *Je suivis ce mauvais garçon*

Et chez San Antonio, **laisser pisser le mouton** :

> *« Entre onze heures et midi, Mme Hulette n'est pas obnubilée par le temps ; c'est le genre bonne grosse qui laisse pisser le mouton. »*
> San Antonio, *Valsez, pouffiasses*

La locution métaphorique **pleuvoir comme vache qui pisse** (1876), c'est-à-dire à verse, paraît s'expliquer à partir de *pleurer comme une vache*, le passage de la première locution à la seconde est motivé à la fois par les rapports métaphoriques entre « pleurer » et « pleuvoir » et par l'allitération des syllabes initiales ; on peut citer aussi **pisser des yeux** (1912, Villatte) ou **pisser de l'œil** (1942), pleurer.
De même qu'on rencontre **pisser sa côtelette**, ici *côtelette* remplace avec humour « côte », et autrefois **pisser des os** (1640, Oudin), pour accoucher.

Transitivement, on a **pisser de la copie** (1866), qui signifie rédiger abondamment, produisant à la même

date **pisseur de copie** (Delvau) et **pisse-copie** en 1956, pour écrivain médiocre.
La locution vieillie **s'écouter pisser** (1640), s'est dit d'une fille vaniteuse ou d'une personne ayant une haute opinion d'elle-même (cette image attestée dans des dialectes prend souvent des connotations sexuelles); on peut rapprocher l'expression du mot sexiste **pisseuse**, qui dès 1552, désigne populairement et par une espèce de dénigrement, une fille ou une femme:

> *« Puisque nous en sommes à cette petite pisseuse, finissons sur son compte. »*
>
> Mirabeau, *lettres originales*, écrites au Donjon de Vincennes

De nos jours on emploie de façon plus générale **ne plus se sentir pisser** (1912, Villatte), être d'une grande suffisance.
Prendre (à qqn) comme une envie de pisser (1957), prendre brusquement (en parlant d'une envie, d'une impulsion soudaine).

D'autres locutions relèvent d'autres sens comme **faire pisser des lames de rasoirs à qqn**, le faire souffrir moralement ou physiquement ou **pisser des lames de rasoirs** (1867, Delvau), endurer des choses très pénibles; **pisser des lames de rasoirs en travers** (1867, Delvau), être atteint d'une maladie vénérienne et **pisser entre parenthèses**, avoir une miction douloureuse.

Les composés familiers **pisse-froid**, n. et adj. esprit chagrin, personne sans vigueur morale et **pisse-vinaigre**, avare, remontent au XVIIe s.; **pisse-chagrin**, chez San Antonio, désigne une personne aigrie:

> *« Ah! Bien entendu, les ‹pisse-vinaigre› ne verront dans cette existence de farniente qu'une misérable vie matérielle et spirituelle. »*
>
> Ph. Morice, *Les Vers c'est satyrique*, tome I

On peut citer le nom masculin **pisse**, qui dès le XIIIe s., signifie d'abord «action de pisser», dans les diverses acceptations du verbe puis désigne l'urine à partir du XIXe s., ensuite le mot développe le sens figuré de chose, personne sans valeur, sans importance, notamment dans **c'est de la pisse de chat** ou **du pipi de chat** (1947):

> « LE COMMISSAIRE. – *On croit que ça va être une belle affaire…*
> ANTOINE. – *Et ça finit comme d'habitude… en pipi de chat!…* »
>
> H.-G. Clouzot et J. Ferry, dialogue du film *Quai des orfèvres*

Dans la langue argotique se forme toute une série de verbes pour uriner: **lisbroquer** (1957) ou **lissebroquer** (1966, Boudard), qui n'est autre que le largonji de *pisser*:

> « *Il leur pisse au train et ce n'est pas une métaphore… tout à fait, il leur sort sa quéquette maintenant apaisée et il lisbroque.* »
>
> A. Boudard, *Le Corbillard de Jules*

On trouve les variantes **lispoquer** (1957) et **lissépem**, verbe intransitif, puis le dérivé **lisbroque** (1960, Simonin), avoir envie d'uriner; de même que **lisbroqueuse**, en 1951, pour urinoir.
On relève encore les verbes **lancecailler** (1957), variante graphique de **lanscailler** (1628, Chereau), issus du mot argotique *lance*, « eau, pluie, larme, urine… » ; puis **lancequiner** ou **lansquiner** (1836, Vidocq), qui s'expliquent aussi à partir de *lance*, formant les noms féminins **lancequine** ou **lansquine**, en 1899 (Nouguier), pour urine; **quimper la lance** (1847), de *quimper*, puis *camper*, « jeter à terre » ; **écluser** (1866, Esnault), en emploi argotique, d'après le sens de « vider qqch de son eau (1347) » ; à la même date se forme la métaphore **lâcher, ouvrir les écluses** (Delvau), et en 1960 **lâcher, glisser, tirer l'écluse** ou **un fil**.

Certaines locutions métaphoriques comportent un terme référant au sexe comme: **changer d'eau son canari** ou **son poisson** (Rigaud), avec ici l'image évidente du pénis; **changer d'eau ses olives** ou **changer l'eau des olives** (1888), *olives* étant une désignation métaphorique des testicules:

> *« Comme je parviens en vue de la porte marquée ‹Messieurs›, je peux toujours changer l'eau du canari.* » San Antonio, *Des Clientes pour la morgue*

> *« Ta bistoquette [...] te servira tout juste à changer l'eau de tes olives.* » P. Devaux, *Le Livre des darons sacrés*

On trouve chez San Antonio, l'expression pittoresque **changer l'eau du perroquet**:

> *« Ici j'en demande pardon aux jeunes demoiselles qui me lisent, mais que fait automatiquement le monsieur sur le point de changer l'eau du perroquet en pleine nature ? Hmm ? Il cherche un arbre. C'est en cela qu'il rejoint le geste auguste de son fidèle compagnon le clébart (le chien).* »
> San Antonio, *Vas-y Béru !*

De même que dans un emploi humoristique, on a **faire pleurer son aveugle** (1881, Rigaud), **la fauvette** (1957); **faire pleurer le colosse** (1982, Perret), désignation métaphorique et hyperbolique du pénis, qui n'apparaît jamais seule. On trouve en 1953 les métonymies **égoutter son colosse** (Sandry-Carrère), ainsi que **égoutter la sardine**, plus récent; puis **égoutter la nouille**, le mot *nouille* désignant le pénis en 1946. En argot vieilli, on relève **prendre**, **se payer**, **mouiller une ardoise** (1920), les urinoirs publics ayant une plaque d'ardoise, et *ardoise*, dès 1912 (Esnault) désigne l'urinoir public. Dans l'argot étudiant, on dit **prendre une ardoise à l'eau** (1933), pour uriner.

On peut ajouter les rares locutions argotiques, illustrant par métonymie la miction féminine, telles que **mouiller sa laitue**, en 1977, le mot *laitue* désigne la toison pubienne et à la même date **humecter sa fourrure** (Caradec), dérivée de la même métaphore.

BIBLIOGRAPHIE DE RÉFÉRENCE

Alexandre J., *L'argot de la prostitution*, Nigel Gauvin, 1987

Armogathe D., Kasbarian J.-M., *Dico marseillais*, Jeanne Laffitte, 1998

Brunot F., *Histoire de la langue française des origines à 1900*, A. Colin, 14 vol. édition de 1966

Caradec F., *Dictionnaire du français argotique et populaire*, Larousse, 1977 ; réédité en 1988 : *N'ayons pas peur des mots*, Larousse

Cellard J., Rey A., *Dictionnaire du français non conventionnel*, Hachette, 1980

Chautard E., *La vie étrange de l'argot*, Denoël, 1931

Chevalier J., Gheerbrant A., *Dictionnaire des symboles*, R. Laffont, 1982

Colin J.-P., Mevel J.-P., *Dictionnaire de l'argot*, Larousse, 1994

Delvau A., *Dictionnaire érotique moderne*, Slatkine, 1968

Dupré P., *Encyclopédie des citations*, Trévise, 1959

Duneton Cl., *Le bouquet des expressions imagées*, Seuil, 1990

Edouard R., *Nouveau dictionnaire des injures*, Sand & Tchou, 1983

Esnault G., *Dictionnaire historique des argots français*, Larousse, 1965

France H., *Vocabulaire de la langue verte*, Nigel Gauvin, 1990

Grand Robert de la langue française, Le Robert, 1992

Guiraud P., *Dictionnaire érotique*, Payot, 1978, 1984, 1993

Guiraud P., *Les gros mots*, *« Que sais-je ? »*, PUF, 1975

Huston N., *Dire et interdire, Éléments de jurologie*, Payot, 1980

La Rue J., *Dictionnaire d'argot et ses principales locutions populaires*, Flammarion, 1986

Larousse du XXe siècle, 6 vol. Larousse, 1928 (dir. Paul Augé)

Le Doran S., Pelloud F., Rosé P., *Dictionnaire San-Antonio*, Fleuve Noir, 1993

Littré E., *Dictionnaire de la langue française*, 4 vol. + supplément, Hachette, 1883

Merle P., *Le dico de l'argot fin de siècle*, Seuil, 1996

Perret P., *Le petit Perret illustré par l'exemple*, J.-C. Lattès, 1982

Pierre-Adolphe P., Mamoud M., Tznaos G.-O., *Le Dico de la banlieue*, La Sirène, 1995

Rey A., Tomi M., Hordé T., Tanet C., *Dictionnaire historique de la langue française*, 2 vol., Le Robert, 1992

Rey A. et Chantreau S., *Dictionnaire des expressions et locutions*, Le Robert, 1989

Rouayrenc C., *Les gros mots*, « *Que sais-je* », Presses Universitaires de France, 1996

Sandry G., Carrère M., *Dictionnaire de l'argot moderne*, Dauphin, 1953

Trésor de la langue française, *Dictionnaire de la langue du XIXe et du XXe siècle*, 16 vol., Klincksieck-Gallimard, 1971-1994

TABLE DES AUTEURS

Adams Peter, Depousier Claude-Charles, Morice Philippe, *Les Vers c'est satirique,* Tome 1, 1999, Les Écrivains de l'an 2000

Agret Roland, *Pendaresse*, Fleuve noir, Engrenage, 1985

Alembert, Jean Le Rond d', *Lettres à Voltaire (1766)*, in *Littré*

Alexandre Jean, *L'Argot de la prostitution du XIX*[e] *à nos jours*, Nigel Gauvin, 1987

Allais Alphonse, *Contes et chroniques*, Rouen, Henri Defontaine, 1948

Anciens Fabliaux du Moyen Âge, Anonyme, in *Littré*

Apollinaire Guillaume, *Les Onze mille verges*, J'ai lu, 1973

Aragon Louis, *La Défense de l'infini (1923-1927*), E. Ruiz, 1986

Barbier, *Œuvres*, La revue des deux mondes, 1865

Bastiani Ange, *Le Pain des Jules,* Gallimard, Carré noir, 1960

Bastid & Martel, *le Rouquin chagrin,* Jean Goujon, Engrenage, 1980

Bataille Georges, *Citations*, extrait de la *Nouvelle Revue Française* (1938)

Beauvoir, Simone de, *Les Belles images*, Gallimard, 1966
La Force de l'âge, Gallimard, 1959

Béranger, Pierre Jean de, *Chanson* (1815), Éditions de Saint Mont

Blier Bertrand, *Les Valseuses,* Laffond, J'ai Lu, 1972

Boudard Alphonse, *Le Café du pauvre*, Éd. Table Ronde, 1983
La Métamorphose des cloportes, Livre de Poche, 1962
Le Corbillard de Jules, Table Ronde, 1979, Folio

Brassens Georges, *Poèmes et chansons*, Éditions Musicales, 1973
Chansons, Seguers, 1963

Bruant Aristide, *Dans la rue*, version éditée par A. Bruant

Buffon, Comte de, *Oiseaux,* « la Caille », 1867

Canler Louis, *Mémoires*, Mercure de France, 1986

Cardinal Marie, *La Clé sur la porte,* Grasset, 1977, Livre de Poche

Carrese Philippe, *Graine de courge*, Florent Massot, 1998
Le Bal des cagoles, Fleuve noir, 2000
Trois jours d'Engatse, Fleuve noir, 1995
Filet garni, Fleuve noir, 1996
Le Successeur, Florent Massot, 1999

Céline Louis-Ferdinand, *Mort à crédit*, Livre de Poche, 1966

Cendrars Blaise, *Bourlinguer*, Denoël, 1948

Chansons de Prisonniers**,** (1940-45), in *Littré*

Charron, *De la Sagesse*, À Paris, 1646

Claudel Paul, *Poèmes & paroles durant la guerre de trente ans*, Gallimard, 1945

Clébert Jean-Paul, *Paris insolite,* Denoël, 1952, Folio

Clouzot Henri-Georges et Ferry J, Dialogue du film *« Quai des Orfèvres », L'Avant-scène*, 1947

Coatmeur Jean-François, *Morte fontaine,* Denoël, Sueurs froides, 1982

Courteline Georges, *Les Gaîtés de l'escadron*, Flammarion, 1925
Boubouroche, Livre de Poche, 1967

Demouzon Alain, *Château des rentiers*, Flammarion, 1982

Desnos Robert, *« Maréchal Ducono »*, Sonnets écrits pendant la guerre de 39-45, in *Littré*
« Pétrus d'Aubervilliers » et *« Frères Mironton », La Revue des Messages*, in *Littré*

Desproges Pierre, *Textes de scène*, Seuil, 1988

Devaux Pierre, *Le Livre des darons sacrés*, Aux Quais de Paris, 1960

Diderot Denis, *Le Neveu de Rameau*, Pocket, 1999

Dormann Geneviève, *Le Bateau du courrier*, Seuil, 1974, Livre de Poche

Du Bellay Joachim, *Divers jeux rustiques et autres œuvres poétiques (1560)*, in *Littré*

Du Fail Noël, *Les Propos rustiques (1549)*, in *Littré*

Estienne Henri, *La Précellence du langage (1559)*, in *Littré*

Fallet René, *le Triporteur*, J'ai Lu, 1958

Ferré Léo, *La mauvaise graine*, *Alma Matrix*, *La mémoire et la mer* « textes, poèmes et chansons 1946-1993 », Édition n°1, 1993.

Féval Paul, *Nouvelles (1837)*, in *Littré*

Flaubert Gustave, *Correspondances*, 1re Série, 1959

Fleury de Bellingen, *L'Étymologie ou Explication des proverbes Français (1646)*, in *Littré*

Furetière Antoine, *Le Roman bourgeois*, Garnier-Flammarion, 2001

Galtier-Boissière Jean, *Mon journal dans la drôle de paix*, La Jeune Parque, 1947

Garguille Gautier, *Recueil de chansons grivoises (1631)*, in *Littré*

Gautier Théophile, *Lettre à la Présidente*, *Mille et une nuits*, 1998

Genet Jean, *Pompes funèbres*, Gallimard, œuvres complètes, 1953, t. III
Querelles de Brest (idem)
Miracle de la rose (idem)

Gide André, *Journal (1887-1925)*, Pléiade NRF, Gallimard, 1996

Giono Jean, *Un Roi sans divertissement*, Livre de Poche, 1966
Un de Baumugnes, Livre de Poche, 1967

Goulène, Alain de, *Le Bois la nuit*, Balland, 1980

Grécourt, Jean Baptiste de, *Œuvres libres* (XVIIe s.), in *Littré*

Guérin Raymond, *l'Apprenti*, Gallimard, 1946

Jamet Fabienne, *One two two*, Orban, 1975

Jonquet Thierry, *La Bête et la belle*, Gallimard, Série noire, 1985

Karr Alphonse, *Revue satirique « Les Guêpes » (1839-1876)*

Knobelspiess Roger, *Le Roman des Écameaux*, Grasset, 1984

La Fontaine, Jean de, *Contes et nouvelles en vers*, Gallimard, 1982
Contes grivois (inédits)

La Popelinière, Henri Lancelot –Voisin de, *L'Histoire des histoires (1599)*, in *Littré*

Larivey Pierre de, *Les Jaloux, II, 6 (1579)*, in *Littré*

Lasaygues Frédéric, *Vache noire, hannetons et autres insectes*, Barrault, 1985, J'ai lu

Le Cabinet Satirique, *Recueil parfait des vers piquants et gaillards de ce temps (1666)*, in *Littré*

Lemercier de Neuville, *Le Théâtre érotique de la rue de la Santé (1864)*, in *Littré*

Le Roux Philibert-Joseph, *Dictionnaire comique, satirique, critique, burlesque, libre et proverbial (1718)*, in *Littré*

Les Caquets de L'Accouchée, Anonyme (XVe s.), in *Littré*

Les Cent Nouvelles Nouvelles, *(v. 1462-1466)*, in *Littré*

Les Cocottes, (1864) in *Littré*

Lireux Auguste, *Assemblée nationale comique*, Lévy Frères, 1850

Loysel Antoine, *Institutes coutumières (1608)*, Paris, 1608, Bibliothèque Nationale de France

Malherbe, François de, *Poésies (1555-1628)*, Pléiade NRF, Gallimard, 1971

Marguerite Victor, *La Garçonne*, Flammarion, 1922

Marot Claude, *Au beau tétin (1495-1544)*, in *Littré*

Marquis d'Argenson, *Journal et mémoires (1755-1757)*, in *Littré*

Mirabeau, Honoré-Gabriel Riqueti de, *Lettres originales écrites du donjon de Vincennes (1777-1778)*, Actes Sud, 1998

Mirbeau Octave, *Le journal d'une femme de chambre*, Fasquelle, 1945

Molière, *Amphitryon*, Œuvres complètes, Coll. Napoléon Chaix, 1864
Sganarelle (idem)
Tartuffe (idem)
Les Fourberies de Scapin (idem)

Musset, Alfred de, *Gamiani*, Montréal, Presses Sélect, 1976

Navarre, Marguerite de, *Poésies (XVIe s.)*, in *Littré*

Nerciat, Andréa de, *Félicia ou mes fredaines (1778)*, in *Littré*

Page Alain, *Tchao pantin*, Denoël, Folio, 1982

Pennac Daniel, *La Fée Carabine*, Gallimard, Série noire, 1987

Perret Pierre, *Chansons*, 1963

Piron Alexis, *Œuvres badines épigrammes et chansons (1787)*, Aux Dépens de paillards de Bourgogne, 1947

Ponchon Raoul, *La Muse gaillarde*, Fasquelle, 1941

Poussin Nicolas, *Lettres à Chantelou* (1642), Savoir sur l'Art, Hermann, 1994

Prévert Jacques, *Paroles*, Gallimard, Folio, 1977
Histoires, (idem)

Proust Marcel, *À la Recherche du temps perdu*, Pléiade, 3 t., 1954

Protat Louis, *Petits poèmes libertins (XIXe s.)*, in *Littré*

Prudon Hervé, *Banquise*, Fayard, 1981

Queneau Raymond, *Pierrot mon ami*, Livre de Poche, 1961
Zazie dans le métro, Gallimard, Folio, 1972

Rabelais François, *Pantagruel*, t. II, Marabout géant illustré, 1963
Gargantua Pantagruel, (idem)

Régnier, *Le Poète crotté (1629)*, in *Littré*

Renard Colette, *Chansons Gaillardes et libertines du Royaume de France*, Recueillies et adaptées par Guy Breton, CD audio, 1992

Renaud, *le Temps des noyaux*, Seuil, Virgule, 1988

Restif de la Bretonne Nicolas, *La Vie de mon père*, Bossard, 1924

Rictus Jehan, *Le Cœur populaire*, (1900-1913), Éd. d'Aujourd'hui, 1981

Risser Jacques, *Racket*, Plon, 1973

Rostand, Edmond de, *Cyrano de Bergerac*, in *Œuvres Complètes*, Belin, 1977

Rousseau Jean-Jacques, *Les Confessions*, Livre XII, Œuvres Complètes, Bibliothèque de la Pléiade

Saint-Simon, Duc de, *Mémoires*, Gallimard, 1947

San Antonio, *Dictionnaire*, S. Le Doran, F. Pelloud, Ph. Rosé, Fleuve noir, 1993
Maman, les petits bateaux, 1975
Bouge ton pied que je voie la mer, 1982
Vol au-dessus d'un lit de cocu, 1978
Circulez ! Y a rien à voir, 1987
Les Cochons sont lâchés, 1991
Au Bal des rombières, 1990
Le Cri du morpion, 1989
Si «Queue d'Âne» m'était conté, 1976
Dégustez, gourmandes !, 1985
Baisse la pression, tu me les gonfles !, 1988
Une Banane dans l'oreille, 1977
Le Trouillomètre à zéro, 1987
Les Soupers du Prince, 1992
Ma Cavale au Canada, 1989
Hue, dada !, 1977
Polka, 1963
Princesse Patte-en-l'Air, 1990
Moi, vous me connaissez ?, 1971
Des Gonzesses comme s'il en pleuvait, 1984
Mets ton doigt où j'ai mon œil, 1974
Têtes et sacs de nœuds, 1991
Au suivant de ces messieurs, 1957
Si, Signore, 1974
Certaines l'aiment chauve, 1975
Valsez, pouffiasses, 1989
Des Clientes pour la morgue, 1953
Faites chauffer la colle, 1993
Tarte aux poils sur commande, 1989
Vas-y Béru !, 1965

Cocottes-minute, 1990
Du Mouron à se faire, 1955
Bosphore et fais reluire, 1991
La Sexualité, 1971
La Vie privée de Walter Klozett, 1975
N'en jetez plus !, 1971
Tarte à la crème story, 1980

Scarron Paul, *Le Virgile travesti*, Bordas, 1988

Seigneur de Brantôme, *Sonnets*, in *Littré*

Sergent Alain, *Je suivis ce mauvais garçon*, La Jeune Parque, 1946

Sévigné, Marie de Rabutin-Chantal de, *Correspondance*, Le Fleuve Étincellant, 1946

Sigogne, Charles Timoléon de, *Poèmes (1560-1611)*, in *Littré*
Vœu d'une dame à Vénus, in *Littré*

Simonin Albert, *Du mouron pour les petits oiseaux*, Livre de Poche, 1968

Sorel Charles, *Histoires comiques de Francion (1623)*, Klincksieck, 2000

Stéphane Marc, *Ceux du Trimard*, (1927), Butte-Aux-Cailles, 1983

Tabarin, *Dialogues comiques et satiriques (XVIe s.)*, in *Littré*

Tallemant des Réaux Gédéon, *Historiettes (1659)*, Œuvres, Bibliothèque de la Pléiade, 1990

Tuet, abbé, *Matinées senonaises*, volume in-8°, 1789

Vachette Eugène, *Petites comédies du vice (1875)*, Éd. Marpon, 1890

Vadé Jean-Joseph, *Poésies et lettres facétieuses*, A. Quantin, 1879

Valéry Paul, *Oeuvres*, Gallimard, La Pléiade, 1957

Vautrin Jean, *Bloody Mary*, Mazarine, Livre de Poche, 1979

Veillot Claude, *Le Pique-bourrique*, Fleuve noir, Engrenage, 1985

Verville, Béroalde de, *Le Moyen de parvenir (1841)*, in *Littré*

Vian Boris, *Série blême* (Théâtre II), UGE 10/18, 1971

Vidocq Eugène François, *Mémoires* (1828-1829), Marabout, 2 vol.

Villon François, *Œuvres*, Champion, 1992

Voltaire, *Lettres philosophiques (1734)* et *Lettres en vers et proses (1785)*, in *Littré*

Zola Émile, *L'Assommoir*, Fasquelle, 1951
Germinal, (idem)
Pot Bouille, (idem)

Achevé d'imprimer en août 2004 sur les presses de la SEPEC
Rue de Prony - ZAC des Bruyères - 01960 PERONNAS
Tél : (33) 04 37 62 11 06
Dépôt légal 3ème trimestre 2004 - Imprimé en France